企业管理决策仿真模拟

强群莉　主编

化学工业出版社

·北京·

内 容 简 介

本书分为基础篇和实战篇两部分内容。基础篇主要介绍企业运营的理论基础，包括战略管理、生产运作、成本控制、物流管理、市场营销、电子商务、品牌管理、财务管理、国际贸易、经济学等经济管理类课程的核心知识点。实战篇以一家中国企业为原型，模拟其全球化发展过程，较全面地模拟企业的国际化市场竞争环境。

本书可供高等院校工商管理、财务管理、会计学、市场营销、经济学、国际贸易等专业的师生作为教材使用，也可用作企业管理人员培训参考用书，供相关从业人员阅读使用。

图书在版编目（CIP）数据

企业管理决策仿真模拟 / 强群莉主编. -- 北京：
化学工业出版社，2025. 7. -- ISBN 978-7-122-48055-2

Ⅰ．F270.7

中国国家版本馆 CIP 数据核字第 2025R1B517 号

责任编辑：毕小山　　　　　　　文字编辑：冯国庆
责任校对：边　涛　　　　　　　装帧设计：刘丽华

出版发行：化学工业出版社
　　　　　（北京市东城区青年湖南街 13 号　邮政编码 100011）
印　　装：中煤（北京）印务有限公司
787mm×1092mm　1/16　印张 14¾　彩插 2　字数 335 千字
2025 年 8 月北京第 1 版第 1 次印刷

购书咨询：010-64518888　　　　售后服务：010-64518899
网　　址：http://www.cip.com.cn
凡购买本书，如有缺损质量问题，本社销售中心负责调换。

定　　价：59.00 元　　　　　　版权所有　违者必究

编写人员名单

主　　编：强群莉

副主编：袁　军　杨春明　孙　颖

参　　编：汪　曙　许　梅　李思嘉　王　彤

前言

党的二十大报告指出，深化教育领域综合改革，加强教材建设和管理。作为高等教育的重要组成部分，管理学科也要响应这一号召，加强教材建设，提升教育质量。本书通过仿真模拟实验的方式，结合现代企业管理的真实场景，带领读者在互动式学习中提高决策能力，培养管理思维，更好地理解理论知识与现实世界的互动关系，培养具有创新精神和实践能力的国际型复合管理人才。本书的特色如下。

第一，通过模拟现实世界的管理情境，使学习者能够在没有风险的环境下实践所学的理论知识。学习者不仅能够通过案例分析来理解决策的过程，还能够亲身参与其中，通过决策制定、结果评估等活动，真正感受到理论应用于实践的复杂性和挑战性。

第二，能够促使学习者面对多种变量和不确定性，激发学习者对不同决策方案的思考与分析。学习者需要在有限的信息和资源条件下做出决策，这有助于培养其批判性和战略性思维，提升解决复杂问题的能力。

第三，教材内容涉及多个学科的知识点，如市场营销、财务管理、战略管理、人力资源等。通过仿真模拟，学习者能够将不同学科的知识融合应用，解决复杂的管理问题，提升跨学科综合运用能力。

第四，有效融入思政内容。

① 管理决策仿真模拟中的许多决策模拟活动都是团队合作性质的，有利于加强集体主义和团队合作精神的培养。

② 管理决策仿真模拟可以引导学习者面对管理决策中不断变化的复杂问题，激发他们的创新思维，培养创新精神。

③ 管理决策仿真模拟可以模拟现实环境的变化，结合国际经济形势、国家政策、社会需求以及可持续发展等战略进行科学的决策，培养学习者的科学精神和理性思维。

④ 本书不仅注重专业知识和决策能力的培养，还强调品德修养和个人素养的提升。在决策过程中，培养独立思考、批判性思维、沟通等方面的能力，使学习者具备德、智、体、美、劳全面发展的素质，培养更多复合型、创新型、实践型人才。

本书由安徽建筑大学强群莉教授总体策划并担任主编，上海策鸿信息科技有限公司袁军总经理给予了大力支持。本书已获批 2024 年度安徽省高等学校省级质量工程教材建设项目（项目编号：2024jcjs087）。具体分工如下：第一章由强群莉和孙颖负责；第二章由孙颖负责；第三章由杨春明负责；第四章由强群莉负责；第五章由杨春明和强群莉负责；第六章到第十章由强群莉和袁军负责。此外安徽建筑大学汪曙老师，合肥经济学院许梅老师、李思嘉老师，合肥城市学院王彤老师参与了本书的编写工作。

本书适合各类管理学科的师生使用，对企业管理人员、从事管理咨询和决策分析等职业的专业人士也具有一定的参考价值。

本书在编写过程中，得到了许多专家学者的支持与帮助，对此编者表示衷心的感谢。同时，由于跨学科仿真模拟教材的编写难度较大，受编者自身局限性，疏漏在所难免，内容仍有改进之处，敬请广大读者批评指正。

最后，感谢所有参与本书编写、审定和出版的同仁们，正是他们的辛勤付出，使得本书得以顺利出版。希望本书能够为读者提供实际的帮助，提升管理决策的理论素养和实际操作能力，助力各位在未来的学习和工作中取得更大的成就。

谨以此书献给所有关注和支持管理教育的朋友们！

编　者
2025 年 2 月

目录

基础篇

第一章

企业设立与战略管理

🕮 学习目标 ···

知识目标：

① 了解企业设立的基本步骤；

② 了解企业的组织形式、企业名称设置、公司治理结构；

③ 了解企业战略的层次和战略管理的过程；

④ 掌握企业环境分析的方法及战略制定。

能力目标：

① 能够完成企业设立的仿真模拟；

② 能够进行仿真运营的战略制定。

素质目标：

① 培养学生团队合作和集体精神；

② 培养管理者的责任感和担当精神；

③ 培养跨文化协同与全球视野。

企业设立是企业能够正常合法经营的基础，是非常关键的一个步骤。企业设立指的是创建一个新的商业实体，使其具备合法的经营地位和运营框架。

企业设立是一个涉及多个步骤的过程，具体工作取决于所选择的企业类型、注册地点以及行业要求。一般而言，设立企业的工作可以分为以下几个主要步骤：

① 确定企业组织形式和企业名称；

② 编制公司章程；

③ 确定股东、资本结构和注册地址等。

第一节　企业组织形式和企业名称

一、企业组织形式

企业组织形式是指企业存在的形态和类型，主要包括独资企业、合伙企业和公司制企业三种形式。

1. 独资企业

独资企业是由单个自然人投资，财产为投资人个人所有，投资人对其债务承担无限责任的企业形式。我国的个体工商户和私营企业很多属于此类企业。个体工商户是最简单的企业形式，适用于小规模的商业活动，由自然人（个体）直接经营，资金来源主要是个人资金。个体工商户注册简便、运营灵活、税收较低，但责任无限，经营风险较大，个人财产和企业财产没有分离。独资企业通常适合小商店、摊位、餐饮店等单人经营的业务。

2. 合伙企业

合伙企业是由两个或两个以上的合伙人通过订立合伙协议，共同出资、经营、分享收益、共担风险的企业形式。合伙人可以是自然人，也可以是法人。合伙分为普通合伙和有限合伙。普通合伙是指合伙人对企业的债务承担无限责任，即使企业债务超出出资额，合伙人也需要用个人财产偿还。有限合伙是指有限合伙人以出资额为限对企业承担责任，普通合伙人承担无限责任。合伙企业管理灵活，合伙人之间可以共享资源与优势，但合伙人责任较大，尤其是普通合伙人承担无限责任。合伙企业适合一些规模较小、共同管理的合作型企业，如律师事务所、会计师事务所等。

3. 公司制企业

公司制企业包括有限责任公司和股份有限公司。我国公司法规定：有限责任公司由一个以上五十个以下股东出资设立，股东以其出资额为限对公司承担责任；有限责任公司的股东责任有限，个人财产和公司财产相互独立；经营管理灵活；可以通过股东分红、股权转让等方式进行融资。但其设立和运营过程中涉及的法律程序相对复杂。有限责任公司适合大多数创业公司、技术型企业、中小型公司。

股份有限公司通过发行股票筹集资本，股东以其所持股份为限对公司承担责任。股份有限公司分为公开发行股份的股份有限公司（上市公司）和非公开发行股份的股份有限公司（非上市公司）。上市公司可以在证券市场公开交易股份，非上市公司股份只在内部流通。股份有限公司股东责任有限；可以通过股票发行等方式进行大规模融资；法人独立，适合大规模的业务和项目。但其设立和运营过程复杂，治理结构要求严格，需遵守更多的法律法规。股份有限公司主要适合需要大量资金支持、打算上市或进行跨国经营的大型企业。

此外，在我国，常见的企业组织形式还包括外商投资企业、合作社等。

二、企业名称

企业名称是企业在法律上注册并使用的正式名称，用于在商业活动中识别和区分不同的企业。选择一个合适的企业名称对于品牌的建立、市场的定位和法律的合规性至关重要。以下是选择企业名称的一些主要考虑因素和常见的企业名称类型。

1. 企业名称的组成

企业名称通常由以下几部分组成。

（1）字号

即企业的名称部分，通常可以是字母、数字或特定的词语，代表企业的特色和品牌形象。

（2）行业性质

根据行业不同，有些企业名称可能包含行业相关的词汇，如"科技""电力""医疗""教育"等，以便突出公司的主营业务。

（3）法人类型

例如"有限公司""股份有限公司"等，以区分公司组织形式。

（4）地区标识

有时企业名称中会加入地名（如"北京"或"上海"），特别是对于一些地区性企业或需要突出地域特色的企业。

例如：上海策鸿信息科技有限公司，其中"上海"指行政区域名称，表示公司设立所在的行政区域；"策鸿"指字号，登录注册所在地区的市场监督管理局网站查询可用的字号或自行准备；"信息科技"指行业或经营特点，表示该公司从事信息科技行业；"有限公司"指组织形式，表示公司承担的是有限责任，不是无限连带责任。

2. 企业名称的选择原则

（1）独特性

企业名称应当具有辨识度，避免与现有注册企业名称重复，防止混淆。

（2）合法性

根据当地法律法规，企业名称不能使用一些禁止或敏感的词汇，例如"国家""世界"等，或含有违法、暴力等不良内容。

（3）简洁性

尽量选择简短、易记的名称，有助于客户记住并传播。

（4）可扩展性

在选择企业名称时，考虑到未来可能的业务拓展，应避免过度局限于某一特定产品或服务。

（5）品牌性

名称应具有一定的品牌价值，能体现企业的核心竞争力或品牌形象。

3. 企业名称类型

根据企业性质和经营模式的不同，企业的名称可以有以下几种类型。

① 有限责任公司名称：如"××科技有限公司""××电子有限公司"。

② 股份有限公司名称：如"××集团股份有限公司""××国际股份有限公司"。

③ 合伙企业名称：如"××与××合伙公司"。

④ 个体工商户名称：如"张三小吃店""李四商贸"。

4.企业名称的注册流程

企业名称在注册时需要通过以下步骤。

（1）名称预先核准

在进行企业注册前，需向当地工商行政管理部门申请名称预先核准，确保所选名称未被其他企业注册。

（2）提交相关材料

核准名称后，提交企业注册材料（如法人身份证、公司章程、注册地址证明等）。

（3）领取营业执照

通过审批后，获得企业营业执照，正式成立企业。

5.企业名称的法律保护

企业名称在注册后通常享有一定的法律保护，其他企业不能随意使用相同或相似的名称，否则可能会被追究侵权责任。在使用企业名称时，也需遵守商标法，如果希望将企业名称作为品牌名称广泛使用，可以考虑申请商标保护。

选择企业名称时，应综合考虑行业特点、品牌形象、法律合规性以及未来发展等多方面因素。一个好的企业名称不仅能提高品牌认知度，还能增强市场竞争力，为企业业务的成功奠定基础。如果在取名过程中有疑问，可以咨询相关的工商注册服务机构或专业律师。

第二节　公司治理结构

公司治理结构是指企业为确保良好的经营管理和控制，建立的各项制度、组织框架和职责分配。它涉及如何平衡股东、董事、管理层以及其他利益相关者的权利和责任，确保公司运作透明、公平，并能够高效实现公司战略目标。良好的公司治理结构能够提升公司的经营绩效和市场竞争力，减少经营风险，确保公司长期稳定发展。

公司章程是企业设立的基础文件，规定了公司的基本运营规则和管理结构，通常包括公司名称、地址、经营范围、注册资本、股东权利、董事会结构等内容。公司章程需要由股东或发起人签署并备案。公司章程是公司治理结构的基础和依据。

一、 公司治理结构的主要组成部分

公司治理结构通常包括以下几个关键要素。

1.股东大会

股东大会是公司的最高决策机构，主要由股东组成。股东大会的职责包括：

① 选举和罢免董事及监事；

② 审议和批准公司的财务报告、利润分配方案及重要决策；

③ 修订公司章程、增资扩股、合并分立等重大事项；

④ 其他依据法律、公司章程规定的事项。

2.董事会

董事会是公司的决策和管理机构，通常由股东大会选举产生。董事会的职责主要包括：

① 制定公司战略、重大投资决策、财务预算和重大人事任命；

② 监督管理层的执行工作，确保其按照股东大会的决策和公司章程运营；

③ 确定公司治理框架，并负责管理风险；

④ 依据法律法规和公司章程，代表公司进行对外事务的决策。

3. 执行管理层

管理层负责公司的日常经营和管理工作。执行管理层（如 CEO、CFO、COO 等）负责执行董事会的战略决策，进行公司的具体运营和日常决策，包括人力资源、财务管理、市场推广等事务。

① 首席执行官（CEO）：负责公司的整体管理，执行董事会的决策。

② 首席财务官（CFO）：负责公司的财务管理、资金运作、财务报告等。

③ 其他高层管理人员：如首席运营官（COO）、首席技术官（CTO）等，分别负责公司的运营、技术等各个领域。

4. 监事会

监事会是对董事会及管理层进行监督的机构，特别是在股份有限公司中较为常见。监事会的主要职责包括：

① 监督董事会及管理层是否按照股东大会的决策和法律法规进行经营活动；

② 检查公司的财务状况，审计财务报表；

③ 提出对董事会成员和管理层的意见和建议；

④ 在公司章程和法律规定下，进行管理层和董事会成员的监督及审查。

5. 独立董事

独立董事是指那些不直接参与公司日常经营、不持有公司股份且与公司及其管理层无直接关联的董事。独立董事通常被要求在决策过程中维护股东尤其是中小股东的利益，避免利益冲突。他们的职责包括：

① 审查公司战略及财务报告；

② 提供独立的意见和建议，监督管理层行为，确保公司运作符合各方利益；

③ 在涉及重大决策时提供专业建议，特别是在涉及关联交易等潜在利益冲突问题时。

二、公司治理结构的类型

不同类型的公司可能会根据其经营模式、规模、股东结构等特点建立不同的治理结构。常见的公司治理结构类型如下。

1. 单一董事会制（单层结构）

在这种结构中，董事会既负责公司的决策，也负责日常的运营管理。常见于一些小型或私营企业。董事会成员直接参与公司的经营和管理决策。

2. 两层董事会制（双层结构）

在两层董事会制下，公司的治理结构分为两个层次：董事会和监事会。董事会负责公司战略和决策，管理层负责公司日常运营，而监事会则主要对董事会和管理层进行监督。此结构适用于较大的公司，尤其是在欧洲和部分亚洲国家常见。

3. 集中制和分权制

（1）集中制

股东大会和董事会集中管理公司，决策权较为集中，适用于一些大型企业或家族企业。

（2）分权制

将决策权分散到各个部门或不同的管理人员，适合那些业务复杂、规模较大的公司。

三、公司治理结构的功能与作用

公司治理结构的核心功能是确保公司运作的透明度、公平性、合规性，并为股东和其他利益相关者的利益提供保障。它的具体作用如下。

（1）提升公司管理效率

合理的治理结构能够明确决策权、管理权和监督权，确保各方利益得到平衡。

（2）增强股东信任

透明且合规的公司治理结构能够增强股东和投资者的信任，从而促进公司的长期发展。

（3）风险控制与合规管理

通过有效的监事会和独立董事制度，增强对公司的监督和风险管理。

（4）吸引投资

良好的治理结构可以使公司更具吸引力，尤其是在资本市场上，能够吸引更多的投资者和合作伙伴。

（5）公司可持续发展

明确的治理结构能够为公司制定长期战略，避免短期行为，确保公司在竞争中保持可持续发展。

公司治理结构是企业管理的核心，它通过明确各方职责、权利与义务的分配，帮助公司保持高效的运营，并保障所有利益相关者的权益。一个健康的公司治理结构不仅能够提升公司内部的管理效率，还能提高外部投资者的信任度，推动公司持续增长和长期成功。

第三节　企业设立其他事项

1. 确定股东和资本结构

确定企业的股东（发起人）结构，并根据股东的出资比例和责任，确定企业的注册资本、出资方式和资金投入方式。

注册资本需根据行业和法律要求确定，有些行业可能对注册资本有最低要求。

2. 注册地址

企业需要提供一个合法的注册地址，可以是租赁的办公地址、商用物业等。某些地方可能对注册地址有特别的要求，尤其是对于特定行业的企业。

企业地址主要包括"注册地址"和"办公地址"，两个地址可以相同，也可以不同。

3. 提交工商注册申请

向当地工商行政管理局（或市场监督管理局）提交申请，提供企业名称核准文件、公司章程、股东信息、注册地址证明、法定代表人身份信息等相关材料。

工商部门审核通过后，颁发营业执照，企业即为合法成立。

4. 开设银行账户

企业需要开设基本银行账户，用于接收股东出资、支付企业运营资金等。

开设银行账户时，通常需要提供营业执照、法人身份证明、公司章程、税务登记等文件。

5. 办理税务登记

企业在设立后，需要向税务局进行税务登记，获得税务登记证。

税务登记后，企业需按时申报缴纳相关税费（如增值税、企业所得税、个人所得税等）。

6. 申请组织机构代码证

在某些地区，企业还需要申请组织机构代码证（现部分地区已将组织机构代码证与营业执照合并）。此证书主要用于企业在各类业务和交易中作为法人实体的识别。

7. 办理社会保险登记

根据国家法规，企业需要为员工购买社会保险（包括养老、医疗、失业等保险）。

企业需要到当地社会保险机构登记并为员工办理社保。

8. 特殊行业审批

若企业涉及特殊行业，如食品、药品、金融、教育、医疗等领域，则需要取得行业主管部门的审批或许可证。

9. 开展经营活动

完成上述注册及手续后，企业就可以开始进行合法的经营活动，包括雇佣员工、签订合同、开具发票、进出口贸易等。

10. 建立财务和会计制度

企业需要建立完整的财务管理制度，确保账务清晰、合法合规。可聘请注册会计师或专业财务人员进行账务处理和报税。

第四节　企业战略分析

现代企业的生产经营活动日益受到外部环境的作用和影响。企业要进行战略管理，首先必须全面、客观地分析和掌握外部环境的变化，以此为基础和出发点来制定企业的战略目标和实现战略目标的方法。

企业与其外部客观的经营条件、经济组织及其他外部经营因素之间处于一个相互作用、相互联系、不断变化的动态过程之中。这些影响企业的成败，但它们又在企业外部而非企业所能全部控制，因此这些外部因素就形成了企业的外部环境。而对这些外部环境分析的目的就是找出外部环境为企业所提供的可以利用的发展机会以及外部环境对企业发展所构成的威胁，以此作为制定战略目标和战略的出发点、依据和限制的条件。

外部环境诸因素对一个企业的影响程度是不同的。对于一个特定的企业来说，它总是存在于某一产业（行业）环境之内，这个产业环境直接影响企业的生产经营活动。所以第一类外部环境是产业环境，它是企业微观的外部环境。第二类外部环境因素间接地或潜在地对企业产生作用和影响，将第二类外部环境称为企业的宏观环境。一般来说，宏观环境包括下面一些因素或力量，它们是政治法律因素、经济因素、社会人文因素和技术因素。

企业内部与外部环境的关系如图 1-1 所示。产业环境和位于其内部的各个企业均要受到政治法律、经济、社会人文和技术等宏观环境的影响。当然，这些因素和力量都是相互联系、相互影响的。

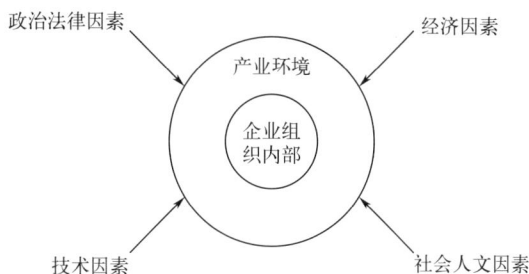

图 1-1 企业内部与外部环境的关系

一、宏观环境分析

宏观环境直接或间接地影响着企业的战略管理，宏观环境分析可以帮助企业判明关键环境力量及其对企业的影响，预测其发展趋势，并且判明企业目前及将要面临的机会和威胁。

分析宏观环境的一个重要工具就是 PEST-G 分析模型，即从政治法律的、经济的、社会人文的、科技的角度分析环境对企业的影响。但是随着经济的发展和社会的进步，全球化也日益显示出对企业发展的巨大影响。

（一）政治法律环境

由于政治环境和法律环境彼此关联性很大，因此通常放在一起进行分析。政治环境是指那些制约和影响企业发展的政治因素，涉及国家和社会制度、政治结构、政府颁布的各项方针与政策、政治团体、政治形势以及世界其他国家的对内对外政策等。法律环境则包括国家各级行政机关制定的各项法律法规、法令条文等，正是这些法律法规的存在保护了企业和消费者的合法利益，促进了公平竞争，同时对企业的日常行为进行了约束和限制，使企业的活动得到有效监督。

（二）经济环境

经济环境是指构成企业生存和发展的社会经济状况，即国家的经济政策，包括社会经济结构、经济体制、宏观经济政策、生产力布局、人口因素、市场发育程度、区域经济发展水平等。衡量这些因素的经济指标有：国民生产总值、价格指数、消费模式、居民可支配收入、利率、汇率等国家货币和财政政策。

与政治法律相比，一个国家的经济状况会影响到具体产业和企业的表现，所以经济环境对企业的生产经营活动有着更直接、更显著的影响。要想更深入地探究经济环境，必须着重注意以下几个方面的内容。

1. 经济增长率

一个国家的经济增长率是这个国家中企业整体运行状况的集中和直接反映。一般来说，在宏观经济大发展的情况下，市场扩大，需求增多，企业的发展机会多，从而企业的盈利情况好；反之，在宏观经济低速发展或停滞倒退的情况下，市场需求增长很小甚至不增长，在这种情况下，企业发展机会也就少，基本生存都无法得到保障。

2. 可支配收入的支出模式

可支配收入决定了社会和个人的购买能力，从而决定了潜在市场容量。而可支配收入的支出模式则是指消费者将其收入用于购买不同产品和服务的比例。

随着个人可支配收入的增多，其支出模式也发生了巨大的变化：单位分配住房的政策变成了个人投资买房，公费医疗的优惠变成了全部纳入社会保障体系，同时，人们更加追求高品质的生活，更加懂得保养、健身，于是便出现了一系列的"房地产热""旅游热""保健品热""美容美体热"等，这些变化必然带动相关产业的发展，是企业不可忽视的商机。

3. 利率和汇率

利率决定了消费者对产品的需求量。如果顾客通过周期性的贷款来购买企业的产品，这时利率的影响就特别大。当利率较低时，消费者愿意通过借入资金来购买产品，此时所需要缴付的利息相对较少；而当利率较高时，很多消费者就不愿意通过贷款来提前消费，因为此时他们要付出较高的利息，增加了购买成本。房地产、汽车产业是这方面的典型。

利率还影响公司的资本成本以及筹资和投资于新资产的能力。利率越低，资本成本降低，公司越有机会进行投资。汇率决定了不同国家货币的相对价值。对于全球性的大企业来说，汇率的变化直接影响着公司产品在国际市场上的竞争力，进而影响企业战略的制定。

4. 通货膨胀与通货紧缩

通货膨胀是指所有社会商品的一般价格水平或平均价格水平的持续上升，它对社会经济有着巨大的负面影响。通货膨胀会造成社会秩序的混乱，影响社会经济的正常运行，导致利率升高和汇率波动，同时它会破坏本国出口公司的竞争能力，使本国资本流往国外。而对于企业来讲，企业可能完全无法估计近几年间投资的真实回报率，这种高度的不确定性使企业不敢"铤而走险"，这将引起经济活动收缩，并最终导致经济陷入低谷。

5. 经济基础设施分析

经济基础设施在一定程度上决定着企业运营的成本与效率。基础设施条件主要指一国或一地区的运输条件、能源供应、通信设施以及各种商业基础设施（如各种金融机构、广告代理、分销渠道、营销中介组织）的可靠性及其效率。这在策划跨国、跨地区的经营战略时，尤为重要。

（三）社会人文环境

社会人文环境是指一个国家和地区的社会结构、人口分布、文化传统、生活方式、风俗习惯、教育水平、宗教信仰、民族特征、价值观等因素的形成与变动。这些因素与一个社会的态度和价值有关，而态度和价值是构建社会的基石，它们通常是其他外部环境变化发展的动力。

1. 人口因素

人口因素是指人口特征变化对产业和企业的影响，包括人口的数量、年龄结构、地理分布、民族构成、收入分布等。

人口是形成市场的最大的基本因素，所以一个国家总人口的数量决定着该国许多产业的市场潜力。人口数量居于世界前两位的印度和中国一直是外国企业想要占有一席之地的重要市场。特别是中国 14 亿人口的市场规模，又有购买能力的加持，具有相当程度的吸引力。

人口中年龄分布的变化也是值得关注的问题。当前，随着医疗技术的进步和社会保障体系的不断完善，人口老龄化的问题在很多国家已经出现。我国人口老龄化也日益严重起来，截至 2023 年末，我国超过 60 岁的老人所占比例已达到了 21.1%，而这个趋势还会继续加大。老年人市场逐渐活跃起来，保健品市场、老年公寓市场、药品市场、老年基金银行等相继兴起。

2. 受教育水平

自我国把科教兴国作为一项基本国策以来，教育事业得到了切实的发展。从大力普及九年义务教育到当今高等院校的大规模扩招，从全日制的中专、技校到各种门类的函授、夜校、远程教育，多种多样的教育形式可以满足不同层次受教育者的需要。这样一来，教育层次的提升也对消费者的购买行为产生了影响：他们的鉴赏能力和生活品位都将随之发生改变，迫切需要一些张扬个性、突出内涵又质量上乘的商品来满足他们的需求。同时，整体国民/社会成员素质的提高也将保证企业的人力资源需求，提升企业的竞争能力。在互联网的影响下，微课、慕课等线上教育方式的流行在某种程度上也促进了我国民众受教育的基本水平。

3. 生活观念

经济的发展和社会的进步使人们的生活方式、思维观念也发生了改变，人们对于饮食和穿着的要求日益多样化。近几十年来一个主要的社会倾向是健康意识的觉醒，对此，市场也做出积极反应，如百事可乐是第一家向市场投放减肥可乐和果汁饮料的企业。消费者对"吸烟有害健康"的认识也使烟草企业不敢放松警惕，还有人们对纯天然、无污染绿色食品的青睐令企业看到新的商机。

而当今的服装市场上，从既健康又美观的角度出发，消费者更加偏爱纯棉、羊毛、丝麻制品。休闲服饰成为近几年越来越受欢迎的款式，它十分注重消费者的个性和文化，能体现他们的品位甚至当时的心情，这就是当今消费者对服装最真实的心理；同时对于高档消费品的需求也在持续上升。"到中国去"这样的口号在全球奢侈品牌中流行起来。

4. 风俗习惯

风俗习惯是各个国家、地区或者民族所特有的，尊重不同群体的风俗习惯是每一个企业都必须注意的细节。比如，中国传统的节日风俗：元宵节吃元宵，中秋节吃月饼，端午节吃粽子，以及一年一度的春节要大力置办年货等，这些风俗习惯都是多少年流传下来的，也为企业带来了无限的商机；而西方国家的风俗则不尽相同，在他们看来，最隆重的节日就是每年12月25日的圣诞节，他们也会为此购买圣诞树、圣诞卡等节日礼物。所以企业的管理者在制定战略时必须要注意社会人文环境的影响。

5. 文化传统

文化传统是一个国家和民族经过长期历史积淀而逐渐形成的，是包括思想认识、行为方式、价值取向、思维方式等的综合体。通常情况下，它具有持续性和稳定性。

（四）科技环境

企业的科技环境是指企业处于社会环境中的技术要素以及与该要素直接相关的各种社会现象的集合。它包括新产品的开发情况、知识产权与专利保护、技术转移与技术换代的周期、信息与自动化技术的发展情况、整个国家及企业研发资源的投入比例等。

科学技术是第一生产力，它往往给经济和企业的发展带来根本的、彻底的、全面性的变革，是推动社会发展的强大动力。企业领导者必须高度重视技术环境的变革给企业带来的影响，对于新技术、新工艺、新能源、新材料的开发必须给予高度的重视，争取在最短时间内转化为企业的生产力，从而给企业带来经济效益，给国家带来可观的社会效益。当然，先进的技术给企业带来的影响也具有两面性。技术的变革可能降低许多产业的进入壁垒，降低顾客的转换成本，这将导致竞争的加剧。因此，高层管理者在制定自身战略时必须同时考虑到它所带来的机会和威胁。

近年来，我国政府在促进技术进步方面开展了大量卓有成效的工作，在重视科学研究的同时，针对技术进步及其应用出台了一系列激励性的制度，尤其对以互联网技术为主要特征的信息技术给予了高度的重视。在推进实施工业化与信息化融合等相关政策的基础上，我国政府又提出了"中国智造""互联网＋"的发展政策。随着这些政策的进一步落实，新技术的变革及其应用将成为我国企业确定发展方向的重要影响因素。

（五）全球化环境

全球化是当今时代的重要特征。科技的进步使通信不断得到完善，越来越多的国家已经门户大开，跨国贸易、对外投资已经成为许多大型企业对外扩张、实现全球经营的重要手段。在这种情况下，我国企业面临着前所未有的挑战，同时也获得了极大的发展机会。

1. 经济方面

随着经济全球化的迅猛发展，世界经济相互依赖、相互制约的程度加深，许多企业不愿意只局限于本国市场，把目光投向周边国家乃至全世界。例如：波音公司的商用机型波音777在制造过程中要用到约132500个机械配件。它们来自全球545家供应商，可以说，这是全球制造人员共同努力的结果。

2. 科技应用方面

当前，全球新一轮科技革命和产业变革方兴未艾，并广泛渗透到人类社会的各个方面。新技术的价值将不断在新的应用中得以体现，并催生产业重大变革，成为企业新飞跃的突破口。例如，网络技术的发展颠覆了许多传统的思维和经营模式。小米的生态链模式、拼多多C2B拼团模式、字节跳动公司的算法模式等层出不穷，在某种程度上都反映出科技的应用带来了商业的巨大变革，并推动企业的全球化布局。

3. 智力资产方面

在当今社会，无形的智力资产才是最宝贵的资产。智力资产包括知识本身、使用知识的能力、创造知识的能力。现代企业的竞争就是人才的竞争，因为人力资源的独特性、价值性、不可复制性使企业获得持续竞争优势。

4. 文化价值观方面

全球化使中国企业面临着前所未有的挑战，这种挑战不仅来自经济领域，东西方在文化上的差异对企业的经营和发展也造成了很大的影响。为了避免文化差异给企业带来的管理和经营上的不便，许多跨国公司在进驻其他国家时，通常会聘用当地的管理者来管理企业，便于处理文化差异方面的问题。

5. 竞争面貌方面

全球化使得传统的产业界线变得越来越模糊。每一个企业都是为了满足顾客的需要，为顾客创造价值，获得最大的利益。在现代企业中，速度、便利、创新和特色已经成为新的竞争利器。更快更好地满足顾客的需要显然可以赢得更多的购买群体。此外，企业不仅要与行业内的，还要与行业外的以及国外的竞争对手竞争，竞争的环境更为激烈，竞争的范围更加广泛。这使竞争面貌发生了巨大改变。

综上可见，中国所面临的将是更为激烈的竞争环境；经济全球化、技术信息化以及知识经济时代的来临，都要求企业形成全球化思维与行动。同时，每个企业面临的外部环境是等同的，企业无法改变它，只能积极主动地去适应。总体环境对企业的影响往往是潜在的和间接的，要在较长的时间内才显现出来，但它对企业的影响要比行业变量和企业内部变量更为广泛和深刻。

二、产业环境分析

（一）产业竞争性分析——五力模型

产业竞争性分析属于外部环境分析中的微观环境分析，它的内容主要是分析本行业中的企业竞争格局以及本行业和其他行业的关系。行业的结构及竞争性决定着行业的竞争原则和企业可能采取的战略，因此产业竞争性分析是企业制定战略目标最主要的基础。

按照波特（M. E. Porter）的观点，一个行业中的竞争，远不止在原有竞争对手中进行，而是存在着五种基本的竞争力量，它们是潜在的行业新进入者的威胁、现有竞争者之间的竞争、替代产品的威胁、购买商讨价还价的能力以及供应商讨价还价的能力，如图1-2所示。

这五种基本竞争力量的状况及其综合强度，决定着行业的竞争激烈程度，从而决定着行业中获利的最终潜力。在竞争激烈的行业中，不会有一家企业能获得惊人的收益。在竞争相对缓和的行业中，各企业普遍可以获得较高的收益。由于行业中竞争的不断进行，会导致投资收益率下降，直至趋近于竞争的最低收益率。若投资收益率长期处于较低水平，

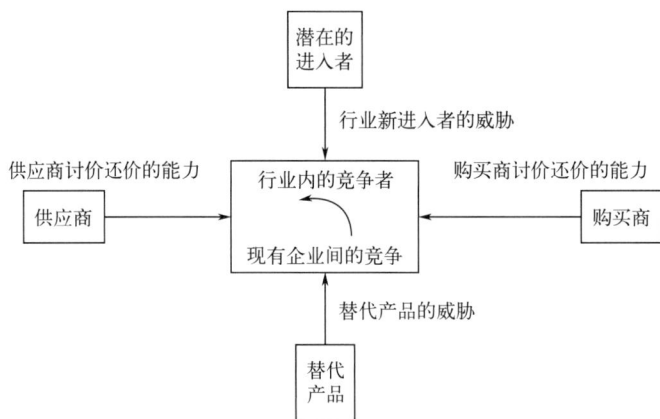

图 1-2　波特的五种竞争力模型

投资者将会把资本投入其他行业，甚至还会引起现有企业停止经营。在相反情况下，就会刺激资本流入和现有竞争者增加投资。所以，行业竞争力量的综合强度还决定资本向本行业的流入程度，这一切最终将决定企业保持高收益的能力。

1. 行业新进入者的威胁

这种威胁主要是由于新进入者加入该行业（如钢铁行业），会带来生产能力的扩大，带来对市场占有率的要求，这必然引起与现有企业的激烈竞争，使产品价格下跌；另外，新进入者要获得资源（如钢铁生产中的矿石和焦炭）进行生产，从而可能使得行业生产成本升高。这两方面都会导致行业的获利能力下降。

新进入者威胁的状况取决于进入障碍大小和原有企业的反击程度。如果进入障碍大，原有企业激烈反击，潜在的进入者难以进入该行业，进入者的威胁就小。决定进入障碍大小的主要因素有以下几个方面。

（1）规模经济

这是指生产单位产品的成本随生产规模的增加而降低。规模经济的作用是迫使行业新进入者必须以大的生产规模进入，并冒着现有企业强烈反击的风险；或者以小的规模进入，但要长期忍受产品成本高的劣势。这两种情况都会使进入者望而却步。大企业的生产成本要低于小企业的生产成本，这就有了进入障碍的客观条件。

规模经济形成的进入障碍表现在许多方面。

① 表现于企业的某项或几项职能上，如在生产、研究与开发、采购、市场营销等职能上的规模经济，都可能是进入的主要障碍。

② 表现为某种或几种经营业务和活动上，如钢铁联合生产中高炉炼铁等。

③ 表现为联合成本，即企业在生产主导产品的同时能生产副产品，使主导产品成本降低，这就迫使新进入者也必须能生产副产品，不然就会处于不利地位。如钢铁联合生产中，炼焦可产生可利用的煤气，高炉产生的高炉煤气以及炉渣都可以利用。

④ 表现为纵向联合经营，如从矿山开采，烧结直至轧制成各种钢材的纵向一体化钢铁生产。这就迫使进入者必须联合进入，若不联合进入，势必在价格上难以承受。

（2）产品差异优势

这是指原有企业所具有的产品商标信誉和用户的忠诚性。造成这种现象是由于企业过去所做的广告、用户的服务、产品差异或者仅仅因为企业在该行业历史悠久。产品差异化形成的障碍，迫使新加入者要用很大代价来树立自己的信誉和克服现有用户对原有产品的忠诚。这种努力通常是以亏损作为代价的，而且要花费很长时间才能达到目的。如果新进入者进入失败，那么在广告商标上的投资是收不回任何残值的。因此这种投资具有特殊的风险。

（3）资金需求

资金需求所形成的进入障碍，是指在行业中经营不仅需要大量资金，而且风险大。进入者要在持有大量资金、冒很大风险的情况下才敢进入。形成需要大量资金的原因是多方面的，如购买生产设备需要资金，提供用户信贷，存货经营等。

（4）转换成本

这是指购买者将购买一个供应商的产品转到购买另一个供应商的产品所支付的一次性成本。它包括重新训练业务人员、增加新设备、检测新资源的费用以及产品的再设计等。如果这些转换成本高，那么新进入者必须为购买商在成本或服务上做出重大的改进，以便购买者可以接受。

（5）销售渠道

一个行业的正常销售渠道，已经为原有企业服务，新进入者必须通过广告合作、广告津贴等来说服这些销售渠道接受他的产品，这样就会减少新加入者的利润。产品的销售渠道越有限，它与现有企业的联系越密切，新进入者要进入该行业就越困难。

（6）与规模经济无关的成本优势

原有的企业常常在其他方面还具有独立于规模经济以外的成本优势，新进入者无论取得什么样的规模经济，都不可能与之相比。它们是专利产品技术、独占最优惠的资源、占据市场的有利位置、政府补贴、具有学习或经验曲线以及政府的某些限制政策等。

2. 现有竞争者之间的竞争程度

现有竞争者之间多采用的竞争手段主要有价格战、广告战、引进产品以及增加对消费者的服务和保修等。竞争的产生是由于一个或多个竞争者感受到了竞争的压力或看到了改善其地位的机会。如果一个企业的竞争行动对其对手有显著影响，就会招致报复或抵制。如果竞争行动和反击行动逐步升级，则行业中所有企业都可能遭受损失，使处境更糟。在如下情况下，现有企业之间的竞争会变得很激烈。

（1）有众多或势均力敌的竞争者

当行业中的企业为数众多时，必然会有一定数量的企业为了占有更大的市场份额和取得更高的利润，而突破本行业约定俗成的一致行动的限制，采取打击、排斥其他企业的竞争行为。这势必在现有竞争者之间形成激烈的竞争。即便在企业为数不多的情况下，如若各企业的实力相当，由于它们都有支持竞争和进行强烈反击的资源，也会使现有企业间竞争激烈化。

（2）行业增长缓慢

在行业增长缓慢的情况下，企业为了寻求发展，便将力量放在争夺现有市场的占有率上，从而使现有企业的竞争激烈化。而在行业快速增长的条件下，行业内各企业可以与行业同步增长，而且企业还可以在增长的过程中充分地利用自己的资金和资源，竞争就不会激烈。

（3）行业具有非常高的固定成本或库存成本

当行业固定成本较高时，企业为降低单位产品的固定成本，势必采用增加产量的措施，结果又往往导致价格迅速下跌。与固定成本高有关的一种情况是产品的库存问题。如若行业生产的产品库存转换起来非常困难或费用极高，在这种情况下，企业就容易为尽快销售出去产品而遭受降价的损害。

（4）行业的产品没有差别或没有行业转换成本

当产品或劳务缺乏差异时，购买者的选择是价格和服务，这就会使生产者在价格和服务上展开竞争，使现有企业之间的竞争激化。同样，转换成本低时，购买者有很大的选择自由，也会产生相同的作用。

（5）行业中的总体生产规模和能力大幅度提高

新的生产规模不断增加，就必然会经常打破行业的供需平衡，使行业产品供过于求，迫使企业不断降价销售，强化了现有企业之间的竞争。

（6）竞争者在战略、目标以及组织形式等方面千差万别

企业如果把市场当作解决生产能力过剩的出路，就会采取倾销过剩产品的办法。多种经营的企业，若把某行业经营的产品视为厚利产品，就会采取扩大或巩固销售量的策略，尽力促使该行业的稳定。小型企业为了保持经营的独立性，可能情愿取得低于正常水平的收益来扩大自己的销路，所有这些都会引起竞争的激化。

（7）退出行业的障碍很大

当退出障碍大时，经营不好的企业只得继续经营下去，这样使现有企业间的竞争激烈化。退出障碍的主要来源有：具有高度专门化的资产，其清算价值低或转换成本高；退出的费用高，如高的劳动合同费、安置费、设备备件费；战略的协同关系，如果企业某一经营单位退出，就会破坏这种协力；感情障碍，如退出行业经营影响职工的忠诚，对个人事业前途充满畏惧等；政府和社会的限制，如政府考虑到失业问题、地区经济问题的影响，有时会出面反对或劝阻企业退出行业。

3. 替代产品的威胁

替代产品是指那些与本行业的产品有同样功能的其他产品。替代产品的价格如果比较低，它投入市场就会使本行业产品的价格上限只能处在较低的水平，这就限制了本行业的收益。替代产品的价格越有吸引力，这种限制作用也就越牢固，对本行业构成的压力也就越大。正因为如此，本行业与生产替代产品的其他行业进行的竞争，常常需要本行业所有企业采取共同措施和集体行动。下述的替代产品应引起该行业的注意：替代产品在价格和性能上优于该行业的产品；替代产品产自高收益率的行业。在后一种情况下，如果替代产业中某些发展变化加剧了那里的竞争，从而引起价格下跌或其经营活动的改善，则会使替代产品立即崭露头角。

4. 购买商讨价还价的能力

购买商可能要求降低购买价格，要求高质量的产品和更多的优质服务，其结果是使得

行业的竞争者们互相竞争，导致行业利润下降。在下列情况下，购买商有较强的讨价还价能力。

① 购买商相对集中并且大量购买。如果购买商集中程度高，由几家大公司控制，这就会提高购买商的重要地位。如果销售者行业急需补充生产能力，那么大宗的购买商就更具有特别有利的竞争地位。

② 购买的产品占购买商全部费用或全部购买量中很大的比重。这时，购买商愿意花费必要的资金购买，购买商讨价还价的能力就大；反之，如果只占购买商全部费用的一小部分，那么购买商通常对价格不很敏感，无须讨价还价。

③ 从该行业购买的产品属于标准化或无差别的产品。购买商在这种情况下确信自己总是可以找到可挑选的销售者，可使销售者之间互相倾轧。

④ 购买商的行业转换成本低。高的转换成本将购买商固定在特定的销售者身上；相反，如果转换成本低，购买商讨价还价能力就大。

⑤ 购买商的利润很低。这样，他们会千方百计地压低购买费用，要求降低购买价格。高盈利的购买商通常对价格不太敏感，同时他们还可能从长计议考虑维护与供应商的关系和利益。

⑥ 购买商们有采用后向一体化对销售者构成威胁的倾向，他们宁愿自己生产而不去购买。

⑦ 销售者的产品对购买商的产品质量或服务无关紧要。如果销售者的产品对购买商的产品质量影响很大，则购买商一般在价格上不太敏感。

⑧ 购买商掌握供应商的充分信息。这样，购买商便会在交易中享有优惠价格，而且在受到供应商威胁时能够进行有力的反击。

5. 供应商讨价还价的能力

供应商的威胁手段一是提高供应价格，二是降低供应产品或服务的质量，从而使下游行业利润下降。在下列情况下，供应商有较强的讨价还价能力。

① 供应行业由几家公司控制，其集中化程度高于购买商行业的集中程度。这样，供应商能够在价格和质量的条件上对购买商施加相当大的影响。

② 供应商无须与替代产品进行竞争。如果存在着与替代产品的竞争，即使供应商再强大有力，他们的竞争能力也会受到牵制。

③ 对供应商们来说，所供应的行业并不重要。在供应商向一些行业销售产品且每个行业在其销售额中不占很大比例时，供应商更易于应用他们讨价还价的能力；反之，如果某行业是供应商的重要主顾，供应商就会为了自己的发展采用公道的定价、研究与开发、疏通渠道等方式来保护购买商的行业。

④ 对购买商来说，供应商的产品是很重要的生产投入要素。这种投入对于购买商的制造过程或产品质量有重要的影响，这样便增强了供应商讨价还价的能力。

⑤ 供应商的产品是有差别的，并且使购买商建立起很高的转换成本。这样，购买商便不会设想"打供应商的牌"。

⑥ 供应商对购买商行业来说构成前向一体化的很大威胁。这样，购买商若想在购买条件上讨价还价，就会遇到困难。例如矿石公司想要自己用铁矿石炼铁，则对炼铁公司来

说构成很大的威胁。

（二）竞争对手分析

竞争对手是企业经营行为最直接的影响者和被影响者，这种直接的互动关系决定了竞争对手分析在外部环境分析中的重要性。分析竞争对手的目的，是了解每个竞争对手所可能采取的战略行动及其实质和成功的希望；各竞争对手对其他公司的战略行动可能做出的反应；以及各竞争对手对可能发生的产业变迁和环境的大范围变化可能做出的反应等。

对竞争对手的分析主要包括四个方面的要素：未来目标、假设、现行战略和能力。对这四个方面的理解可预先从竞争对手的反应有个大概了解，如图 1-3 所示。

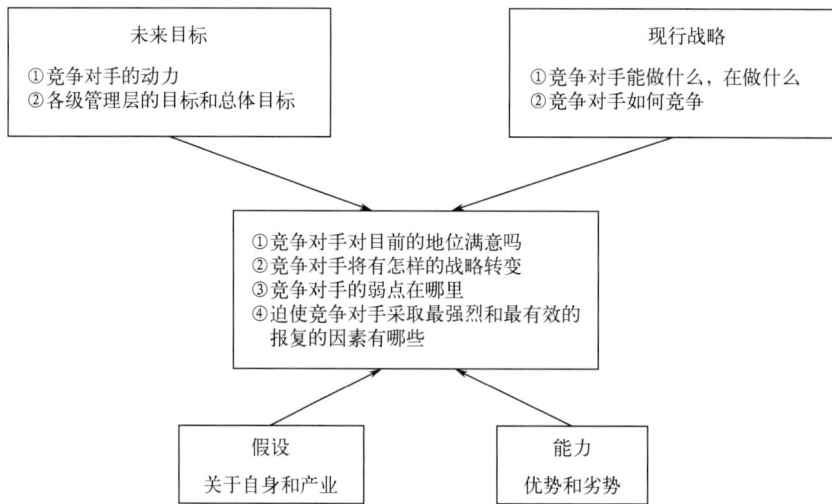

图 1-3　竞争对手分析的内容

三、内部环境分析

企业以资源为基础生产产品或提供服务，为顾客创造价值，而为顾客创造价值是企业获得超额利润的源泉。企业的价值是由比竞争对手的产品更低的成本和更大的差异，或者两者结合所创造的。只有以企业的核心竞争力为基础，企业的竞争战略才是有效的。

企业内部环境分析的主要任务就是通过对企业内部要素的分析，归纳出若干能够影响企业未来发展的关键战略要素，即企业内部优势与劣势。分析内部环境是战略分析的一项重要内容。研究和经验表明，一个企业的优势和劣势以及它的组织能力，比外部环境更能决定自身的绩效。

（一）企业的资源

企业的资源是指企业经营活动所需要的各种各样的有形和无形输入，可分为有形资源和无形资源。

1. 有形资源

有形资源是指具有固定生产能力特征的实体资产，以及可自由流通的金融性资产。有形资源最容易加以辨认和评估，实体资产和金融资产都能够被识别，并且可在企业的财务报告中予以估价。但是这些报告并不能完全反映企业的所有资产价值，因为它忽略了一些无形资源。因此，每一种企业竞争优势的来源并不能完全反映在财务报告当中。

2. 无形资源

无形资源是指那些根植于企业的历史、长期积累下来的资产。因为它们是以一种独特方式存在的，所以竞争对手非常不容易了解和模仿。随着企业经营的知识化，无形资源逐渐受到重视。在激烈的竞争中，企业在有形资源上的差异对竞争力的影响变小，企业经营管理越来越复杂，需要更多的专业知识，此时无形资源变得非常重要。但是，就公司的财务报告而言，无形资源大部分还是不可见的。无形资源在使用中不会被消耗掉，事实上，如果运用得当，无形资源在使用中不仅不会萎缩，相反还可以获得增长。

（二）企业的能力

资源不等于能力。能力是生产活动要求资源进行组合和协调而产生的。现实中不少企业资金和人才充足，技术设备一流，但是经营业绩不佳，其原因不在于资源，而在于企业缺乏运作资源的能力。需要注意的是，虽然资源本身不是能力，但拥有优势资源的确能够给企业带来较强的市场竞争优势，如企业独占制造产品的专利或拥有从事某项业务的特许权，运输企业拥有一条好的线路等。

企业将单一的有形资源与无形资源相结合来创造能力，而能力又被用于完成组织的任务，如生产、分销以及售后服务，从而为顾客创造价值。作为核心竞争力和竞争优势的基础，能力一般以公司的人力资本对信息和知识的开发、传播和交流为基础进行塑造。所以，能力通常在某个具体的职能领域（如制造、研发和市场营销）或职能领域的某一部分得到发展。

（三）企业的核心竞争力

资源是企业能力的源泉，能力是企业核心竞争力的源泉，核心竞争力是开发持续的竞争优势的基础。那些有价值的、稀缺的、难以模仿的和不可替代的能力就是核心竞争力。核心竞争力又可以进一步成为能战胜竞争对手的竞争优势。不能满足这四个标准的能力就不能成为核心竞争力。这意味着，虽然每一种核心竞争力都是能力，但并非每一种能力都是核心竞争力。换句话说，一种能力要想成为核心竞争力，那么在顾客眼里，它一定是具有价值的、独一无二的；而一种核心竞争力要成为竞争优势的潜在来源，那么对竞争对手来说，它一定是难以模仿的和不可替代的。

当竞争对手无法复制公司战略带来的收益，或者缺乏足够的资源进行模仿时，企业才能获得可持续的竞争优势。企业利用核心竞争力创造的价值能维持多长时间，取决于竞争对手成功地模仿产品、服务或生产流程的速度。只有四项标准都满足，创造价值的核心竞争力才能持续比较长的时间。

1. 有价值的能力

有价值的能力能让公司抓住外部环境中的机遇，消除环境中的威胁。有效地利用能力来把握机遇或消除威胁，企业就可以为顾客创造价值。

2. 稀缺的能力

稀缺的能力是指只有极少数竞争对手拥有的能力。对任何一个企业来说，许多竞争对手都具有的能力是不可能成为核心竞争力的；相反，有价值但又普遍存在的能力会导致对等的竞争。只有当公司创造并开发的有价值的能力成为核心竞争力，并与竞争对手不同时，公司才能获得竞争优势。

3. 难以模仿的能力

难以模仿的能力是指其他企业不能轻易拥有的能力。之所以能够创造出难以模仿的能力，有时是基于以下一个原因，有时则是基于以下三个原因的结合。

① 企业可以基于特定的历史条件建立起来的某种能力。

② 企业的核心竞争力和竞争优势之间的界限有时比较模糊。在这种情况下，竞争对手很难清楚地了解企业是如何利用核心竞争力来获取竞争优势的。这样一来，竞争对手也很难确定到底要发展何种能力才能复制企业的价值创造战略来获得收益。

③ 社会复杂性。社会复杂性意味着，至少有一些或者经常有很多企业的能力是错综复杂的社会现象的产物。管理者之间以及管理者与员工之间的人际关系、信任、友谊，以及企业在供应商和顾客中的声誉，都是社会复杂性的例子。

4. 不可替代的能力

不可替代的能力是指那些不具有战略对等性的能力。如果两种有价值的企业资源分别被用于执行相同的战略，那么这两种资源就是战略对等的。总体来说，一种能力越难以替代，就越具有战略价值。一种能力越是无形的、不可见的，其他企业就越难找到它的替代能力，在模仿价值创造战略时就会面临更大的挑战。

综上所述，只有利用有价值的、稀缺的、难以模仿的和不可替代的能力，企业才有可能获得可持续竞争优势。

（四）价值链模型

迈克尔·波特在其《竞争优势》一书中提出了"价值链"的概念并对其进行了深入研究。迈克尔·波特认为，企业的每项生产经营活动都是其创造价值的活动，这样企业所有的互不相同且相互关联的生产经营活动便构成了创造价值的动态过程，即价值链（图1-4）。企业的价值链构成了企业的成本结构，也包含了企业的利润空间。价值链分析可以让企业了解运营过程中，哪些环节可以创造价值，哪些环节不能创造价值。了解这些是非常重要的，因为只有创造的价值大于价值创造过程中消耗的成本，企业才能获得超额利润。

图1-4　波特价值链

价值活动可分为两大类：基本活动和辅助活动。基本活动是涉及产品的物质创造及其销售、转移给买方和售后服务的各种活动。辅助活动是辅助基本活动的活动，并通过提供外购投入、技术、人力资源以及各种企业范围的职能以相互支持。

1. 基本活动

企业在进行基本活动的分析时，往往需要考虑那些能够获得价值潜力的主要业务，以此来获取或创造更有价值的能力。

（1）进货物流

进货物流的主要活动是指与接收、存储和分配产品投入有关的活动，包括原材料处理、仓储、库存管理、车辆调度和向供应商退货等。

（2）生产作业

生产作业包括所有将投入变成最终产品形式的活动，如机械加工、包装、组装、设备维修、测试、印刷和厂房设施管理等。

（3）发货物流

发货物流是指有关集中、存储和把产品或服务分销给客户的活动，包括最终产品、仓储、原材料搬运、送货车辆管理、订单处理和进度安排等。

（4）市场和销售

市场和销售是指为顾客提供购买本企业产品的途径或方式，以及促使其购买的各种活动，包括广告、促销、推销队伍、报价、销售渠道选择、销售渠道关系和定价等。提供好的产品是远远不够的，事实证明，仅仅拥有杰出的产品并不总能在竞争中获取优势。关键在于让你的渠道伙伴相信，仅仅销售你的产品是不够的，按照与你的战略一致的方式经营销售产品才最符合他们的利益。

（5）售后服务

售后服务是指所有与提供服务以提高或保持产品价值相关的活动，包括安装、维修、培训、零部件供应和产品调适等。

2. 辅助活动

除了基本活动的分析外，企业的辅助活动也不容忽视，它们往往也具有创造价值的潜力。

（1）采购

采购是指购买用于企业价值链投入的职能，而不是指外购投入本身。外购投入包括原材料、零配件和其他消耗品，以及机器、实验室设备、办公设备和房屋建筑等资产。

（2）技术开发

每项有价值的活动都是有技术含量的。大多数企业采用的技术范围极为广泛，从用于准备文件和运输物资的技术，一直到生产过程和生产设备的技术以及产品本身所包含的技术等。与产品和功能部件相关的技术开发支持整个价值链，而其他技术开发与某一种基础活动和辅助活动相关。

（3）人力资源管理

人力资源管理由对各类人员的招聘、雇用、培训、开发和报酬所包含的活动组成。人力资源管理既支持单项的基础活动和辅助活动，又支持整个价值链。

（4）企业基础设施

企业基础设施由包括一般管理、计划、财务、会计、法律、政府事务、质量管理和信息系统的一系列活动组成。基础设施通常支持的是整个价值链，而不是单项活动。

一个企业的价值链通常由上述各种活动所组成。企业可以在任何一个价值链活动或辅助功能中发展自己的能力或者核心竞争力。如此，企业也就可以获得为顾客创造价值的能力。当企业能用独特的核心竞争力为顾客创造出竞争对手无法复制的价值时，就获得了一个或多个竞争优势。

四、SWOT 分析矩阵

SWOT 分析矩阵是进行企业外部环境和内部条件分析，从而寻找两者最佳可行战略组合的一种分析工具。在这里 S 代表企业的"长处"或"优势"；W 代表企业的"弱点"或"劣势"；O 代表外部环境中存在的"机会"；T 代表外部环境所构成的"威胁"。进行 SWOT 分析，一般要经过下列步骤。

① 进行企业外部环境分析，列出对于企业来说外部环境中存在的发展机会（O）和威胁（T）。

② 进行企业内部环境分析，列出企业目前所具有的长处（S）和弱点（W）。

③ 绘制 SWOT 矩阵。这是一个以外部环境中的机会和威胁为一方，企业内部环境中的长处和弱点为另一方的二维矩阵（图 1-5）。在这个矩阵中，有四个象限或四种 SWOT 组合。它们分别是长处-机会（SO）组合；长处-威胁（ST）组合；弱点-机会（WO）组合；弱点-威胁（WT）组合。

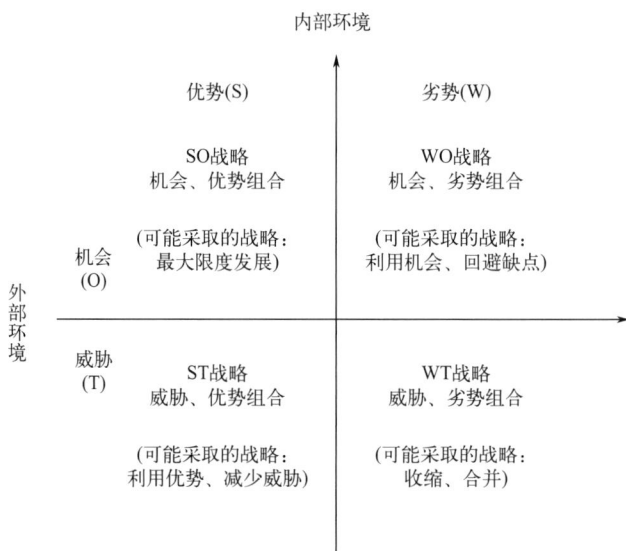

图 1-5 SWOT 分析矩阵

④ 进行组合分析。对于每一种外部环境与企业内部条件的组合，企业可能采取的一些策略原则如下。

a. 弱点-威胁（WT）组合。企业应尽量避免处于这种状态。然而一旦企业处于这样的状态，在制定战略时就要降低威胁和弱点对企业的影响。事实上，这样的企业为了生存下去必须要奋斗，否则可能要选择破产。而要生存下去可以选择合并或缩减生产规模的战略，以期能克服弱点或使威胁随时间的推移而消失。

b. 弱点-机会（WO）组合。企业已经鉴别出外部环境所提供的发展机会，但同时企业本身又存在着限制利用这些机会的组织弱点。在这种情况下，企业应遵循的策略原则是，通过外在的方式来弥补企业的弱点以最大限度地利用外部环境中的机会。如果不采取任何行动，实际是将机会让给了竞争对手。

c. 长处-威胁（ST）组合。在这种情况下，企业应巧妙地利用自身的长处来应对外部环境中的威胁，其目的是发挥优势而降低威胁。但这并非意味着一个强大的企业，必须以其自身的实力来正面地回击外部环境中的威胁，合适的策略应当是慎重而有限度地利用企业的优势。

d. 长处-机会（SO）组合。这是一种最理想的组合，任何企业都希望凭借企业的长处和资源来最大限度地利用外部环境所提供的多种发展机会。

需要指出的是，在任何一种组合内都可能会发现多种因素，它们之间形成多种错综复杂的组合，而这些组合又成为战略选择的基础。

第五节　企业战略制定

企业战略有三个层面：公司战略、竞争战略、职能战略。其中，职能战略属于战术层面，这里不作讨论。

一、公司战略

（一）增长型战略

增长型战略又被称为扩张型战略，是企业经营实践中最为广泛采用的战略，旨在扩大企业经营规模，增强企业抵御市场风险的能力，使企业达到更高的收入水平和盈利水平。

1. 类型

企业谋求发展的战略在总体上主要分为以下四种类型：专业化战略、一体化战略、多元化战略和国际化战略。其中，前三种战略是从行业或业务领域来定义战略范畴，而国际化战略则是从地域角度来定义战略范畴，也可以看作是多元化战略的特殊形式，实际是地域多元化。

（1）专业化战略

专业化战略是指企业将拥有的全部资源都集中用于企业最具有优势或者最看好的某种产品或者业务上，力求做大做强。企业的经营者在寻求新的发展机会时，首先应该考虑现有产品是否还能得到更多的市场份额；然后，应该考虑是否能为其现有产品开发一些新市场；最后，还要考虑是否能为其现有的市场发展若干有潜在利益的新产品。此外还要考虑为新市场开发新产品的机会。由此，专业化战略主要有三种类型：市场渗透战略、市场开发战略、产品开发战略。

奉行专业化增长战略的企业大多数集中生产（提供）单一产品或服务，以上三种战略也常常同时使用。采用该战略的企业面临一个主要的危险，即如果对企业的产品或服务的市场需求下降，企业就会遇到麻烦。一些非企业所能控制的因素可能会引起对企业产品或服务的市场需求下降。例如，顾客偏好的不稳定性在增加，竞争的激烈程度和复杂性在增强，技术变革以及政府政策的改变，这些都对实行专业化增长战略的企业构成威胁。

（2）一体化战略

一体化战略是指企业充分利用自身在产品（业务）上的生产、技术、市场等方面的优势，沿着其产品（业务）生产经营链条的纵向或水平方向，不断地扩大其业务经营的深度和广度。其中，企业若是沿着水平方向发展，则叫作横向一体化战略；若是沿着原有产品（业务）生产经营链条的方向发展，则叫作纵向一体化战略。纵向一体化主要包含两种形式，即前向一体化和后向一体化。一体化战略有利于公司加强对分销商、供应商以及竞争者的控制权。

前向一体化就是企业通过收购或兼并若干商业企业，或者拥有或控制其分销系统，实行产销一体化。当一个企业发现它的价值链上的前面环节对其生存和发展至关重要时，就会加强前向环节的控制。越来越多的制造商借助互联网和直销队伍直接销售自己的产品，这也是一种前向一体化。实施前向一体化的一种有效方式是特许经营，采用特许经营的形式授权其他厂商经销自己的产品并提供售后服务，是用途最广也是非常有效的前向一体化方式。

后向一体化就是企业通过收购或兼并若干原材料供应商，拥有或控制其供应系统，实行供产一体化。后向一体化的目的是保证物资供应来源，以发展自己的产品。采用这种战略，一般是把原来属于后向的企业合并起来，组成联合企业或总厂，以利于统一规划，保证企业顺利发展。

横向一体化战略也叫水平一体化战略，是指为了扩大生产规模、降低成本、巩固企业的市场地位、提高企业竞争优势、增强企业实力而与同行业企业进行联合的一种战略。其实质是资本在同一产业和部门内的集中，目的是实现扩大规模、降低产品成本、巩固市场地位。

（3）多元化战略

多元化战略是指企业通过进入新的业务领域来拓展自身经营范围的行为。根据新业务领域与原有业务领域的关联程度，多元化战略可以分为相关多元化和非相关多元化两种类型。

相关多元化是指企业进入与原有业务领域在价值链、技术、营销或管理等方面存在紧密联系的新业务领域。相关多元化战略的优势在于可以利用原有业务领域的资源和能力，在新业务领域快速取得竞争优势，并降低进入新市场门槛。非相关多元化是指企业进入与原有业务领域在价值链、技术、营销或管理等方面没有明显联系的新业务领域。非相关多元化战略的优势在于可以分散经营风险，不受单一业务周期波动的影响，并可能带来新的增长机会。

（4）国际化战略

国际化战略是一种全球战略，企业在经营决策时，所考虑的不是某个子公司的局部得失，而是整个公司的最大利益；不仅要考虑子公司的存在，更要考虑整个企业未来的发展。也就是说，国际企业实现其全球战略目标活动，已不是简单化地对市场有利机会和不利条件的直接反映，而是对企业所处的竞争环境和企业本身的资源条件认真分析后，经过周密策划的有计划的行动。许多动因都会驱使企业实施国际化战略，以使经营区域多样化。

企业可以采取五种模式进入国际市场：出口、特许经营、战略联盟、收购、新建全资子公司。每一种模式都有各自的优缺点，因此，模式的选择会影响企业实施国际化战略的成功度。在多个市场上参与竞争的大型公司，经常会选择几种或全部五种模式进入不同的市场。

2. 实施方式

（1）内部创业

内部创业又称作内部开发，是指企业通过内部投资或创新进入一个新的业务领域。内部创业不一定全是创新，也包括模仿和跟随。通过在内部形成一个新起点的公司进入一个行业的最大障碍，是跨越进入壁垒的成本以及建立一个强大和有利的竞争地位所要花费的额外时间。企业在运用内部创业模式进入新的业务领域时，必须考虑两个问题：一是进入障碍；二是该领域（行业）中已有企业的反应。也就是说，企业采取内部创业战略，除了在新领域中对必要的生产设施、人员等进行投入外，还要克服如商标识别、专有技术等行业壁垒，以及因该领域企业报复性行为而导致的额外投资。

（2）战略联盟

战略联盟是指通过企业之间资源和能力的组合来创造竞争优势的合作战略。战略联盟需要企业间的资源和能力进行一定程度的交换与共享，从而共同进行产品或服务的开发、销售。另外，企业可以利用战略联盟来平衡现有的资源和能力，并与合作伙伴一起开发额外的资源和能力，以此作为获得竞争优势的基础。

战略联盟的类型多种多样，从治理结构的角度可以分为股权式联盟和契约式联盟；从价值链角度可以分为横向联盟、纵向联盟和混合联盟。所以，战略联盟主要以合资、研发协议、定牌生产、特许经营、相互持股这五种形式为主。

（3）并购

并购战略是指并购双方（即并购企业和目标企业）以各自核心竞争优势为基础，立足于双方的优势产业，通过优化资源配置的方式，在适度范围内强化主营业务，从而达到产业一体化协同效应和资源互补效应，创造资源整合后实现新增价值的目的。并购的类型分为以下几种。

① 合并：A 公司与 B 公司合并组成 C 公司，A 公司和 B 公司都不复存在。

② 收购：A 公司购买 B 公司的全部资产和负债，A 公司继续经营，B 公司成为 A 公司下属的子公司或不复存在。

③ 控股：A 公司购买 B 公司的部分股票，或向 B 公司注入资金，达到控股程度，A 公司和 B 公司均继续经营，A 公司成为母公司，B 公司成为被 A 公司控股的公司。

（二）稳定型战略

稳定型战略是指企业在战略方向上没有重大改变，在业务领域、市场地位和产销规模等方面基本保持现有状况，是以安全经营为宗旨的战略。稳定型战略有利于降低企业实施新战略的经营风险，降低资源重新配置的成本，为企业创造一个加强内部管理和调整生产经营秩序的修整期，并有助于防止企业过快发展。

应用较为广泛的稳定型战略主要有如下三种：暂停战略、无变战略和维持利润战略。

1. 暂停战略

暂停战略是指在一段时期内降低成长速度、巩固现有资源的临时战略。暂停战略主要适用于在未来不确定性产业中迅速成长的企业，目的是避免出现继续实施原有战略导致企业管理失控和资源紧张的局面。

2. 无变战略

无变战略是指不实行任何新举动的战略。无变战略适用于外部环境没有任何重大变化、本身具有合理盈利和稳定市场地位的企业。

3. 维持利润战略

维持利润战略是指为了维持目前的利润水平而牺牲企业未来成长的战略。很多情况下，当企业面临不利的外部环境时，管理人员会采用减少投资、削减一些可控费用（如研发费用、广告费和维修费）等方式维持现有利润水平。维持利润战略只是一种度过困境的临时战略，对企业持久竞争优势会产生不利影响。

（三）紧缩型战略

紧缩型战略是指企业从目前的战略经营领域和基础水平收缩及撤退，且偏离起点战略较大的一种经营战略。通常，企业实施紧缩型战略只是短期的，其根本目的是使企业挨过风暴后转向其他战略选择。有时，只有采取收缩和撤退的措施，才能抵御竞争对手的进攻，避开环境的威胁并迅速实行自身资源的最优配置。

根据实施紧缩型战略的基本途径，可以把紧缩型战略划分为三类：抽资转向战略、放弃战略和清算战略。

1. 抽资转向战略

抽资转向战略是指企业在现有的经营领域不能维持原有的产销规模和市场面，不得不缩小产销规模和市场占有率，或者企业在存在新的、更好的发展机遇的情况下，对原有的业务领域进行压缩投资、控制成本，以改善现金流，为其他业务领域提供资金的战略方案。另外，企业在财务状况下降时有必要采取抽资转向战略，这一般发生在物价上涨导致成本上升或需求降低使财务周转不灵的情况下。针对这些情况，抽资转向战略可以通过以下措施来配合进行。

（1）调整企业组织

这包括改变企业的关键领导人，在组织内部重新分配责任和权力等。调整企业组织的目的是使管理人员适应变化了的环境。

（2）降低成本和投资

这包括压缩日常开支，实施更严格的预算管理，减少一些长期投资的项目等，也可适当减少某些管理部门或降低管理费用。在某些必要的时候，企业也会以裁员作为压缩成本的方法。

（3）减少资产

这包括出售与企业基本生产活动关系不大的土地、建筑物和设备；关闭一些工厂或生产线；出售某些在用的资产，再以租用的方式获得使用权；出售一些盈利的产品，以获得继续使用的资金。

（4）加速回收企业资产

这包括加速应收账款的回收期，派出讨债人员收回应收账款，降低企业的存货量，尽量出售企业的库存产成品等。

抽资转移战略会使企业的主营方向转移，有时会涉及基本经营宗旨的变化，其成功的关键是管理者明晰的战略管理理念。

2. 放弃战略

在采取抽资转移战略无效时，企业可以尝试放弃战略。放弃战略是指将企业的一个或几个主要部门转让、出卖或停止经营。这个部门可以是一个经营单位，一条生产线或者一个事业部。

放弃战略与清算战略并不一样，由于放弃战略的目的是要找到肯出高于企业固定资产时价的买主，所以企业管理人员应该说服买主，认识到购买企业所获得的技术资源或资产能给对方增加利润。而清算战略一般意味着只包括有形资产的部分。

3. 清算战略

清算战略是指卖掉其资产或停止整个企业的运行从而终止一个企业的存在。显然，只有在其他战略都失败时才考虑使用清算战略。但在确实毫无希望的情况下，应尽早制定清算战略。要特别指出的是，清算战略的净收益是企业有形资产的出让价值，而不包括其相应的无形价值。

二、竞争战略

竞争战略是指在给定的一个业务或行业内，经营单位如何竞争取胜，或者说是企业在特定的市场环境中如何营造并获得竞争优势的途径和方法。

（一）基本竞争战略

1. 成本领先战略

成本领先战略是指企业通过有效途径降低成本，使企业的全部成本低于竞争对手的成本，甚至是同行业中最低的成本，从而获得竞争优势的一种战略。实行成本领先战略需要一整套具体政策：经营单位要积极建立大规模、高效率的设施；努力降低经验成本；严格控制成本开支和间接费用；追求研究开发、服务、销售、广告及其他部门的成本最小化。为达此目的，必须在成本控制上进行大量、艰苦的管理工作。为了同竞争对手相抗衡，企业在质量、服务及其他方面的管理也不容忽视，但降低成本则是贯穿整个战略的主题。

实施成本领先战略成功的关键在于，在满足顾客认为至关重要的产品特征和服务的前提下，实现相对于竞争对手的可持续性成本优势。换言之，奉行成本领先战略的企业必须开发成本优势的持续性来源，能够形成防止竞争对手模仿成本优势的障碍，这种低成本优势方能持久。运用这个战略获取利润业绩的思路有二：一是利用成本优势定出比竞争对手更低的价格，大量吸引对价格敏感的顾客，进而提高总利润；二是不削价，满足于现有市场份额，利用成本优势提高单位利润率，进而提高总利润和总的投资回报率。成本领先战略的理论基石是规模效益和经验效益，它要求企业的产品必须具有较高的市场占有率。

2. 差异化战略

差异化战略是指企业向顾客提供的产品或服务与其他竞争者相比独具特色、别具一格，从而使企业建立起独特竞争优势的一种战略。这种战略的核心是取得某种对顾客有价值的独特性。企业可以从很多角度寻求差异化，例如，一种独特的口味、一系列的特色、可靠的服务、及时提供备用零件、物超所值、工程设计和性能卓越、名望和特异性、产品可靠性高、高质量的制造、技术领导地位、全系列的服务、居于同类产品线之高端的形象和声誉。

最具吸引力的差异化方式是那些竞争对手模仿起来难度很大或代价高昂的方式。事实上，资源丰富的公司几乎能够及时地仿制任何一种产品或者特色与属性，这就是为什么持久的差异化优势通常要建立在独特的内部能力和核心能力的基础上的原因。差异化战略所要寻求的是持久的差异化优势，但这并不意味着企业可以忽视成本因素，只不过成本在此不是主要战略目标而已。

3. 最优成本供应商战略

最优成本供应商战略是指低成本地提供优秀的差异化产品，然后利用成本优势制定比竞争产品更低的价格，通过为买方提供超值价值来建立竞争优势的战略。这个战略之所以被称为最优成本供应商战略，是因为相对那些其品牌有着可比质量、服务、特色、性能属性的供应商来说，该供应商的成本最优（最低）。这个战略的竞争优势源于企业在质量、服务、特色、性能属性上紧跟竞争对手，在成本上打败对手。因而企业要想成为最优成本供应商，就必须以低于对手的成本提供可比的产品性能、特色和质量。成功的最优成本供应商的特点是公司拥有资源、诀窍和不懈的努力，能够低成本地提供高级的产品或服务。

最优成本供应商战略，本质上是通过寻求低成本和差异化之间的适度平衡来创造超值的顾客价值，因而它是一个复合战略。

4. 集中化战略

集中化战略是指将企业的经营活动集中于某一特定的购买群体、产品线的某一部分或某一地域性市场，通过为这个市场的购买者提供比竞争对手更好、更有效率的服务来建立竞争优势的一种战略。集中化战略与成本领先战略、差异化战略和最优成本供应商战略的区别在于，集中化战略的注意力集中于整体市场的一个狭窄部分，其他战略则以广大的市场为目标。

企业既可以通过差异化战略服务于某一细分市场，又可以通过成本领先战略实现这个目标，因而集中化战略具体有两种形式：一种是成本集中化战略，即在细分市场中寻求低成本优势；另一种是差异集中化战略，即在细分市场中寻求差异化优势。

（二）不同市场竞争地位下的竞争战略

各个企业作为市场活动的参与者，其实力和资源会有不同程度的差异，因而各自占据不同的竞争位置。没有哪一种战略会适合所有的企业。企业必须认清自己在本行业竞争中的真实位置，以此为基础来制定有效的竞争战略。

1. 市场领导者战略

市场领导者是指在同行业中居于领导地位的企业。它在相关产品的市场上占有最大的市场份额，并在新产品开发、价格变动、分销渠道及促销等方面支配和领导着其他企业。一些著名的市场领导者既受到其他企业的尊重，同时也往往成为竞争者的众矢之的，因此市场领导者必须选择正确的竞争战略才能巩固其领导地位。通常为保住自己的领先地位，市场领导者应采取下列三种战略。

① 扩大市场需求总量。当一种产品的市场需求总量扩大时，受益最大的是处于领先地位的企业。

② 保护市场份额。市场领导者在扩大市场需求总量的同时，还必须时刻防备竞争者的挑战，保卫自己的市场领地。

③ 提高市场占有率。市场领导者也可以通过进一步增加其市场份额来巩固其领先地位。

2. 市场挑战者战略

市场挑战者是指那些在行业中居于第二、第三或更靠后位置的企业。市场挑战者欲向市场领导者或其他竞争者挑战，首先必须确定自己的战略目标和挑战对象，然后选择适当的进攻战略。

大多数市场挑战者的战略目标是扩大市场份额。无论是要击败对手取而代之还是削弱其市场份额，都要正确确定挑战对象。通常一个市场挑战者可以从三种类型的企业中选择一种进行攻击：①攻击市场领导者；②攻击与自己实力相当，但目前经营不善、财力拮据的企业；③攻击目前经营困难、资金不足的地方小企业。

可供市场挑战者选择的进攻战略主要有以下五种：正面进攻、侧翼进攻、包围进攻、迂回进攻、游击进攻。一个市场挑战者不可能同时运用五种战略，但也很难单靠某一种战略取得成功，通常是设计出一套组合战略即整体战略，以改善自己的市场地位。

3. 市场追随者战略

市场追随者与市场挑战者一样，在同行业居于第二、第三甚至更靠后的地位，所不同的是，它不进行挑战而是跟随在市场领导者后面自觉维持共处的局面。这种"自觉共处"状态在资本密集且产品同质的行业中是很普遍的现象。由于产品差异性很小，价格敏感度高，价格战势必导致两败俱伤，因此大多数企业追随市场领导者，以期"和平共处"。但是市场追随者往往是市场挑战者进攻的对象，因此市场追随者必须选择一种不会引起市场竞争者报复的追随战略。

4. 市场补缺者战略

市场补缺者是指精心服务于市场的某些细小部分，通过专业经营来占据有利的市场位置的企业。每个行业都有一些小型或微型企业，它们专心关注市场上被大企业忽略或放弃的某些细小市场，通过为之提供专业化服务来获取最大限度的收益，在大企业的夹缝中求得生存和发展。这种战略不仅对小企业有意义，而且对那些无法在产业中达到杰出地位的大企业的小部门也有意义。它们也常设法寻找一些既安全又能获利的补缺市场为之服务。

第六节　企业战略实施

企业一旦选择了合适的战略，战略管理活动的重点就从战略制定转移到战略实施阶段。但战略实施并不是轻而易举的过程，它涉及大量的工作安排、资金和时间，而且不像在战略制定过程中，所参与的人员只是高层管理者。在战略实施过程中，公司中的每一个人，从最高层管理者到作业人员，都参与战略实施。因此，只有当企业的各种因素相互适应和相互匹配时，战略实施才更有可能取得成功。这就意味着，为了达到战略目标，成功的管理者必须取得战略与其内部因素之间的匹配。这些因素之间越是相互适应和匹配，战略越有效。

一、战略与组织结构

战略的变化往往要求组织结构发生相应的变化。其主要原因有两个。第一，组织结构在很大程度上决定了目标和政策如何建立。例如，在地域型组织结构中，目标与政策往往以地域性术语表述；在基于产品类别的组织结构中，目标与政策在很大程度上用产品术语描述。制定目标与政策所依赖的组织结构形式，会对所有战略实施活动产生显著影响。第二，企业的组织结构决定了资源的配置方式。如果组织是按用户群构建的，那么资源配置亦然。除非新的或修改后的战略与原战略侧重的职能领域相同，否则，调整组织结构常常会成为战略实施的重要内容。

战略变化将导致组织发生结构变化，组织结构应该服务战略，追随战略。离开了战略或使命，企业要设计有效的组织结构十分困难。对特定战略或特定类型的企业而言，不存在一种最优的组织结构设计。适用于一家企业的组织结构，未必适用于另一家类似的企业。

企业组织受到多种外部和内部力量的影响，没有一家企业可以针对所有变化调整组织结构，这样将导致混乱。当企业战略改变时，现行的组织结构也可能失效。无效的组织结构症状包括：过多的管理层次，过多的人参加过于频繁的会议，过多的精力用于调解跨部门冲突，过宽的控制范围，过多的目标尚未实现等。组织结构的变化有助于战略实施，但不能指望组织结构的变化可以将坏战略变成好战略，或将糟糕的管理者变为优秀的管理者，或使滞销品变为畅销品。

组织结构是部门划分、管理层次与管理幅度的确定、集权与分权关系的确立等一系列管理决策的产物和结果。确立组织结构各要素的不同方式，会使组织结构呈现出不同的形式，即组织结构形式。

1. 直线制结构

直线制结构，其所有者兼经营者直接做出所有主要决定，并监控企业的所有活动。这种结构涉及的任务不多,分工很少,规则也很少,整个结构很简单。一般来说简单结构适合提供单一产品、占据某一特定地理市场的企业。

2. 直线职能制结构

这是使用最为广泛的一种组织结构。直线职能制结构将任务和活动按业务职能进行分类,如生产/运营、营销、财务、研发和管理信息系统等。除了简单和经济外,直线职能制结构还可以推动劳动的专业化分工,促进有效使用和管理技术人才,减少对复杂系统的控制,并有利于迅速做出决策。

3. 事业部制结构

随着自身的成长,中小企业在管理不同市场中的不同产品和服务时,会遇到越来越多的困难。为了激励员工、控制运作以及在不同地区成功竞争,有必要采取某些分权式组织结构。分权式组织结构可以按照如下四种方式设置:按地区、按产品或服务项目、按用户和工序、按业务过程。在分权式组织结构中,职能业务活动不仅在总公司集中进行,还在各事业部分别进行。

4. 战略业务单元结构

随着企业中事业部或分公司的数量、规模和类型的增加,战略制定者对事业部的控制和评价愈加困难。销售的增长往往不能导致盈利的同步增长,企业最高层的控制幅度也变得过大。在多事业部公司中,战略业务单元结构可以极大地促进公司战略的实施。

战略业务单元结构将同类的分公司或事业部归并成战略业务单元,委任高层管理者对其负责并直接向集团公司 CEO 报告。该结构通过协调各类业务事业部,明确各战略业务单元职责,促进企业整体的战略实施。在一个拥有 100 个事业部的超巨型企业中,这些事业部可以依据某种共同特征,比如参与竞争的产业、所在的区域或面对的用户而组织为10 个战略业务单元。

5. 矩阵型结构

矩阵型组织结构最为复杂,因为它同时依赖纵向和横向的权力关系与沟通。相比之下,直线职能制和事业部制结构主要依靠纵向的权力关系与沟通。由于设置了更多管理职位,矩阵型结构的管理费用很高。矩阵型结构的另一个缺点是,它提高了企业的复杂程度,比如,双重预算授权(违背了指令一致性的原则)、双重奖惩系统、权力共享、双重报告系统以及多维沟通系统。尽管存在上述复杂性,矩阵型结构仍广泛应用于众多产业,包括建筑、保健用品、研究及国防等。

矩阵型结构的优点包括:项目目标清晰,沟通渠道众多,员工可以看到自己的工作成果,取消项目相对容易等。矩阵型结构的另一个优点是,它可以促进专业人员、设备和设施的充分利用。功能资源在矩阵型结构中可以得到共享,而不像在事业部结构中那样重复配置。在矩阵型结构中,具有高度专业知识的人员可以按项目所需来灵活分配时间,从而有助于在项目过程中提高自身的技能和竞争力,在这一点上明显优于其他结构。当各种因素,如产品、用户、技术、地理、职能领域和产业等的重要性都大致相同时,采用矩阵型结构将十分有效。

6. 网络型组织结构

一些企业只从事自身擅长的活动,而将剩余的部分交给外部专业机构或专家来处理,这种做法称为"资源外取"。在一些快速发展的行业，如服装或电子行业，这种结构十分流行，在诸如钢铁、化工等行业中，一些企业也向这个方向在转变。网络型组织结构就好像一张扁平、纵横交错的网，将伙伴、雇员、签约人、供应商和不同企业的客户紧密地联系在一起，参与者将越来越互相依赖。

二、领导与战略

战略领导力是指预测事件、展望未来、保持灵活性并促使他人进行所需要的战略变革的能力。战略领导力在本质上是多功能而非单一功能的，包括管理他人、管理整个组织，以应对全球经济中不断增加的变化。由于全球经济的复杂性，战略领导者必须学会如何在不确定的环境下有效地影响他人的行为。通过言传身教以及预见未来的能力，有效的战略领导者可以对与自己一起工作的人的行为、思想和情绪产生深刻的影响。

吸引并管理人力资本的能力是战略领导者需要具备的最关键技能，因为人力资本的匮乏将制约企业的成长。在经济全球化背景下，越来越多的领导者正在学习或已经掌握了这种技能。

在 21 世纪，企业人力资本中拥有的智力资本包括管理知识、创造并将成果商业化的能力，这些都影响着战略领导力的成败。有效的战略领导者还可以建立有助于利益相关者（如员工、顾客和供应商）的高级运作环境。当战略领导者无法在复杂的全球竞争环境中做出恰当且迅速的反应时，企业获取竞争优势和超额利润的能力就会下降。

企业获取有效战略领导力的主要责任由高层管理者特别是 CEO 承担，其他公认的战略领导者包括董事会成员、高层管理团队以及部门总经理。事实上，任何对人力资本的业绩或企业某一部分的业绩承担责任的个人都是战略领导者。不管头衔和组织职能是什么，战略领导者都承担着大量的决策制定责任，并且这些责任是不能推卸给他人的。战略领导力是一种复杂且非常关键的领导力形式。如果没有有效的战略领导力，企业就无法形成、实施战略并获得超额利润。

1. 领导风格

领导风格会影响被领导者的工作产出。变革领导力是最有效的战略领导风格。这种风格激励员工不断超越别人对他们的期望，不断增加自己的能力，并将企业利益置于个人利益之上。变革领导者为组织勾画愿景并将其传达给员工，而且会形成一套战略来实现这个愿景。他们使员工意识到自己对组织产出的贡献，并鼓励员工不断实现更高的目标。

2. 关键的战略领导行动

一些特定的行动代表了有效的战略领导力，例如开发人力资本、确定战略方向、培育有效的文化、开发核心竞争力以及建立道德准则等。最有效的战略领导者在制定决策时，会针对每一个关键的战略行动制定可行的备选方案。

（1）确定战略方向

确定战略方向是指包括详细地规划愿景，以及随着时间推移为实现愿景而采取相应的战略。战略方向需要在一定条件下确定，并且这些条件是战略领导者预计企业在未来 3～5 年内将要面对的状况。

（2）有效管理企业的资源组合

有效管理企业的资源组合是战略领导任务的重中之重。企业的资源可以划分为：财务资本、人力资本、社会资本及组织资本。

（3）强调道德准则

当战略的实施过程以道德准则为基础时，可以增加这个过程的有效性。遵守道德的企业会鼓励各个层级的员工在采取行动、实施战略时遵守道德准则；反过来，道德准则以及以此为基础的判断在组织中创造了"社会资本"，并且增加了个人和集体可以利用的友善关系。相反，如果战略实施不以道德准则为基础，当组织中存在不道德的行为时，许多管理者和员工都会接受这种行为。

（4）建立平衡的组织控制

组织控制是资本系统的基础，并且一直以来都被视为战略实施过程中的一个重要组成部分。控制是帮助企业实现期望的结果所不可或缺的。组织控制可以帮助战略领导者树立信誉，向企业的利益相关者证明战略的价值，促进并支持战略变革。最为重要的是，控制可以为战略的实施以及实施过程中的调整和纠正活动提供必要的参数。

战略控制和财务控制是两种主要的组织控制形式。战略领导者对这两种控制的发展及有效运用负有责任。财务控制主要聚焦于短期财务结果，相反，战略控制的重点是战略行动的内容而不是结果。

三、战略控制

战略控制主要是指在企业经营战略的实施过程中，检查企业为达到目标所进行的各项活动的进展情况，评价实施企业战略后的企业绩效，把它与既定的战略目标和绩效标准相比较，发现战略差距，分析产生偏差的原因，纠正偏差，使企业战略的实施更好地与企业当前所处的内外环境、企业目标协调一致，使企业战略得以实现。

1. 类型

从控制时间来看，企业的战略控制可以分为如下三类。

（1）事前控制

在战略实施之前，要设计好正确有效的战略计划，该计划要得到企业高层领导人的批准后才能执行，其中有关重大的经营活动必须通过企业领导人的批准同意才能开始实施，所批准的内容往往也就成为考核经营活动绩效的控制标准。这种控制多用于对重大问题的控制，如任命重要的人员、重大合同的签订、购置重大设备等。

由于事前控制是在战略行动成果尚未实现之前，通过预测发现战略行动的结果可能会偏离既定的标准。

（2）事后控制

这种控制方式发生在企业的经营活动之后，才把战略活动的结果与控制标准相比较。这种控制方式的工作重点是要明确战略控制的程序和标准，把日常的控制工作交由职能部门人员去做，即在战略计划部分实施之后，将实施结果与原计划标准相比较，由企业职能部门及各事业部定期地将战略实施结果向高层领导汇报，由领导者决定是否有必要采取纠正措施。事后控制的具体操作主要有联系行为和目标导向等形式。

（3）过程控制

企业高层领导者要控制企业战略实施中的关键性过程或全过程，随时采取控制措施，纠正实施中产生的偏差，引导企业沿着战略的方向进行经营。这种控制方式主要是对关键性的战略措施进行随时控制。

2. 战略控制过程

战略控制的一个重要目标就是使企业实际的效益尽量符合战略计划。为了达到这一目标，战略控制过程可以分为以下四个步骤。

（1）制定效益标准

战略控制过程的第一个步骤就是评价计划，制定出效益的标准。企业可以根据预期的目标或计划制定出应当实现的战略效益。在这之前，企业需要评价已定的计划，找出企业需要努力的方向，明确实现目标所需要完成的工作任务。

（2）衡量实际效益

主要是判断和衡量实现企业效益的实际条件。管理人员需要收集和处理数据，进行具体的职能控制，并且监测环境变化时所产生的信号。此外，为了更好地衡量实际效益，企业还要制定出具体的衡量方法以及衡量的范围，保证衡量的有效性。

（3）评价实际效益

用实际的效益与计划的效益相比较，确定两者之间的差距，并尽量分析出形成差距的原因。

（4）纠正措施和权变计划

考虑采取纠正措施或实施权变计划。在生产经营活动中，一旦企业判断出外部环境的机会或威胁可能造成的结果，则必须采取相应的纠正或补救措施。当然，若企业的实际效益与标准效益出现了很大的差距，也应及时采取纠正措施。

🎞 **案例** ···

华为的技术创新与战略融合

2025年2月，华为公布2024年全年销售收入超8600亿元，这个数字不仅标志着其重回美国制裁前的营收巅峰，更象征着中国科技产业在长达五年的"长征"中，完成了从绝境求生到战略反攻的历史性跨越。

2019年5月，美国将华为列入实体清单，切断其芯片供应与技术合作，全球供应链一夜崩塌。华为营收从2019年的8588亿元骤降至2021年的6368亿元，手机业务跌出全球排名前五，海外市场断崖式下滑。这迫使华为启动"备胎计划"——海思芯片、鸿蒙系统、MetaERP等核心技术全面自研。以下是华为近年来具有代表性的技术创新，结合科技突破，与国家战略、社会责任深度融合。

一、汽车技术：颠覆性结构创新

1. 振动控制专利优化新能源汽车性能

华为于2025年1月获得"壳体、振动组件及车辆"专利（CN114248501B），通过优化车辆壳体振动控制技术，显著提升新能源汽车的NVH（噪声、振动与声振粗糙度）性能。该技术可降低电池因振动导致的损耗，延长使用寿命 20％ 以上，已与多家车企合作开发智能底盘系统。

2. 5G-A 与 AI 融合的智能网联技术

在 2025 年 MWC 大会上，华为展示了 5G-Advanced（5G-A）与 AI 融合的端到端解决方案，实现了工业互联网场景下 99.999％ 的通信可靠性。例如，远程手术机器人控制时延低于 1ms，保障医疗安全。

二、操作系统：鸿蒙生态的自主化突破

1. 跨设备算力动态调度技术

鸿蒙 OS 2025 年实现手机、计算机、车机等设备的算力共享，例如折叠屏平板的闲置算力可加速汽车智能座舱的 AI 渲染，降低硬件冗余成本 30％。

2. 低代码开发平台赋能传统制造业

推出鸿蒙适配工具链，使传统工厂 3 天内完成产线监控系统改造，降低数字化转型门槛。例如某家电企业通过该平台实现设备互联效率提升 40％。

三、计算生态：开放战略与前沿技术融合

1. "智未来" 异构计算平台

集成 CPU、NPU、量子芯片的统一编程接口，支持 AI 大模型训练效率提升 5 倍。2025 年向中小企业开放 2000 余项基础专利，覆盖 5G 基带、图像处理等领域。

2. 量子经典混合存储系统

采用量子退火算法优化数据分布，存储密度提升 40％，冷却能耗降低 30％，已应用于东部某超算中心。该技术入选 2025 年 "奥林帕斯奖" 标杆方案。

四、通信技术：全球协作与社会责任

1. 分布式通信调度算法

解决 5G-A 海量设备并发连接难题，在智能工厂中实现 AGV 协同控制误差小于 0.1mm，提升生产效率 25％。

2. AI 伦理治理实践

在 AI 质检系统中保留 10％ 人工复核岗位，发布《人工智能伦理治理白皮书》，建立算法偏见检测工具，确保医疗诊断公平性。

五、绿色科技：可持续发展路径

1. 钠离子电池产业化

与中科海钠合作建设 "GW·h" 级生产线，能量密度达 160W·h/kg，成本较锂离子电池降低 30％，优先应用于西部可再生能源储能项目。

2. 绿色数据中心技术

冷热数据分层存储系统使 PUE 值降至 1.15，年减排二氧化碳 15 万吨，获评工信部 "绿色数据中心" 示范项目。

华为的五年 "长征"，映射着中国科技产业的集体觉醒——从被动防御到主动破局，从技术跟随到标准制定，华为的突围也为中国科技点燃了燎原之火。未来，这场 "战役" 将不止于一家企业，而是整个产业链的全面升级：芯片、光刻机、操作系统、AI模型……

以上可以看出：华为的技术创新与国家使命的同频共振，印证了三大核心逻辑。

① 战略导向：以国家需求锚定技术方向（如芯片突破应对"卡脖子"问题）。

② 生态赋能：通过开放平台凝聚全球创新力量（如鸿蒙开源社区）。

③ 价值引领：将社会责任嵌入技术内核（如 AI 伦理治理与绿色科技）。

这些实践不仅推动产业升级，更为中国科技企业参与全球治理提供了范式参考。

📝 课后练习

一、选择题

1. 企业名称的基本构成要素包括哪些？（   ）

    A. 行政区划名称   B. 字号

    C. 行业或经营特点   D. 组织形式

    E. 以上都是

2. 企业设立的首要步骤通常是（   ）。

    A. 办理工商登记   B. 制定公司章程

    C. 确定企业名称   D. 筹集资金

3. 某企业将战略重点放在特定的细分市场，通过满足特定客户群体的需求来获取竞争优势，这种战略属于（   ）。

    A. 成本领先战略   B. 差异化战略

    C. 集中化战略   D. 多元化战略

4. 企业设立的条件包括（   ）。

    A. 有符合规定的股东或发起人   B. 有必要的资金

    C. 有自己的名称、组织机构和场所   D. 有明确的经营范围

5. 战略管理的过程包括（   ）。

    A. 战略分析   B. 战略制定

    C. 战略实施   D. 战略评价与控制

二、简答题

请简述选择企业名称的原则，并自行设计一个企业名称。

三、案例分析题

宜昌纺机在面对德国竞争对手研发新型节能设备的威胁时，集中力量研发节能升级版设备，实现了显著的节能效果和成本降低。

问题：

1. 宜昌纺机为什么要进行战略变革？

2. 这种变革属于哪个层面？这个层面有哪些战略类型可供选择？

四、思考题

结合我国依法治国的基本方略，简述公司治理中如何通过完善内部监督机制来防范腐败风险。

第二章

企业生产管理

学习目标

知识目标：

　① 掌握基本理论与概念，把握生产管理的地位与作用；

　② 熟悉企业产品设计与布局、生产计划、质量管理、企业资源规划以及供应链管理等基本内容。

能力目标：

　① 能够结合制造业与服务业的实际，运用生产管理的基本模型与方法；

　② 能够分析和解决企业生产与运作系统中的实际问题。

素质目标：

　① 具备精益求精的工匠精神，具备团队协作与沟通能力；

　② 具有工程伦理与社会责任感。

第一节　产品设计

任何组织存在的基础是它向社会提供的产品或服务。那些通过提供高质量产品或服务来满足消费者需求的公司将赢得顾客，做不到这一点的公司则生命期不会长久。所以，经理们的重要决策之一是产品的挑选、定义和设计。产品战略的目标是以一定的竞争优势满足市场的需求。

一、产品生命周期不同阶段的战略

多数情况下，在产品和服务的有效生命期内，将经历一系列时期，有时被称为产品和服务生命周期。不同时期的需求不同，在每一个时期，需求预测和现金流是制定战略要考虑的主要因素。

当产品或服务首次推向市场时，很多潜在的顾客认为该产品还不完善，在投入期后产品的价格会下降。从战略上看，公司必须认真权衡以下两者的利弊：解决所有可能出现的问题；比竞争对手更快地推出该产品，以争取更早的上市时间。

随着时间的推移，设计的改进和需求的增加使产品更加可靠、成本更低。在成长期，重要的是进行准确的需求预测，并确定需求将维持多长时间，以确保能力的增长与需求的增长相吻合。

在生命周期的下一个时期，产品或服务达到成熟，需求停止增长，不必再进行设计变更。总体来看，成本达到最低，生产率达到最高。新产品或服务的应用可以拓展产品的生命，增加市场份额。

在衰退期，一个重要决策是，是否要终止该产品或服务，用新的产品或服务来代替，或者放弃这个市场。保持当前的产品或服务的优势是巨大的。利用同样的设备，在同样的供应链条件下，借助同样的分销渠道、同样的工人可以生产或提供更多的产品或服务。相应地，成本可以非常低，不需要增加额外的资源，也不需要进行更多的培训。

产品经历生命周期的特定阶段所花的时间存在很大差别：有些产品经历各阶段的时间很短，其他产品则需要更长的时间。时间的长短经常与产品的基本需求和技术变化的速度有关。

二、产品设计与开发的阶段

产品设计与开发大体上可分为如下几个阶段。

（1）可行性分析

可行性分析包含市场分析（需求）、经济分析（开发成本和生产成本、利润潜力）以及技术分析（运营能力要求和可得性、要求的技术）。可行性分析需要营销、财务、会计、工程和运营这些部门之间合作进行。

（2）产品规格

包括对如何满足（或超过）顾客的需要做详细说明。产品规格的制定要求法律、营销和运营部门的合作。

（3）工艺规格

一旦产品规格确定下来，注意力应转移到制造该产品所需要的工艺上。要对多种工艺方案进行权衡，比较它们在成本、资源可得性、利润潜力和质量方面的差异，要求会计部门和运营部门合作进行。

（4）样品开发

产品和工艺的规格都确定后，可以试制一件（或几件）产品，看看在产品和工艺规格方面是否存在问题。

（5）设计审查

进行任何必要的更改或者放弃，要求营销、财务、工程、设计和运营部门合作。

（6）市场检验

通过市场检验确定顾客的接受程度。如果不成功，则返回到设计审查阶段（营销部门）。

（7）产品推出

推销该产品（营销部门）。

（8）后续评估

确定是否需要对产品做一些改进，精心做好预测。这一步由市场人员执行。

三、产品设计

1. 标准化

标准化指同一种产品、服务或流程下的不同个体之间是没有差异的。同一项目下的标准化产品是大批量生产的。标准化服务指每一个顾客或项目流程接受的是本质一样的服务。标准化流程传递标准化的服务或生产标准化的产品。

标准化的产品意味着产品零件可更换，从而在提高生产力的同时极大地降低了生产成本；而且与定制的零件相比，更换或维修更加方便，通常设计成本也更低。标准化的另一个优点是减少培训员工的时间和费用，并减少设计工作岗位的时间。同样，工作安排、存货处理以及采购和财务活动都更加常规化。

2. 为大规模定制而设计

公司热衷于标准化生产，原因是标准化能够使其以相对较低的成本生产出大量的产品，尽管这些产品缺少多样化。另外，顾客尤其偏爱产品各有特色，尽管他们喜欢成本低的产品。这里的关键是，生产企业如何解决上述问题而不失去标准化的好处和带来诸多通常与多样化有关的问题。这些问题包括实现设计多样化需要增加资源；增加生产工艺的多样化，这样会增加制造产品所必需的技术，造成生产率的下降；由于要不断更换零配件，因此会带来生产过程中或生产后的额外库存负担；增加诊断和维修劣质品的难度。至少对一些企业来说，解决上述问题的办法是大量定制，这是生产标准化的产品或服务而又在最终产品或服务中融入一定程度定制化的战略。有两种策略使之成为可能：推迟差异化和模块化设计。

推迟差异化是一种推迟策略，是指当生产（提供）一种产品或服务时，暂且不彻底完成，推迟至知道顾客的偏好或具体要求后再去完成。推迟差异化有多种形式，以产品为例，近乎完成的产品可能存放在仓库内，直至接到顾客的订单，此时根据顾客要求对产品进行特定的加工。各种电子邮件和互联网服务可以作为标准化系列提供给顾客，然后再根据顾客的偏好进行改进。

模块化设计是标准化的另一种形式。模块指将一组零件组合为组件，通常直到各单个零件失去特性为止。模块化设计的一个熟悉案例是带有遥控功能的电视机。模块化设计也用于建筑业，在工厂生产预制汽车旅馆房间以及电线，甚至房间装饰品等，然后将全部房间部件通过铁路运往建筑地，再将它们组装成整体结构。

3. 可靠性

可靠性是指在一系列给定条件下，一种产品、零件或系统执行预期功能的能力。可靠性的重要性，由于产品的预期购买者在使用过程中的选择比较而得到强化，也由于销售者将其当作价格的一个决定因素而加深。

可靠性总受一定条件（即正常运营条件）限制，这些条件既包括荷载量、温度和湿度范围，又有运行程序和维修计划。用户忽视这些条件经常导致零件或整个系统过早出现故障。

由于系统的总体可靠性与单个部件可靠性是函数关系，因此个体部件可靠性的提高能提高整个系统的可靠性。但是，不恰当的生产或装配程序会抵消甚至是最好的设计的作用，而且这也常是故障的根源。运用备用部件可以提高系统的可靠性。在实际运用中出现的故障经常可以通过提高用户的知识水平及精简推荐维修期或维修程序而减少。最后，也可以通过简化系统（因而减少可能产生系统故障的部件数目）或改变部件间的关系（如提高界面的可靠性）来提高总体可靠性。

4. 稳健设计

有些产品只有在严格条件下才能按设计发挥功能，而其他产品则能在更宽松的条件下实现其设计功能，后者就拥有稳健设计。例如，橡胶靴就比皮靴更具备稳健设计。

产品（或服务）的稳健性越好，由于使用环境变化而发生故障的可能性就越低。因此，设计者在产品或服务中引入的稳健性越多，其耐久性就越好，从而顾客的满意水平就越高。

同样的观点也适用于生产流程中的稳健设计。环境因素对产品或服务的质量会有消极影响，一种设计对这些影响的抵制能力越高，受消极影响的可能性就越低。

日本工程师田口采用的方法就是以稳健设计为基础。他的前提是，设计一种在使用或制造中对环境因素都不敏感的产品经常要比控制环境因素容易得多。其核心特征是参数设计，包括为产品和流程设定特殊规格，从而带来制造差异性、产品变异性及使用条件等方面的稳健设计。

5. 设计变化程度

产品或服务设计的变化情况各异，小到对现有产品或服务的改进，大到对一项全新产品或服务的设计。

设计的变化程度影响着组织和市场的"新度"。对组织来说，较低的新度可能意味着可以相对快且容易地转换到对新产品的生产，而较高的新度将意味着这个转换较慢、较难、代价较高。对市场而言，较低的新度可能意味着在市场的接受方面几乎没有困难，但利润潜力可能不大。即使在利润潜力不大的情况下，组织也可能利用这个战略保持市场份额。另外，较高的新度可能意味着市场接受较难，或者意味着迅速获得市场份额，具有很大的利润潜力。设计人员要仔细权衡每个设计变化带来的利弊，充分考虑顾客的需要。

6. 质量功能展开

要确保用于销售的产品正是顾客所需要的，取得顾客的反馈信息必不可少。质量功能展开（quality function deployment，QFD）是将顾客呼声融入产品或服务开发流程的一种结构性方法，目的是确保整个流程的每个方面都考虑顾客的要求。倾听和理解顾客的要求是 QFD 的核心特征。一旦了解到顾客的要求，这些要求必须转化为与产品或服务有关的技术指标。

7. 卡诺模型

卡诺模型是由日本卡诺教授提出的一种产品和服务设计的理论。卡诺教授从顾客的角度对质量进行分类，认为理解不同类别的质量将能更好地让设计者去评价和说明质量需求。他的这个模型提供了从顾客角度明确重要质量特性的途径。

基本型质量是指使顾客达到满意的最低特性。如果具备这些特性将会对顾客满意度造成有限影响，但是如果不具备这些特性，顾客将极端不满意。期望型质量是指能使顾客满意度与质量指标同比例增加的特性。兴奋型质量是指顾客并未预期的质量特性，一旦具备了这种特性，顾客会非常兴奋。

随着时间的推移，兴奋型质量会变为预期型质量，预期型质量会变为基本型质量。不同设计特性转变的速度是产品设计要考虑的重要因素。产品设计人员根据这个转变过程来设计产品就能够不断地实现顾客满意，而不是把精力用于改进那些已经转变为基本型质量的特性上。

四、为可制造性而设计

为可制造性而设计的方法包括并行工程、计算机辅助设计、符合生产要求的装配设计以及共用零件的使用。

1. 并行工程

为达到从产品设计到生产的顺畅传递并减少产品开发时间，许多公司开始采用同时展开或并行工程的方法。从狭义来说，并行工程指在设计阶段的早期将设计和制造工程的人员召集起来，同时进行产品和生产产品流程的开发。这个概念已扩大到包括松散联合的制造群体（如材料专家）及市场营销和采购人员这样的多功能团队。此外，供应商和顾客也经常是咨询的对象。

传统上，设计者在没有从制造方面获得任何信息的情况下就开发一种新产品，然后将该设计传达到制造部门，接着制造部门不得不为这种新产品开发生产流程。这种方式给制造带来了巨大的挑战，产生极大的冲突，并大量增加了成功生产一种新产品所需的时间。

因此，并行工程的方法具有极大的吸引力。这种方法的重要优点是：制造部门人员能够指明生产能力；能够给关键工具的设计或采购带来较早的机会；能较早考虑一种特殊设计或设计中某些部分的技术可行性；可以将重点放在解决问题而不是解决矛盾上。

2. 计算机辅助设计

计算机辅助设计（computer-aided design，CAD）是指运用计算机图表进行产品设计。设计者可以在计算机上修改已有的设计或创造新的设计。一旦设计被输入计算机后，设计者就能在屏幕上调用：它能够旋转以提供给设计者不同角度的图像；它能够被剖开使设计者看到内部结构，同时还能将图像扩大以便进一步检查。设计者可以得到全部设计的复印版本，也能将其变成电子文件，为公司需要该信息的人员所使用。

越来越多的产品采用这种方法进行设计，包括变压器、汽车零件、飞机零件、组装电路和电力发动机。CAD 的主要优点是提高了设计者的效率，并且它所建立的数据库能为制造部门提供产品几何图形和尺寸、荷载力、材料规格等必要信息。有些 CAD 系统允许设计者对已提出的设计进行工程和成本分析。

3. 符合生产要求的装配设计

设计人员必须考虑生产能力，需要确切了解生产能力（例如设备、技艺、材料类型、进度规划、技术、特殊能力），这有助于选择与生产能力相匹配的设计。当机会和生产能力不匹配时，管理层必须考虑扩大或改变生产能力以利用这些机会的可能性。

制造设计这个概念被用于表示与企业生产能力相匹配的产品设计。制造领域的一个相关概念是装配设计。一个好的设计不仅要考虑产品如何制造，还要考虑产品是如何装配的。装配设计关注的焦点是如何减少装配零件的数量以及所采用的装配方法和工序。另一个更常用的概念是可制造性，有时被用于指产品制造或装配的容易程度。

4. 共用零件的使用

公司通常有多种产品或服务提供给顾客，这些产品或服务往往具有很高的相似性。对产品系列来说尤其如此，对许多服务来说也是这样。当一个零件可以用于多种产品时，可为公司带来很大好处。除了节省设计时间以外，零件共性还可使公司采取标准的装配培训、节省采购大量供应品的时间以及减少库存量，从而为公司带来很大利益。零件共性也会给服务业带来类似的好处。例如，对汽车修理业来说，零件共性意味着需要的培训较少，因为工作的种类减少了。这点同样适用于家具维修业，配件的共性和可替代性是很常见的。计算机软件常常包含许多通用的模块。

第二节　流程战略与生产能力规划

一、三种流程战略

世界上所有的产品流程战略都是通过对以下三个流程战略之一稍作变动而得的：工艺导向型流程、产品导向型流程及重复型流程。

1. 工艺导向型流程

工艺导向型流程是一种典型的小批量、高度多样性生产中所使用的策略，它能够同时处理各种不同的产品或服务。在这种生产环境下，每种产品或者每组产品都具有不同的作业顺序。按照产品所要求的生产顺序，产品从一个生产部门转移到另一个生产部门，机器设备是根据所要进行的生产工艺类型来进行安排的。工艺导向型流程的实施涉及合理安排部门或工作中心的位置，以减少材料的处理成本。具体来说，零件和人员流动较多的部门应该相邻，这样可以有效地降低材料处理成本。这种方法的材料处理成本取决于两个部门在某一时间内物品或人员的流动量以及与部门间距离相关的成本。

2. 产品导向型流程

数量多、品种少的生产是以产品为中心，即产品导向的。设备、布局和监督以生产的产品为中心进行组织。由于以产品为中心的设备能够长时间、持续地生产作业，因此这些流程也被称作连续流程。

3. 重复型流程

重复型流程使用模块。模块是事先已经生产好的零件或组件。而这些零件和组件通常都是用连续流程生产出来的。重复型流程应用广泛，包括几乎所有的汽车和家用电器的装配。重复型流程战略不如工艺导向型流程战略灵活，但都比产品导向型流程战略要灵活。

不同的流程具有不同的优点。在连续流程中，采用特殊的设施和设备进行大批量生产，产品的单位成本是较低的。但是，在工艺导向的情况下提供或生产数量少且独特的服务或产品则往往更合算。

二、生产能力

生产能力是指在理想状况下，在一定的期间内，一个系统的最大产量。在一个工艺导向的机构里，生产能力通常是由规模的大小来衡量的。在一个重复型流程中，每个班次装配的产品数则是生产能力的标准。在一个产品导向的公司，每班次所加工的产品数则可能是衡量生产能力的标准。不管采取什么标准来衡量，生产能力决策对一个组织来说都是至关重要的，因为从成本至顾客服务的一切都取决于流程的生产能力。

1. 预测生产能力要求

决定未来的生产能力要求可能是一个复杂的程序，这要取决于未来的需求。当能以一定准确性预测产品和服务的需求时，决定生产能力要求应该是容易的。这通常经过两个阶段：在第一阶段，用传统的方法（例如回归分析法）来预测未来的需求；在第二阶段，利用这个预测来决定生产能力要求。

一旦对额定能力做出预测，经理们就必须决定产能每次增加的规模。

2. 决策树在生产能力决策中的应用

决策树要求指明各个选择和各个自然状态。对于生产能力规划安排，自然状态通常是未来需求或市场接受程度。通过给各种自然状态分配概率值，就有可能做出正确的决策，找到各种选择中期望值最大的一个。

3. 管理需求

即使预测不错，根据这个预测所建的设施也不错，实际需求和现有生产能力之间也可能出现脱节，这种脱节意味着需求大于生产能力或生产能力大于需求。但是无论哪种情况，各公司都有方法可以选择。

（1）需求大于生产能力

当需求大于生产能力时，公司可简单地通过提高价格来控制需求，重新安排准备时间（可能是必要的）和减少获利较少的活动。由于设备不足，使利润低于可能值，长期的解决方案通常是增加生产能力。

（2）生产能力超过需求

当生产能力超过需求时，公司则要刺激需求，方法是降低价格或加强市场攻势，或通过产品转换来适应市场。

（3）进行调整以适应季节性需求

管理层可能面临的另一个产能问题是季节性或周期性的需求模式。在这种情况下，管理层也许会发现应该提供需求互补型的模式，即产品需求的周期刚好相反。

（4）使生产能力与需求相符

要使生产能力与需求相符，可以采取各种各样的战术。内部调整包括调整流程，使之能生产某一数量的产品。

以上的战术可以用于使现有的设备与需求相符。当然战略性的问题是如何建立适度规模的设备，盈亏平衡分析有助于解决这个问题。盈亏平衡分析的目的是找到用货币和产品数量来表示成本等于收入的一点，这一点就是盈亏平衡点。盈亏平衡分析需要对固定成本、可变成本和收入进行估算。

第三节　质量管理

质量是指一种产品或服务持续地满足或超过顾客需要的能力。认识质量含义的一个着重点是产品或服务的特性在多大程度上满足或超过顾客的期望。质量本身的特性和顾客期望之间的差异是应该给予充分关注的。如果两者相等，差异就为零，顾客的期望就得到了满足；如果差异为负，那么顾客的期望就没有得到满足；相反，如果差异为正，那么质量特性就超过了顾客的期望。一件产品或一项服务能否成功地完成其预定的使命取决于四个主要因素：设计质量；质量符合设计的程度；便于使用；售后服务。

一、质量大奖

为提高人们对质量的认识和兴趣，世界各国设立了一些质量奖项。其中，马尔科姆·鲍德里奇奖、欧洲质量管理基金会卓越奖和戴明奖是非常著名的质量奖。这三项大奖每年颁发一次，以奖励那些已经在其生产经营管理中建立完整质量管理体系的公司。

1. 马尔科姆·鲍德里奇奖

马尔科姆·鲍德里奇奖首次颁发是在 1988 年，最初只颁发给制造商和小型商业企业。几年后增加了服务行业，随后几年教育和健康产业也被囊括其中。

该奖项在七个方面对申请者进行评价：组织领导、信息及其分析、战略规划、人才资源管理、顾客和对市场的关注、流程管理和经营业绩。

2. 欧洲质量管理基金会卓越奖

欧洲质量管理基金会卓越奖是欧洲最负盛名的、为在质量管理方面取得巨大成就的组织所设立的奖项。欧洲质量管理基金会卓越奖高于地区或国家质量奖。该奖项的申请者通常已经获得了一项或数项地区或国家质量奖项。

3. 戴明奖

戴明奖以已故美国统计学家戴明的名字命名，用于奖励那些在质量管理方面取得巨大成就的公司。

戴明奖的主要判断标准是公司统计质量控制实施的好坏。与主要考虑顾客满意度的马尔科姆·鲍德里奇奖相比，其奖励范围更小。赢得戴明奖的公司必须具有详细的、在全公司范围得到很好贯彻执行的质量管理程序。得奖公司的质量改进工作要有公司高层领导和一般员工的参与。同时，顾客的要求是否得到了满足，是否考虑了对员工的培训也要在质量改进工作中得到反映。

二、质量认证

为提高质量水平、生产率及运营管理的有效性，国际标准化组织（ISO）推行世界范围内适用的标准。通过工业组织、商业组织、管理机构、政府和贸易组织的使用，这些标准已经产生了重要的经济和社会效益。它们不但对设计者、制造者、供应商、服务提供者和顾客有巨大的影响，而且对社会产生了巨大的影响。

两个著名的标准是 ISO 9000 和 ISO 14000。ISO 9000 适用于质量管理，用于保证组织的产品或服务满足顾客需求。ISO 14000 适用于环境管理，用于保证组织最大限度地降低其运营活动对环境所造成的负面影响。ISO 9000 和 ISO 14000 均强调对组织运营过程的管理，而不是具体的产品或服务标准，并强调持续改进的管理理念。这些系列标准是通用的，对任何类型的组织均适用。如果一个组织欲建立质量管理体系或环境管理体系，那么其所建立的管理体系中必须包括相应标准所要求的基本要素。ISO 9000 系列标准对在国际范围内，特别是在欧洲地区从事生产经营活动至关重要。

三、全面质量管理

（一）全面质量管理的含义与精髓

全面质量管理（total quality management，TQM）是指公司上下都要关注质量。这个质量管理方法有三个核心：第一是永无止境地推进质量改进，也就是人们所说的持续改进；第二是全员参与；第三是追求顾客满意度，要不断地满足或超出顾客的期望。全面质量管理改变了原来质量管理的观念，引入了新的理念，即改变原来检查最终产品或服务为监控产品或服务全过程。TQM 的出发点就是预防产品质量问题的发生。

可以这样描述 TQM 方法：

① 明确用户的需要；

② 开发新产品或提供新服务以满足或超出用户的需求；

③ 设计生产过程，确保一次成功；

④ 跟踪记录生产结果，并利用这些结果指导系统的改善；

⑤ 把这些概念扩展到供应商和经销商。

TQM 的内容除了以上的描述外，还有一些重要的含义，包括持续改进、标杆法（竞争对手）、员工授权、发扬团队协作精神、强调"源头质量"等内容。它反映了人们对质量的一种全新看法，是一家公司的文化。

（二）改进流程以解决质量问题

在 TQM 方法中，解决问题的一个重要方面是消除导致质量问题的原因，以使问题不会再次发生。这就是为什么在采用 TQM 方法时，总是把问题看成是"改进的机会"。

1. 计划-实施-分析-处理循环

计划-实施-分析-处理（plan-do-study-act，PDSA）循环也指戴明环。PDSA 循环是持续改进质量活动的基本概念。PDSA 循环如图 2-1 所示，用圆周来代表改进过程，强调了质量改进的连续性特征。

在 PDSA 循环中有四个基本步骤。

（1）计划

首先对现有工序进行研究并以书面形式描述工序，搜集数据以明确所要解决的问题；然后分

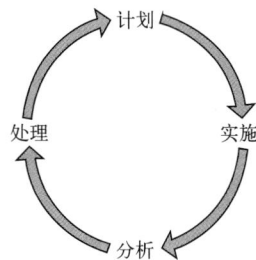

图 2-1　PDSA 循环

析数据并制订改进计划；最后详细说明如何评价计划。

（2）实施

如果可能的话，在一个小范围内实施计划。书面描述在这个阶段所发生的所有变化。全面收集数据，对计划实施效果做出评价。

（3）分析

分析在实施阶段所收集到的数据。检查计划实施结果是否符合在计划阶段所制订的最初目标。

（4）处理

如果结果达到预期目标，质量改进项目就取得了成功。将新方法予以标准化，并在与该工序有关的所有人员当中贯彻新的方法，就新方法开展培训工作。如果质量改进项目未取得成功，就要修订计划并重复上面的步骤或者中断这一项目。

2. 六西格玛

从统计学意义上看，六西格玛意味着对工艺、产品或服务的某一特性值，其不合格率不超过 0.00034%。从概念上理解其含义更加广泛：通过六西格玛项目管理降低缺陷率，进而达到降低成本和提高顾客满意度的目的。六西格玛项目通过一系列的质量管理技术或方法来实现组织的战略目标。在营利性组织中，六西格玛项目已经成为改进产品质量、节省时间和降低成本的重要途径。六西格玛项目广泛应用于设计、生产、服务、库存管理和货物运输。重要的是，六西格玛项目要与组织战略保持一致。

六西格玛项目包括管理和技术两方面。管理方面包括：领导应给予大力支持，应对经营业绩规定一个可度量的标准，选择那些能够带来效益的项目以及选择和培训相关人员等。技术方面则包括：改进工序能力、降低变差、统计方法的应用、改善战略的制定与实施。从另一个角度看，技术方面包括定义、测量、分析、改进和控制。

四、质量管理工具

1. 流程图

流程图是对一个工序的直观描述。作为一种解决问题的工具，流程图能够帮助检查人员确定工序中哪些点可能出现问题。

2. 检查表

检查表是一种人们经常使用的用于确认问题的简单质量管理工具。检查表为使用者提供了一种格式，以便他们收集、整理、记录和组织数据。

3. 直方图

直方图在掌握观测值的分布方面很有用。另外，通过直方图可以看出分布是否对称、数值的变化范围是什么，以及是否有异常的数值。

4. 帕累托图

帕累托分析是把注意力集中在最重要问题方面的一种方法。帕累托概念说明了少数几个因素对整个问题造成的影响一般占绝对优势。其思想是根据问题的重要程度对其进行分类，并集中解决那些最重要的问题，适当考虑次要的问题。根据帕累托概念，即通常所说的"80/20"原则，大约 80% 的问题是由约占总原因数 20% 的那些原因造成的。

5. 散点图

散点图在判别两个变量之间是否存在相互关联方面很有用，存在相互关联可以帮助分析产生某个问题的原因。

两种变量间的相互关联性越高，图中的点越不分散，点趋于集中在一条直线附近；相反，如果两种变量间很少或没有相关性，那么点将完全散布开来。

6. 控制图

控制图可被用于检验某一工序以判断其产品特性值分布是否是随机的。它能帮助检查出现了可被纠正的引起偏离的原因。

7. 因果分析图

因果分析图提供了一种判断引起某一问题原因的系统方法。因为其形状像鱼刺，因此也被叫作鱼刺图或石川图。通常在头脑风暴法之后使用这种工具，以便整理所分析的问题。

8. 趋向图

趋向图可用于跟踪一段时间内变量的变化。通过趋向图有助于确认可能发生的趋势或其他分布。趋向图的主要优点是便于绘制，易于理解。

第四节　人力资源战略

作业经理如何制定人力资源战略决定了管理的质量。人力资源战略的目标是管理劳动力，规划工作，以使人员得到充分利用。但这必须与其他生产及作业管理决策配合进行，以便在相互约束和信任的气氛中保持合理的工作和生活质量。

人力资源战略受到其他战略决策的限制。第一，各种产品的生产会决定雇佣的季节性和稳定性。第二，技术、设备和工艺会影响安全和工作内容。第三，选址对雇员工作的环境有影响。第四，有关布局的决策会影响工作内容。

一、工作和生活质量

工作和生活质量不仅影响工人的健康及满意度，而且影响其效率的发挥。工作和生活质量有几个关键因素，与团队合作愉快、有一个优秀的管理者会在很大程度上影响到工作和生活质量。领导风格尤其重要，另外，工作条件和报酬方式也至关重要。

（一）工作条件

工作环境的温度、湿度、通风、照明、噪声等物理因素对工人在生产率、产出品的质量和事故中表现出来的工作绩效有重大影响。在很多情况下，政府会颁布工作条件方面的法规。

（二）员工报酬

报酬是工作系统设计中一个重要的问题，对一个企业来说，为员工实施合理的工资报酬计划是非常重要的。如果工资太低，组织会发现很难吸引和留住能干的工人及经理人员；如果工资过高，过高的费用会导致利润下降，或者可能促使企业提价，这将给公司的产品或服务的需求带来不利影响。

企业有两种基本的员工报酬方法：基于时间的报酬方法和基于产出的报酬方法。基于时间的报酬方法，即众所周知的按时或按日计酬方法，按工人在带薪期间工作的时间来补偿员工，薪水体现了基于时间的报酬方式。基于产出的报酬（效率工资）方法是根据工人在有偿期间产出的数量多少来补偿员工的，是一种直接根据工作绩效计算的报酬方式。

基于时间的报酬方法比基于产出的报酬（效率工资）方法更为广泛使用，尤其是在办公室、行政部门、经理层雇员中，即使是在蓝领工人中也是如此。

报酬激励机制应集中于每个人或者集体的产出上。

1. 个人激励方案

个人激励方案有不同的形式，最简单的是直接计件工资，在这种方案下，工人的报酬是其产出的直接线性函数。通常它们包含一个基本比率作为最低工资，无论工人产出多少，都给予其一个最低工资保证。基本比率与产出标准相联系，工人产出低于标准时将按基本比率付酬，这使得个人避免由于延迟、故障等类似问题而遭受意外报酬损失。在大多数情况下，对于超过标准的产出给予激励，这种报酬即奖金。

2. 群体激励计划

当前多种强调与雇员进行增产收益分红的群体激励计划正广为使用。有些仅仅集中在产出上，而另一些则将产出和材料、成本费用的减少相结合来奖励工人。

团队生产方法是群体激励的一种形式，这种方法强调的是团队绩效，而不是单个人的绩效。

3. 基于知识的报酬方式

随着公司向精益生产转换，一些变化对工作环境产生了直接影响：其一，企业以前存在的许多缓冲器消失了；其二，现在的管理人员更少了；其三，对质量、生产率、柔性的强调提高了。因此，能够执行多种工作的工人变得特别有用武之地。公司日益认识到这一点，因此制定了付酬方式来奖励那些参加培训以提高技术水平的工人，这就是所谓的基于知识的报酬。它以工人所掌握的知识和技能为基础，是工人工资报酬的一部分。基于知识的报酬体现了三个方面：反映工人能从事不同工作任务的水平技能；反映工人能从事生产管理任务的垂直技能；反映质量和生产效果的深层技能。

4. 管理者的报酬

随着对顾客服务和质量的不断重视，有些公司正重新设置报酬方法来反映绩效的新度量。许多公司决策者的报酬越来越与公司或者所负责部门的成功密切相关。

5. 新趋势

很多组织正在朝着补偿制度发展，补偿制度强调灵活性和绩效目标，基于绩效给予各种补偿。有些组织根据利润分享计划，按照利润或成本目标的实现程度给予奖励。员工健康福利成本的增加使得组织重新考虑其补偿方案。一些组织把重点放在工作和生活质量上。平衡激励、赢利能力和员工的持续力之间的关系则是更加理想的补偿方案。

二、劳动计划

劳动计划是关于决定雇员政策的计划，包括雇佣稳定性政策和工作时间安排。

1. 雇佣稳定性政策

雇佣稳定性是指调整一定时期内一个组织所拥有的雇员数目。关于稳定性问题有两个基本的政策。①恰好满足需要：雇佣人数恰好满足需要，使得直接劳动成本和生产持平。但是，这又会导致产生其他成本。②保持雇佣关系稳定：即保持一支训练有素的劳动队伍，使雇佣、解雇和失业成本降到最低。然而，如果雇佣水平稳定，那么在产品需求低时，雇员就没有得到充分利用；而在产品需求高时，企业所需要的人力资源又不够。

实行固定劳动力的企业所付出的工资低于劳动力随需求变化的企业。这方面的节约使企业更具竞争力。但是，如果企业的工作有较强的季节性，而且对市场需求无法控制，那么就应该采用按需雇佣劳力的方式。

2. 工作时间安排

标准工作时间安排是五天八小时工作制，弹性工作时间允许雇员在一定限度内决定自己工作时间的安排，这使得雇员更加自主和独立。一些企业发现弹性工作时间是一种低成本福利，并能增加工作满意程度。但是，在生产作业管理中也会引发一个问题，许多对于生产过程的有效作业需要"全员"劳动力，因此，在很多行业的企业中实行弹性工作制比较困难。

三、工作设计

工作设计涉及工作内容、工作方法的具体化、详细化。工作设计者要考虑由谁来做这项工作、工作将如何进行以及在何处开展工作。总体来说，工作设计的目的是建立有生产力的、安全的质量工作系统。

1. 专门化

专门化描述工作具有非常窄的范围，从生产线到医学专家均可为例。专门化的主要原则是集中工作注意的能力，从而精通特定类型的工作。

有时，专家具备的一定知识或教育和工作的复杂性使得选择这些工作的个人对他们的工作感到满意，这对"专门职业"（例如，医生、律师、教授）尤其适合。与这些知识专家对应的另一端是装配线工人。这些高度专门化工作的优点是高产出、低单位耗费。专门化正大量地为现存工业社会中的高标准生活提供服务。

2. 工作设计中的行为方法

为使工作更加富有趣味性和意义，工作设计者经常考虑采用工作扩大、工种轮换、工作丰富化和提高机械化的使用等措施。

工作扩大意味着将总任务中很大一部分分派给工人。这构成了水平负载，即将处于相同技能水平的工作附加给原工作。目的是通过提高工作所需技能的多样性和给工人的最终产出以更多的承认，来提高工人对工作的兴趣。

工种轮换意味着让工人定期交换工作，公司可以采用这种方法来避免让某个或某些雇员"拴在"单调的工作上。这种方法在工人转到更富有兴趣的工作上时效果最好。如果工人从一个单调工作岗位转到另一个单调工作岗位，则效果甚微。工种轮换能够扩大工人的经验知识，使得他们能在别人缺勤或生病时顶替他人。

工作丰富化涉及在计划和协调任务中责任水平的提高。有时也指垂直负载，增强工作责任，提高工人可能的满足感。

工作扩大和工作丰富化常被运用于精益运营中，工人们接受交叉训练以便进行各类任务，同时授予其更多权利去管理他们的工作。

这些方法对工作设计者的重要性在于它们有可能通过提高工人生活质量从而提高工人的满足感来增强工作的动力。

3. 激励

激励不仅能影响质量和效率，而且有助于改善工作环境。人们工作的目的有很多，薪资通常是一个主要因素，但不是唯一因素。其他动因包括社会化、自我价值、地位、精神享受以及自我实现。认识到这些动因，有助于管理人员设计激励体系，以鼓励职员采取正确的工作方式，进而实现组织的目标。

影响生产率和劳资关系的另一个因素是信任。在一个理想的工作环境中，职员和管理人员彼此完全信任。当管理人员信任职员时，职员的责任心就强；当职员信任管理人员时，职员就会以积极主动的方式来行事。相反，当职员不信任管理人员时，他们就会表现得不尽如人意。

4. 工作团队

使企业组织变得更加富有生产力、竞争力和顾客导向的努力，使得企业组织开始重新思考工作是如何完成的。一些工作环境上的结构变化，特别是精益生产，提高了工作团队的应用，改变了工人工作的付酬方式。

团队类型多种多样，常见的是临时性团队，这种团队多半用于解决某一具体问题，如质量改进、产品或服务设计或解决某一其他管理问题。根据所要解决问题的性质，团队成员可来自同一部门，也可来自不同部门或领域。相应地，另一种团队则是中长期的，其中越来越普遍的一种形式是自我管理团队，这种团队主要用于敏捷制造方面。

5. 人类工程学

人类工程学是研究人与系统其他要素相互作用的科学，是把有关理论、原理、数据和方法应用到工作设计以提高人的幸福感和系统总体绩效的专业。人类工程学用于工作环境的设计时，有助于通过减少不适和疲劳来提高生产率。

国际人类工程学协会将人类工程学分为三个领域：物质上的（例如重复性运动、流程布置、健康、安全）、认知上的（例如精神负荷、决策制定、人机交互、工作压力）、组织上的（例如交流、团队协作、工作设计、远程工作）。经过多年的发展，技术的变革已经延伸了人类工程学的范围，手眼协调系统和决策制定在工作场所中显得越来越重要。另外，人机交互系统在工作设计和电子产品设计中的应用再次拓宽了人类工程学。

四、劳动标准

对于一项有效的人力资源战略还要建立劳动标准。有效的人力计划依赖所需人员的知识水平。

劳动标准是指完成一项工作或完成工作的一部分所需要的时间。每个企业都有劳动标准，尽管它们有所不同，有的通过信息方法来建立，有的由专家来参与建立。企业只有具备了准确的劳动标准，管理者才能知道劳动要求是什么，成本是多少，一天的工作内容应包含什么。

第五节　企业资源规划

库存管理方式的主要区别在于存储细项的需求性质。当细项需求来自特定产品制造计划时，涉及其中的原材料、零部件、用于生产产成品的组件等细项就会被认为具备非独立需求。装入汽车产品的零部件与物料属于非独立需求，因为任一时刻所需零部件与原材料的总量都是汽车生产数目的函数；相反，产成品汽车的需求是独立需求，汽车并非其他任何东西的组成元件。

一、物料需求计划

物料需求计划（material requirements planning，MRP）是一种生产计划制订方法，用于诸如智能手机、汽车、餐桌及其他许多组装类产品。其中一些细项需要不断重复生产，而另一些则是批量生产的。流程始于主生产计划，主生产计划规定了组装产品（通常指最终细项）的数量和完成时间。然后，物流需求计划为最终细项制订生产计划，该计划包括最终细项所需要的组件、零件和原材料的数量和时间。

设计 MRP 用于回答三个问题：需要什么、需要多少以及何时需要。

MRP 的主要输入内容是一份物料清单，它表明了某产成品的主要组成部分；一份总进度安排，表明产成品的需要数量与时间；一份库存记录文件，表明持有多少库存、还需要订多少货等。计划者对这些信息进行加工，以确定计划期间各个时点的净需求。

该过程的输出包括订货计划时间安排、订货免除、变更、绩效控制报告、计划报告、例外报告等。MRP 系统概览如图 2-2 所示。

（一）物料需求计划的输入

物料需求计划系统有三个重要信息来源：主生产计划、物料清单与库存记录文件。

1. 主生产计划

主生产计划，也指主生产进度计划，主要表明生产哪些最终产品、何时需要以及需要多少数量等。主生产计划的数据来源有多个方面，包括客户订单、预测以及仓库补充季节性库存的需求。

2. 物料清单

物料清单是一张列表，包含着生产每单位产成品所需要的所有部件、组件、零件与原材料等。因此，每件产成品都有自己的物料清单。物料清单文件列表是层次结构的，显示每完成一单位下一层次的装配所需各细项的数量。如果把物料清单想象成一棵能够把产品装配过程所需组件与构件形象地视觉化的产品结构树，它的这种性质就显而易见了。产品

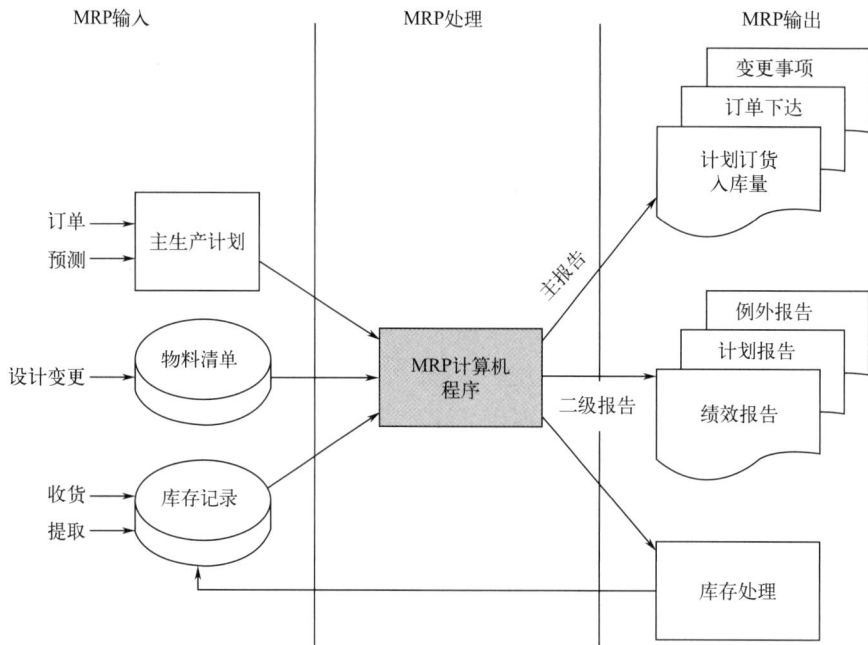

图 2-2　MRP 系统概览

结构树作为一个很有用的工具，说明了物料清单是怎样用来确定为获得期望数量的最终产品所需各成分（必需品）数量的。

3. 库存记录文件

库存记录文件按照时间期间存储各细项的状态信息，包括需求总额、预期收货量以及期望持有量，还包含各细项的其他细节，诸如供应商、生产提前期、订货批量等。用于收发形成的库存变化、订单取消以及类似事件都记录在此文件中。

MRP 流程先用主生产计划列明最终产品需求量，再用组件、部件、原材料的物料清单抵消生产提前期，确定各时期需求。

（二）物料需求计划的输出

MRP 系统能够向管理者提供相当多的输出信息，通常被分为主报告与二级报告，前者是主要报告，后者则是可选输出。

1. 主报告

生产、库存的计划与控制是主报告的重要组成部分，这些报告通常包括计划订单、订单发布和计划订单的变化。

2. 二级报告

绩效控制报告、计划报告和例外报告都属于二级报告。其中，绩效控制报告评价系统运作状况，计划报告有助于预测未来库存需求，例外报告唤起人们对重大差异的注意。

二、制造资源计划

物料需求计划是为了制造企业更精确地计算生产一件产品需要什么原料，以及所需原材料的时间和数量而发展起来的。制造资源计划是由于制造企业有了更多的需要而从物料需求计划中衍生发展出来的。它并没有替换 MRP，也不是其改进版本。它将资源计划范围扩展到包括能力需求计划，以及诸如营销和财务这种包括在计划流程中的其他企业职能区域。

物料需求计划是整个过程的核心。整个过程始于各个来源的需求（如公司订单、预测、安全库存需求等）综合。生产、营销与财务人员的工作都按照主生产进度计划进行。尽管制造人员确定进度计划是一项重要的输入内容，在执行时负主要责任，但不能排除营销与财务是重要的输入内容，也负很大责任。把这些职能区域合并在一起的基本原理，是增加了制订计划并使计划适合其中每一个人的可能性。另外，由于每个职能区域都牵涉计划的明确叙述，他们对计划便有着合情合理的了解，也更有理由实现它。

除了制造资源需要用于支持计划之外，财务资源也需要并且必须用于计划，无论是在数量上还是时间上。同样，在整个过程中，营销资源也会被不同程度地利用。为使计划可行，公司必须在需要时获取所有必需资源。通常，最初的计划都会根据各种资源的有用性评价进行修订。只要把它们确定下来，主生产计划就能确定。

三、能力需求计划

MRP 最重要的特性之一便是它能够帮助管理者进行生产能力计划。在 MRP 最初提出的时候，还没有能力评估一个建议计划的可行性（即是否在每个层级上面都有足够的能力来完成计划）。因此，就没有办法在计划执行之前知道是否可以完成计划，也没有办法在计划执行之后知道计划是否已经完成。所以，每周必须制订一个新的计划。制造资源计划系统开始包含一个反馈机制时，就被称为闭环的 MRP。该系统可以参考可用的产能来评估一个计划。如果一个计划不可行，则需要重新修订，这种评估也被称为能力需求计划。

能力需求计划是确定短期生产能力需求的过程。其中，输入项必须有 MRP 计划订单下达、当前车间负荷、路线信息、作业时间等。输出则包括各工作中心的负荷报告。当变化（负荷不足或超负荷）可预期时，管理者就会考虑诸如选择路线，改变或消除批量规模或安全库存需求，分割批量等补救措施。由于存在优先需求与构成部件可获得量的限制，向前或向后移动生产过程极具挑战性。

短期生产计划的稳定性非常重要，如果没有它，订货数量或时间的种种变化将使物料需求计划丧失作用。

四、企业资源计划

企业资源计划（enterprise resource planning，ERP）是从物料需求计划发展到制造资源计划，再从制造资源计划发展到下一个阶段。企业资源计划是为了更有效地管理系统，而努力整合企业的标准化记录保存，使得信息可以在企业的不同部门之间共享。

ERP 软件为组织提供了一个系统，用于捕获数据并且能够实时地将数据呈现给组织的决策者以及组织内的其他成员。同时提供了一套工具用于计划并监督各种业务流程以达到组织设定的目标。ERP 系统由一系列集成的模块组成，有诸多模块可供选择，不同的软件供应商有大同小异的模块列表。广泛使用的模块包括会计和财务（总账、应付、应收）、制造（主生产计划、MRP、能力需求计划）、销售（订单管理）、供应链（采购、库存管理）、人力资源以及工厂维护。

第六节　供应链管理

供应链是由涉及生产和交付一种产品或服务的企业的设施、职能和活动的序列。这个序列从生产原材料的基本供应商开始，扩展至到达最终顾客的所有途径。设施包括仓库、工厂、加工中心、配送中心、零售店和办公室。职能和活动包括预测、采购、库存管理、信息管理、质量保证、进度安排、生产、配送、运输和客户服务。

供应链管理是对一个企业内部的各种企业职能和供应链进行战略性协调，目的是整合供应和需求管理。供应链管理者是那些在企业的不同层次中负责管理企业内和跨企业的需求与供给的有关人员。他们从事工作的计划与协调，包括寻求物料和服务的供应商和采购、转化活动和物流。

物流是供应链的组成部分，涉及物品、服务、现金和信息正向及反向的流动。物流管理涉及内部和外部运输、物料处理、仓储、库存、订单处理和配送、第三方物流和逆向物流（从顾客那里返回的物品）的管理。

供应链管理的一个重要方面是流的管理。有三种形式的流需要进行管理：产品和服务流、信息流和资金流。产品和服务流涉及商品或服务从供应商向顾客的移动，也包括售后服务和产品的退货。信息流涉及分享预测和销售数据，传送订单，跟踪装运和更新订单状态。资金流涉及信用状态，付款和委托与所有权的安排。科学技术的发展，极大地提高了管理这三个流的效率。发送和接收信息的成本显著降低，交流的便易性和速度的提高使得供应链活动的协调能力得到提高，并可以及时进行决策。实际上，供应链是一个复杂的供应网络。

一、　ERP 与供应链管理

ERP 整合供应链管理是有效规划和管理企业各种资源的正规做法。ERP 的实施涉及建立运营系统和运营绩效测量指标，测量指标能够管理企业的运营并且满足企业和财务的目标。ERP 围绕供应链管理的目标，诸如规划需求和管理供应、库存补充、生产、仓储和运输。ERP 软件在交易数据集中化方面发挥着重要作用。

ERP 软件提供了协调、监控和管理供应链的能力。它是一个整合的系统，使得在系统范围内对关键活动和事件可视化，包括供应商关系管理、绩效管理、销售和订单履约以及客户关系管理等。

二、采购

组织的采购部门负责获得生产产品或提供服务所需的物料、零件、补给等。如果知道制造业产成品成本中超过 60% 的部分来自外购零件和物料，则会对采购的重要性有所认识。而且，零售与批发公司的外购库存比例更高，有的甚至超过 90%。尽管如此，采购的重要性绝不仅限于外购商品成本，其重要性还包括商品与服务的质量，以及提交商品或服务的时间选择，这两个方面都会对运营产生重大影响。

采购的责任包括区分供应源、合同谈判、维护供应商数据库、以及时和节约成本的方式来获得满足或超出运营要求的商品或服务，以及供应商管理。

三、供应商管理

可靠和可信任的供应商是高效供应链的关键环节。产品的及时交货以及高质量是供应商为高效运营所做贡献的两个方面。采购经理的作用就好像"外部运营经理"，通过与供应商的合作来协调供应商运营和买方的需求。

1. 选择供应商

公司要考虑价格、质量、供应商的声誉、过去与供应商的交往以及售后服务。由于订货和生产要求的数量，公司采购的不同在于经常向供应商提供的原料或零部件的详细说明，而不是现货采购。

因为不同条件下不同要素的重要性也不同，在运营职能的帮助下，采购部门必须决定每个要素的重要性（即给每个要素不同的权重），然后根据不同供应商对列表中的各项能做到什么程度来衡量潜在供应商。这个过程就叫作供应商分析，它是分期执行的，或者在不同要素的权重发生重大变化时执行。

2. 供应商审核

定期审核供应商是一种持续监督供应商的生产（或服务）能力、质量、交付问题及解决、执行其他买主标准等方面的方法。如果审核结果有问题，买方就可以在引发严重问题之前把它们提出来。供应商审核过程中经常发现的典型问题有管理方式、质量保证、物料管理、设计程序、过程改进政策、纠正措施与后续措施等。

在供应商认证过程中，供应商审核也是关键的第一步。

3. 供应商认证

供应商认证是一个细致考察供应商政策及能力的过程。认证过程证实供应商达到或超过了买方的要求。这在供应商关系中往往很重要，但只有在买方寻求建立长期供应商关系时才显得尤为关键。使用那些已经认证的供应商可使买方削减检查、测试商品交付工作的大半或全部。尽管这些供应商的商品或服务问题也许并未全部消除，但比起那些未经认证的供应商风险要小得多。

不必自行开发认证程序，有些公司使用世界上最通行的标准行业认证：ISO 9000。

4. 供应商关系管理

采购部门对建立和保持良好的供应商关系负最终的责任。关系的类型通常和买卖双方的合同长短有关。短期合同涉及竞标。公司在合同中注明规格，而潜在的供应商对合同投标，买卖双方保持一定的距离，双方关系处于低层次。业务可以通过计算机化信息交流来执行。中期的合同通常包括发展中的关系。长期合同通常包括伙伴关系，买卖双方在不同方面进行合作，目的是双方获益。越来越多的公司在处于战略考虑的特定环境中与供应商建立了长期的伙伴关系。

5. 供应商伙伴关系

越来越多的企业寻求与供应链中的成员建立伙伴关系，这暗含着少量但相对固定的供应商、更长期的关系、共享信息（预测、销售数据和问题报警）以及在制订计划中的合作。可能的益处有更高的质量、提高运输的速度和可行性、更低的库存和成本、更高的利润，以及通常会有的运营改进。

6. 战略伙伴

当两个或多个商业组织的产品或服务具有互补性，并通过联合来实现战略利益时，就形成了战略伙伴。这种情况的一种形式是供应商同意为顾客持有库存，因此降低顾客的库存持有成本。作为交换，顾客对供应商有一个长期的采购承诺，由此降低了供应商为了不断寻找新的顾客、确定谈判价格和服务等所付出的成本。

协同计划、计划、预测和补充（CPFR）是一个契约性的协议，用于获得供应链的整合，以协同供应链伙伴之间的库存管理。它涉及信息共享、预测和联合决策。如果实施成功，它有助于为合作伙伴节省库存、物流和销售成本。

四、物流

物流指的是供应链内部的物料、服务、现金和信息的移动。物料包括用于生产过程的所有有形物体。除在流程中的原材料和在制品外，还有燃料、设备、零部件、工具、润滑剂、办公室用品等辅助材料。物流包括在机构内部的移动，可视为物品和物料的运进运出，以及信息在供应链中的流动。

1. 设施内的移动

货物在制造设施内的移动是生产控制的一部分。移动着的商品有时是补给品，有时是实际产品或半成品，有时又是原材料或外购零部件。

必须认真协调物料移动过程，使物料在恰当的时间抵达恰当的目的地。工人和主管都必须小心在意，防止物料在移动过程中丢失、失窃或损坏。

2. 运进运出

综观物品的运进运出可以视为货运量管理。这个职能需要制定进度安排，决策运输方法与时间，考虑各种方法的成本、政府规章、企业的数量与时间需求、外部因素如潜在的运输延迟或中断（例如，高速公路施工、卡车司机罢工）等。

利用计算机追踪运输往往有助于了解运输现状，掌握成本与进度安排的最新信息。

3. 跟踪货物

先进的技术为企业对供应链中货物的跟踪提供了革命性的方法。无线射频技术（radio frequency identification，RFID）是使用无线电波来识别诸如供应链中的货物这样的物体。集成电路的标签和天线可以将信息及其他数据通过无线电波发射到与网络连接的RFID读取器中。RFID标签可以贴在托盘、容器或单个物体上。它们提供唯一的标识，使得企业在标签读取器的接收范围内可以识别、跟踪、监控和定位供应链中的任何实际物品。这些标签类似条形码，对条形码必须进行逐个扫描，而且通常是手工操作。而多个RFID标签可以同时且自动地读取。更进一步，RFID标签相对于条形码来说可以提供更详细的信息，RFID标签包含每个物体的详细信息，而条形码只包含物品的分类信息，如库存单位数（SKU）。这使得管理者可以知道每个物品在供应链中的位置。

RFID取消了在接货地点、仓库中和零售货架上对货物的人工点数和条形码扫描，这消除了差错并加快了过程的速度。通过将读取器安放在出口处或停车场，这种标签可以减少雇员和顾客的偷盗行为。其他好处还包括提高货物在仓库中提取时的准确性，这有利于货物的运输或组装线生产的使用，也有利于医院中患者取药的准确性，避免医疗差错。

4. 运输方案的评价

货运方案的评价是供应链管理的重要组成部分。考虑因素不仅涉及货运成本，还包括货运与供应链其他活动的协调、柔性、速度和环境问题。货运选择包括铁路、卡车、飞机和轮船。有关因素涉及成本、时间、可获得性、要运的物料和环保的考虑。有时可能只考虑其中一个因素，例如沉重的物料（如原煤和钢铁）不可能采用航空货运。有时高成本也会使用特定的选择。另外，时间和成本的权衡也是很重要的。采取低成本战略的公司通常选择相对较慢、成本较低的方式；相反，采取快速反应战略的公司会寻求速度快和成本高的方式。

5. 第三方物流

第三方物流是对物流管理职能的外包。公司将仓储和配送这样的业务交给专业公司。这种做法的好处是，利用专业公司的专业知识、发展良好的信息系统，获取更加合适的运载率的能力，而对公司而言可以更集中于核心业务。

案例

海尔集团的数字化生产管理

海尔集团自1984年在山东青岛成立以来，便以其广泛的业务领域和深厚的全球影响力而著称。其业务版图涵盖了中央热水器及热水机、余热回收机、暖通设备、机械设备、电子产品及电器产品的全方位研发、生产与销售。不仅如此，海尔集团还拥有诸如海尔、卡萨帝、Leader、GE Appliances等多家上市公司和高端品牌，以及全球首个场景品牌"三翼鸟"。为了进一步加强全球研发和生产能力，海尔集团在全球设立了多个研发中心、研究院、工业园和制造中心，并构建了引领全球的工业互联网平台卡奥斯（COSMOPlat）和大健康生态品牌"盈康一生"。

在企业文化上，海尔集团秉承"人的价值最大化"和"人单合一"的理念，始终以用户体验为核心，不断推动产品与服务的创新与优化。作为一家集研发、生产、销售为一体的全球领先企业，海尔集团致力于为用户提供高品质的生活解决方案，并持续探索技术创新与市场拓展的新领域，致力于成为全球数字化转型领域的佼佼者。

海尔集团的数字化生产管理体现了其在智能制造、质量管控及用户驱动创新方面的领先实践，以下是其核心举措与成果。

一、智能工厂建设与全流程数字化

1. 磁悬浮中央空调智能工厂

通过建立智能工厂数据分析平台，实现从设计到服务的全生命周期质量管控。采用模块化设计（"1＋N"开发模式）与5G＋AI在线检测系统，实时监测27项检测项目，确保出厂产品 100% 可靠。同时，E＋互联网云服务平台对已安装设备进行 24 小时监测与预警，实现远程运维，解决了传统分散部署带来的服务难题。

2. 胶州空调互联工厂

作为全球"灯塔工厂"，运用预测算法和双种群进化算法优化产线调度，结合仿真数据构建真空度预测模型，动态调整生产工艺以适配全球不同气候需求，显著提升生产效率和产品品质。

二、AI 与大数据驱动的质量技术创新

1. AI 在质量检测中的应用

合肥冰箱互联工厂部署生成式 AI 和机器学习技术，用于发泡工艺参数优化与设备故障智能诊断，降低人工干预并提升良率。例如，通过 AI 自动调整发泡气泡参数，减少材料浪费，使生产效率提升 30%。

2. 智慧家庭场景自动化测试

搭建自动化测试云平台，集成语音合成、图像识别等技术，模拟用户家庭环境进行全场景测试。例如，通过"人工嘴"与高帧工业相机评测语音唤醒率，确保智能家电的互联互通与用户体验稳定性。

三、全生命周期质量追溯与可靠性管理

1. 高加速应力筛选技术

在家电智能控制器生产中，通过施加极端环境应力（如高低温、电负载）激发潜在故障，结合 SCADA 系统实时采集数据并上传至 MES 平台，实现全流程追溯。该技术使市场质量损失下降 20%，并推广至冰箱、空调等产品线。

2. 模具电极智造质量管控

卡奥斯工业互联网平台采用 RFID 技术实现电极全流程无纸化管理，检测合格率从 70% 提升至 98%，储存周期延长至 30 天，大幅降低生产中断风险。

四、用户驱动的定制化生产模式

1. 大规模定制转型

通过数字化技术（如数字孪生）实现用户需求与生产端的高效对接。例如，用户可通过海尔平台定制空调功能模块，系统自动生成数字化样机并同步至生产线，设计周期缩短 50%。

2. 柔性供应链管理

整合全球 3000 余家供应商，利用 RFID 和 MES 系统实时追踪物料流动，动态调整生产计划。例如，针对海外订单的航运不确定性，通过算法预测生产线负荷，实现订单交付周期缩短 20%。

五、生态协同与数字化转型深化

1. 工业大模型平台

海尔国创大模型平台集成 DeepSeek 等 AI 模型，支持企业私有化部署与智能协同。例如，卡奥斯天智工业大模型提供训推一体化服务，助力复杂设备故障诊断效率提升 40%。

2. 全球化智能工厂网络

海尔集团在全球布局 10 家"灯塔工厂"和多个国家智能制造示范工厂，通过本土化

研发与生产（如美国 GE Appliances、日本 AQUA 品牌），实现发达国家市场领跑与新兴市场高速增长。

通过数字化生产管理，海尔集团取得了很好的战略成效与行业影响，连续 16 年全球大型家电销量第一，磁悬浮中央空调全球市场占有率超 24.8%；2023 年入选工信部质量提升典型案例数量行业最多，主导 95 项国际标准制定，获 16 项国家科技进步奖；通过数字化技术减少能耗 20%，推动制造业绿色化与可持续发展。

未来，海尔集团计划进一步深化"人单合一"管理模式，推动 AI 与物联网技术在供应链全链条的应用，并拓展智慧城市、医疗健康等新场景，巩固全球智能制造领导地位。

📝 课后练习

一、选择题

1. 在生产计划体系中，将生产计划任务具体分配到各个车间、工段、班组以及每个工作地和个人，这属于（　　）。

  A. 综合生产计划   B. 主生产计划

  C. 物料需求计划   D. 生产作业计划

2. 下列哪种库存管理方法是按照库存物资的重要程度不同进行分类管理的？（　　）

  A. ABC 分类法   B. 经济订货批量模型

  C. 定期订货法   D. 定量订货法

3. 生产过程的核心是（　　）。

  A. 生产技术准备过程   B. 基本生产过程

  C. 辅助生产过程   D. 生产服务过程

4. 下列不属于人力资源需求影响因素的是（　　）。

  A. 组织人力资源现状   B. 组织战略

  C. 外部因素   D. 组织再造

5. （　　）是指物品的生产者或持有者到用户或消费者之间的物流活动。

  A. 生产物流   B. 销售物流

  C. 供应物流   D. 逆向物流

二、案例分析题

某汽车制造企业，近年来市场需求不断变化，产品更新换代速度加快。企业原有的生产管理模式逐渐暴露出一些问题，如生产计划不准确，导致原材料积压和成品库存过高；生产过程中经常出现设备故障，影响生产进度；生产线布局不合理，物流配送混乱，生产效率低下等。请分析该企业存在的问题，并提出相应的解决措施。

三、思考题

1. 人工智能在质量控制中的应用场景有哪些？

2. 3D 打印技术对生产模式有什么影响？

第三章

企业营销管理

学习目标

知识目标：

  ① 掌握市场营销基础理论，了解市场营销环境分析方法；

  ② 熟悉市场细分、目标市场选择与定位的原理，理解市场营销策略。

能力目标：

  ① 熟练运用问卷调查、访谈等方法收集市场数据，并运用数据分析工具对数据进行整理、分析；

  ② 能制定有效的营销策略，拥有营销策划与执行能力；

  ③ 具备应对突发情况的应变能力。

素质目标：

  ① 培养创新思维素质，尝试市场营销新理念、新方法与新手段，以创新驱动企业市场竞争力；

  ② 树立正确的价值观和营销伦理观，成为诚信经营、爱岗敬业的营销人才。

第一节　市场营销概述

一、市场营销

1. 市场营销的定义

  市场营销是通过创造、沟通和交付价值，管理客户关系，使组织及其利益相关者受益的过程。这个定义强调了市场营销的核心要素，即创造价值、交换以及满足需求。它不仅仅是简单的销售产品或服务，而是涵盖了从市场调研、产品定位、定价策略、渠道选择到促销活动等多个环节。在当今竞争激烈的商业环境中，市场营销部门需要深入了解消费者的需求、欲望和行为模式，通过精准的市场细分和目标市场选择，将合适的产品或服务以合适的价格，通过合适的渠道，在合适的时间推向目标客户。例如，苹果公司通过不断创新产品，如 iPhone 系列，为消费者创造了独特的价值，满足了人们对于便捷通信、娱乐和生活管理的需求，同时通过全球广泛的销售渠道和多样化的促销活动，实现了产品与消费者之间的价值交换。市场营销是企业为了创造、传播和交付价值给目标客户，从而满足客户需求并实现自身目标的一系列活动、过程和体系。

2. 市场营销相关的概念

（1）需要、欲望和需求

需要是人类自身生理和心理上的基本要求，如对食物、安全、归属感的需要。欲望是在需要的基础上，由不同文化和个性表现出来的对特定目标的追求，比如有人渴望拥有豪华汽车，有人则向往高端电子产品。需求则是有购买能力支持的欲望，只有当消费者具备购买能力时，欲望才转化为需求。市场营销者的任务就是通过市场调研，了解消费者的需要和欲望，将其转化为现实的需求。

（2）交换、交易和关系

交换是通过提供某种物质作为回报，从别人那里取得所需物品的行为。交易是交换活动的基本单元，是由双方之间的价值交换所构成的行为。而关系则强调与顾客、供应商、分销商等建立长期、稳定、互利的联系，通过关系的维护来促进重复交易和业务的持续发展。例如，许多电商平台通过会员制度为会员提供专属优惠和服务，建立与会员的良好关系，提高会员的忠诚度和购买频率。

3. 市场营销的范围与领域

市场营销的范围涵盖了各类组织和行业，包括营利性企业、非营利性组织以及政府机构等。在营利性企业中，无论是生产制造业、服务业还是零售业，都离不开市场营销。例如，汽车制造企业需要通过市场营销来推广新车型，吸引消费者购买；餐饮服务企业要通过营销活动来提升品牌知名度，吸引顾客就餐；零售企业则要运用营销策略来优化商品陈列和促销活动，提高销售额。

对于非营利性组织，如慈善机构、教育机构等，市场营销同样重要。慈善机构需要通过营销来宣传其公益项目，吸引捐赠者和志愿者；教育机构需要通过营销来推广其教育理念和课程，吸引学生报名。政府机构也会运用市场营销手段来推广政策、提升城市形象等。此外，市场营销还延伸到了国际市场，随着全球化的发展，企业需要开展国际市场营销，跨越国界，满足不同国家和地区消费者的需求。

二、市场营销管理

1. 市场营销管理的含义

市场营销管理是指企业为了实现市场营销目标，对市场营销活动进行计划、组织、执行和控制的过程。它主要关注如何将企业的产品或服务推向市场，满足消费者需求，并实现企业的销售和利润目标。市场营销管理需要根据市场需求和企业战略，制定具体的市场营销策略，包括产品策略、价格策略、渠道策略和促销策略等，并有效地组织实施和监控这些策略的执行情况，及时调整和优化策略以适应市场变化。

2. 市场营销管理的任务

市场营销管理是企业为实现其目标，创造、建立并保持与目标市场之间的互利交换关系而进行的分析、计划、执行与控制的过程。市场营销管理的本质是需求管理，即通过对消费者需求的管理，实现企业的经营目标。市场营销管理的任务根据消费者需求的不同状态而有所不同，主要包括以下几种。

（1）负需求

当消费者对某种产品或服务存在厌恶、回避的态度时，就产生了负需求。此时市场营销管理的任务是改变市场营销，即通过重新设计产品、改变价格、积极促销等手段，扭转消费者的态度，将负需求转变为正需求。例如，对于一些传统的中药产品，部分消费者可能因其味道苦涩等原因存在负需求，企业可以通过改进剂型、优化口感等方式来改变消费者的态度。

（2）无需求

消费者对某种产品或服务不了解、不感兴趣，或者认为其与自身需求无关，就会出现无需求的状态。在这种情况下，市场营销管理的任务是刺激市场营销，通过大力促销、宣传等手段，引起消费者的兴趣，将无需求转化为有需求。例如，一些新的科技产品在推向市场初期，消费者可能对其功能和用途不了解，企业需要通过各种营销活动来激发消费者的兴趣。

（3）潜伏需求

消费者对某种产品或服务有强烈的需求，但现有产品或服务无法满足这种需求，这就是潜伏需求。市场营销管理的任务是开发市场营销，即通过研究和开发新产品或改进现有产品，来满足消费者的潜伏需求。例如，随着人们对健康生活的追求，对低糖、低脂、高膳食纤维食品的潜伏需求不断增加，食品企业可以通过研发相关产品来满足这种需求。

（4）下降需求

当产品或服务的市场需求呈现下降趋势时，市场营销管理的任务是重振市场营销，通过分析需求下降的原因采取相应的措施，如改进产品、调整价格、开拓新市场等，来恢复和提升市场需求。例如，传统燃油汽车市场在新能源汽车的冲击下，部分车型出现需求下降，汽车企业可以通过技术升级、推出新车型等方式来重振市场。

（5）不规则需求

市场需求在时间上或数量上呈现出不规则的波动，这就是不规则需求。市场营销管理的任务是协调市场营销，通过灵活的定价、促销和其他营销策略，调节需求的时间和数量，使供求在时间和数量上趋于协调。例如，旅游业存在明显的淡旺季之分，旅游企业可以通过淡季降价促销、推出特色活动等方式来调节需求。

（6）充分需求

当市场需求与企业的预期目标相一致时，就达到了充分需求状态。此时市场营销管理的任务是维持市场营销，通过保持产品质量、合理定价、优化服务等措施，维持现有的市场需求水平，巩固企业的市场地位。

（7）过量需求

市场需求超过了企业所能提供的产品或服务的数量，这就是过量需求。市场营销管理的任务是降低市场营销，通过提高价格、减少促销、限制销售等手段，抑制需求的增长，使供求达到平衡。例如，在一些热门景区旅游旺季，游客数量过多，景区可以通过提高门票价格、限制游客数量等方式来应对过量需求。

3. 市场营销管理的流程与环节

市场营销管理的流程主要包括以下几个环节。

（1）市场分析

市场分析是市场营销管理的基础环节，包括市场调研、市场细分、目标市场选择和市场定位等内容。市场调研是通过收集、整理和分析市场信息，了解消费者需求、市场竞争状况等；市场细分是根据消费者的需求、购买行为和购买习惯等方面的差异，将市场划分为若干个具有相似特征的子市场；目标市场选择是在市场细分的基础上，选择一个或几个子市场作为企业的目标市场；市场定位则是根据目标市场的需求和竞争状况，确定企业产品或服务在目标市场中的位置，树立独特的品牌形象。

（2）营销战略制定

在市场分析的基础上，企业制定市场营销战略。市场营销战略包括产品战略、价格战略、渠道战略和促销战略等。产品战略涉及产品的研发、设计、改进、产品线扩展等决策；价格战略确定产品的定价目标、定价方法和价格调整策略；渠道战略选择产品的销售渠道，如直销、分销、电商平台等；促销战略制定促销组合，包括广告、销售促进、公共关系和人员推销等活动。

（3）营销计划制订

营销计划是将市场营销战略转化为具体行动方案的过程，它明确了营销活动的目标、任务、时间安排、预算分配等内容。营销计划要具有可操作性和可衡量性，以便于执行和控制。

（4）营销计划执行

营销计划执行是将营销计划付诸实践的过程，涉及企业内部各部门和各环节的协调与配合。在执行过程中，要确保各项营销活动按照计划有序进行。

第二节　市场营销环境

在当今竞争激烈且瞬息万变的商业世界中，企业的兴衰成败在很大程度上取决于其对市场营销环境的理解、适应和应对能力。市场营销环境如同一个庞大而复杂的生态系统，其中的每一个因素都可能对企业的营销活动产生深远影响。深入剖析市场营销环境，不仅有助于企业精准把握市场动态，还能为其制定行之有效的营销策略提供关键依据，从而在激烈的市场竞争中站稳脚跟，实现可持续发展。

一、市场营销环境的含义

市场营销环境，是指那些围绕企业、影响企业市场营销活动及其目标达成的各种内外部因素和力量的总和。这个体系涵盖广泛，既包含企业外部诸如政治、经济、社会文化、技术等宏观层面的因素，以及供应商、竞争者、顾客、营销中介等微观层面的参与者，也涉及企业内部的资源状况、运营能力和独特的企业文化等因素。

市场营销环境具有以下显著特点。

一是客观性。市场营销环境独立于企业的主观意志而客观存在。企业无法改变环境本身的固有属性，只能积极主动地去适应它。以国家的宏观经济政策和法律法规为例，这些都是企业必须遵循和适应的客观存在，企业不能对其进行直接的改变或干预。

二是动态性。市场营销环境始终处于持续的动态变化之中，且变化的速度日益加快。科技的迅猛进步、消费者需求的不断演变以及市场竞争的愈发激烈，都促使市场营销环境呈现出动态发展的态势。例如，随着移动互联网技术的飞速普及，消费者的购物习惯发生了翻天覆地的变化，越来越多的人倾向于通过手机等移动设备进行网上购物。这种变化要求企业必须迅速调整营销策略，以适应新的市场趋势。

三是复杂性。市场营销环境由众多相互关联、相互影响的因素交织而成，形成一个错综复杂的系统。一个因素的细微变化，都可能引发其他因素的连锁反应，进而对企业的市场营销活动产生广泛而深远的影响。例如，经济形势的波动会直接影响消费者的购买能力和购买意愿，从而间接影响企业的产品销售；而社会文化的变迁则可能改变消费者对产品的审美观念和功能需求，迫使企业加大产品创新和升级的力度。

四是不可控性。在市场营销环境中，诸多因素，尤其是宏观环境因素，超出了企业的控制范围。企业难以左右国家的政治局势、经济政策走向以及社会文化潮流的变化。然而，企业可以通过建立完善的环境监测和分析机制，及时洞察环境变化带来的机遇与挑战，并迅速制定相应的应对策略。

二、微观市场营销环境

微观市场营销环境，是指与企业紧密相连、直接影响企业市场营销能力的各类参与者。这些参与者包括企业自身、供应商、营销中介、顾客、竞争者以及公众等，它们共同构成了企业营销活动的直接运作环境。

1. 企业自身

企业自身是微观市场营销环境的核心组成部分，涵盖了企业的高层管理团队、各个职能部门以及独特的企业文化。企业高层管理人员的战略眼光、经营理念和管理风格，直接决定了企业的发展方向和市场营销战略的制定。各职能部门之间的协同合作至关重要，例如，市场营销部门需要与研发部门紧密配合，确保产品能够满足市场需求；与生产部门协作，保障产品的按时交付；与财务部门沟通，合理规划营销预算。企业文化则如同企业的灵魂，它塑造了员工的价值观和行为模式，对企业的市场营销策略和品牌形象产生着潜移默化的影响。

2. 供应商

供应商是向企业提供生产经营所需各类资源的企业或个人，包括原材料、零部件、设备、能源等。供应商的供应能力、产品质量、价格波动以及交货及时性等因素，都会直接关系到企业的生产效率和产品质量。例如，如果供应商提供的原材料质量不稳定，就可能导致企业产品次品率上升，损害企业的声誉和市场竞争力；若供应商交货延迟，企业则可能面临生产中断，无法按时向客户交付产品，进而影响客户满意度和忠诚度。因此，企业必须与供应商建立长期稳定、互利共赢的合作关系，加强对供应商的管理和监督，确保原材料的稳定供应和质量可靠。

3. 营销中介

营销中介是协助企业将产品推向市场、实现产品价值的各类机构和个人，主要包括中间商、物流企业、营销服务机构和金融机构等。中间商，如批发商和零售商，在企业与消费者之间搭建起桥梁，帮助企业拓展销售渠道，实现产品的广泛分销。物流企业负责产品的运输和仓储，确保产品能够安全、及时地送达消费者手中。营销服务机构，如广告公司、市场调研公司和公关公司等，为企业提供专业的营销策划、市场调研和品牌推广服务，助力企业提升品牌知名度和市场影响力。金融机构则为企业提供资金融通、结算等金融服务，保障企业生产经营活动的顺利开展。企业应根据自身需求，精心选择合适的营销中介，并与它们保持密切沟通与协作，以提高市场营销的效率和效果。

4. 顾客

顾客是企业市场营销活动的最终目标和服务对象，是企业生存和发展的根基。顾客的需求偏好、购买行为模式和消费习惯等因素，直接决定了企业的产品研发方向、定价策略、渠道选择以及促销活动的策划。根据购买者的不同特征和购买目的，顾客市场可分为消费者市场、生产者市场、中间商市场、政府市场和国际市场等。消费者市场主要为满足个人或家庭生活需求而购买产品或服务，其购买行为具有多样性、分散性和情感性等特点。生产者市场则是为了生产其他产品或服务而采购相关产品和服务，其购买行为更加注重专业性、理性和批量采购。中间商市场的购买目的是转售或出租产品以获取利润，其购买决策主要受市场需求和利润空间的驱动。政府市场的购买行为具有公开性、规范性和政策性等特点，主要用于履行政府职能和公共服务。国际市场则因不同国家和地区的文化、经济、政治差异，呈现出多样化的需求和购买行为特征。企业必须深入研究不同类型顾客的需求特点和行为规律，制定针对性的市场营销策略，以满足顾客需求，提升顾客满意度和忠诚度。

5. 竞争者

竞争者是指在同一市场中，与企业提供类似产品或服务、争夺相同顾客群体的其他企业。竞争者的存在既给企业带来挑战和威胁，也促使企业不断创新和进步，提升自身的竞争力。根据竞争的激烈程度和市场地位的差异，竞争者可分为直接竞争者、间接竞争者和潜在竞争者。直接竞争者与企业提供的产品或服务在功能、质量、价格等方面高度相似，目标顾客群体也基本重合，竞争最为激烈。例如，在智能手机市场，苹果、三星、华为等品牌之间的竞争异常激烈。间接竞争者提供的产品或服务虽然在功能上与企业有所不同，但能够满足顾客相同的核心需求。比如，传统有线电视运营商与互联网视频平台，虽然业务形式不同，但都在争夺消费者的娱乐时间和消费支出。潜在竞争者则是目前尚未进入市场，但凭借其技术、资金或资源优势，具备进入市场的能力和潜力，可能对企业构成潜在威胁的企业。例如，随着科技的不断发展，一些新兴科技企业可能凭借创新的商业模式和先进技术，跨界进入传统行业，成为潜在的竞争对手。企业需要对竞争者进行全面、深入的分析和研究，了解其竞争策略、优势与劣势，以便制定有效的竞争应对策略。

6. 公众

公众是指对企业实现市场营销目标的能力具有实际或潜在影响的各种社会群体，包括金融公众、媒体公众、政府公众、市民行动公众、地方公众、一般公众和企业内部公众等。金融公众，如银行、投资公司等，影响着企业的融资能力和资金运作。媒体公众，包括报纸、杂志、广播、电视、网络等传播媒体，对企业的品牌形象和声誉塑造起着关键作用。政府公众通过制定政策法规和实施监管措施，规范企业的市场营销行为。市民行动公众，如消费者权益保护组织、环境保护组织等，可能对企业的营销活动提出批评和建议，影响企业的社会形象。地方公众，即企业所在地的居民和社区组织，企业的发展需要得到他们的支持和认可。一般公众则是广大的消费者群体，他们的态度和口碑直接影响企业的市场份额及产品销售。企业内部公众，包括员工和管理层，他们的工作积极性和忠诚度直接关系到企业的经营效率和市场营销效果。企业应高度重视公众的态度和意见，积极开展与公众的沟通和交流，树立良好的企业形象，赢得公众的信任和支持。

三、宏观市场营销环境

宏观市场营销环境是指那些影响微观环境的大规模社会力量，主要包括人口、经济、自然、技术、政治法律和社会人文等宏观因素。这些因素虽然不直接作用于企业的市场营销活动，但通过对微观环境的影响，间接而深刻地塑造着企业的营销环境和市场机遇。

1. 人口环境

人口是构成市场的基本要素，人口环境的变化对市场规模和结构产生着直接而深远的影响。人口环境因素主要包括人口数量、人口结构、人口分布和人口流动等方面。人口数量的增长意味着市场规模的扩大，为企业带来更多的市场机会。例如，随着中国人口的持续增长，消费市场不断扩容，吸引了众多国内外企业的关注和投资。人口结构的变化，如年龄结构、性别结构、家庭结构等的改变，会引发消费者需求和购买行为的显著变化。随着老龄化社会的到来，老年人口比例增加，对老年保健品、养老服务、医疗护理等产品和服务的需求呈现出快速增长的趋势。人口分布和人口流动也会影响市场的区域结构和消费特点。城市化进程的加速使得城市人口不断聚集，城市市场的消费需求更加多元化、个性化；而人口的大规模流动则促进了不同地区之间的文化交流与融合，进而影响消费者的消费观念和购买行为。

2. 经济环境

经济环境是影响企业市场营销活动的关键因素之一，主要包括宏观经济形势、消费者收入水平、消费者支出模式以及储蓄信贷等方面。宏观经济形势的好坏直接关系到企业的市场需求和经营状况。在经济繁荣时期，消费者的购买能力较强，市场需求旺盛，企业的销售业绩往往较为可观；而在经济衰退时期，消费者的购买能力下降，市场需求萎缩，企业的经营面临较大压力。消费者收入水平的高低决定了其购买能力和消费层次。一般来说，消费者收入水平越高，对产品和服务的品质、品牌和功能等方面的要求也越高。消费者支出模式的变化也会影响不同类型产品和服务的市场需求。随着人们生活水平的提高，消费者在食品、服装等基本生活必需品上的支出占比逐渐下降，而在旅游、娱乐、教育、健康等享受型和发展型消费领域的支出占比不断上升。此外，储蓄信贷政策也会对消费者的购买行为产生重要影响。当银行利率较低时，消费者更倾向于贷款消费，从而刺激市场需求；反之，当银行利率较高时，消费者更倾向于储蓄，市场需求可能会受到一定程度的抑制。

3. 自然环境

自然环境是指影响企业生产和经营活动的自然资源和生态环境。随着全球环保意识的不断增强和可持续发展理念的深入人心，自然环境对企业市场营销活动的影响日益凸显。自然环境因素主要包括自然资源的短缺、环境污染和生态平衡的破坏等问题。自然资源的短缺，如石油、煤炭等能源资源以及一些重要矿产资源的日益稀缺，会导致企业原材料成本上升，影响企业的生产和经营效益。环境污染和生态平衡的破坏不仅威胁着人类的生存与健康，也会对企业的形象和声誉造成负面影响。因此，企业必须高度关注自然环境的变化，积极采取环保措施，加大绿色产品的研发和生产力度，推行绿色营销理念，以适应社会对环境保护的要求，实现企业的可持续发展。

4. 技术环境

技术是推动社会进步和经济发展的核心动力，也是影响企业市场营销活动的关键因素之一。技术环境的快速变化既带来了新的市场机会，也带来了严峻的挑战。新技术的涌现往往会催生新的产品和服务，改变消费者的生活方式和消费习惯，为企业创造新的市场需求。例如，互联网技术的飞速发展催生了电子商务、在线教育、远程医疗等新兴行业，为企业开辟了广阔的市场空间。然而，技术的进步也会导致企业现有产品和技术的更新换代加速，使其面临被市场淘汰的风险。随着智能手机的普及，传统功能手机市场迅速萎缩，许多功能手机生产企业不得不进行战略转型或面临倒闭的困境。因此，企业必须密切关注技术环境的动态变化，加大技术创新和研发投入，及时推出符合市场需求的新产品和新技术，以保持市场竞争力。

5. 政治法律环境

政治法律环境是指影响企业市场营销活动的政治制度、法律法规和政策等因素。政治环境的稳定与否直接影响企业的投资决策和市场信心。在政治稳定的国家和地区，企业更愿意进行投资和开展市场营销活动；而在政治动荡的地区，企业的经营风险会显著增加。法律法规是企业市场营销活动的行为准则，企业必须严格遵守国家和地方的各项法律法规，依法经营。例如，消费者权益保护法、广告法、反垄断法等法律法规，对企业的产品质量、广告宣传、市场竞争等方面都做出了明确的规定和约束。政策环境也会对企业的市场营销活动产生重要影响。政府的产业政策、税收政策、财政政策等，往往会引导企业的发展方向，创造新的市场机会。例如，政府对新能源汽车产业的扶持政策，极大地促进了新能源汽车企业的发展，为相关企业带来了良好的市场机遇。

6. 社会人文环境

社会人文环境是指一个国家或地区的社会结构、价值观念、风俗习惯、宗教信仰、教育水平等因素的总和。社会人文环境是影响消费者购买行为的深层次因素，它潜移默化地影响着消费者的消费观念、消费方式和消费偏好。不同国家和地区的社会人文环境存在显著差异，这些差异导致消费者对产品和服务的需求与偏好各不相同。在西方国家，人们更加注重个人主义和自我实现，对个性化、时尚化的产品需求较高；而在东方国家，人们更强调集体主义和家庭观念，对实用性、性价比高的产品更为青睐。企业要想在不同的市场取得成功，就必须深入了解当地的社会人文环境，根据消费者的需求和偏好制定相应的市场营销策略，以提高产品的市场适应性和竞争力。

四、环境分析与营销对策

环境分析与营销对策是相辅相成的。环境分析为企业提供了制定营销策略的决策依据，而营销对策则是企业根据环境分析结果所采取的具体行动方案。通过深入分析环境，企业可以及时发现市场机遇和潜在风险，从而调整自身的战略方向，确保营销策略的有效性和可持续性。同时，营销对策的实施效果也会反过来影响环境分析的结果，为企业未来的战略决策提供新的参考依据。综上所述，环境分析与营销对策是企业在制定营销策略时不可或缺的两个重要环节。企业需要高度重视环境分析工作，将其作为制定营销策略的重要依据；同时，也需要根据环境分析结果制定有针对性的营销对策，以实现企业的长期发展目标。

营销对策是指企业为满足市场需求、实现营销目标而采取的一系列策略和措施。当企业面临市场机会时，应迅速采取积极主动的营销策略，充分利用机会，实现企业的快速发展。企业可以加大研发投入，推出符合市场需求的新产品或改进现有产品，满足消费者不断变化的需求；积极拓展市场渠道，开拓新的市场领域，扩大市场份额；加强品牌建设，通过广告宣传、公关活动等方式提升品牌知名度和美誉度；加强与供应商、营销中介等合作伙伴的合作，整合资源，共同开拓市场，实现互利共赢。

当企业面临市场威胁时，必须及时采取有效的应对措施，降低风险，化解危机。企业可以加强市场调研，密切关注市场动态和竞争对手的动向，及时调整营销策略，以适应市场变化；加大技术创新力度，提高产品的技术含量和竞争力，以应对替代品的威胁；优化产品结构，降低对单一产品或市场的依赖，分散经营风险；加强成本控制，提高企业的运营效率和盈利能力，增强企业的抗风险能力；深化与政府、公众等利益相关方的协同联动。这些对策通常包括以下几个方面。

1. 产品策略

确定企业产品线的宽度、长度、深度和关联性，以满足不同消费者需求。同时，根据产品所处生命周期阶段制定相应的营销策略，如引入期、成长期、成熟期和衰退期的不同策略。

2. 价格策略

明确企业的定价目标，如获取利润、提高市场占有率、应对竞争等。可以采用成本导向定价、需求导向定价或竞争导向定价等方法来确定产品价格。

3. 渠道策略

选择合适的分销渠道，确保产品能够顺利到达目标消费者手中。这包括直销、分销、代理等多种渠道模式的选择和管理。

4. 促销策略

通过广告、公关、销售促进和人员推销等手段，提高产品知名度和美誉度，刺激消费者的购买欲望。在制定营销对策时，企业需要充分考虑环境分析的结果，结合自身的优势和劣势，以及市场需求和竞争态势来制定有针对性的策略。同时，企业还需要密切关注市场变化，及时调整营销策略以适应环境变化。

第三节　目标市场与市场定位

一、市场细分

（一）市场细分原理

市场细分是指企业按照某种标准将市场上的顾客划分成若干个顾客群，每一个顾客群构成一个子市场，不同子市场之间，需求存在着明显的差别。其原理基于消费者需求的多样性和企业资源的有限性。在当今复杂多变的市场环境下，消费者的需求千差万别，企业很难用一种产品或服务满足所有消费者的需求。通过市场细分，企业能够将庞大复杂的市场划分为一个个相对较小、具有相似需求和特征的子市场，从而更精准地了解消费者的需求，挖掘潜在的市场机会。例如，在化妆品市场中，不同年龄、性别、肤质的消费者对化妆品的需求截然不同。年轻消费者可能更注重化妆品的时尚和个性化，而年长消费者则更关注其抗衰老和保湿功效；男性消费者和女性消费者在化妆品的选择上也存在显著差异，男性可能更倾向于简单、便捷的护肤产品，而女性则对化妆品的功能和种类要求更为丰富。通过市场细分，化妆品企业可以针对不同的细分市场推出相应的产品，满足各类消费者的需求。

（二）市场细分标准

1. 地理因素

按照消费者所处的地理位置、自然环境等进行细分。不同地区的消费者在消费习惯、消费水平、文化背景等方面存在差异，这些差异会影响他们对产品的需求。例如，在气候炎热的地区，消费者对防暑降温产品的需求较大；而在寒冷地区，保暖用品的市场需求则更为旺盛。此外，城市和农村消费者在消费观念和购买能力上也有所不同，城市消费者可能更注重产品的品质和品牌，而农村消费者可能更关注产品的实用性和价格。

2. 人口因素

依据年龄、性别、职业、收入、教育程度、家庭规模等人口统计变量进行细分。这些因素与消费者的需求和购买行为密切相关。以年龄为例，不同年龄段的消费者对产品的需求和偏好差异明显。儿童对玩具、文具等产品有较大需求；青少年则更关注时尚、娱乐产品；中老年人对健康保健产品、老年用品等的需求较为突出。再如，收入水平不同的消费者，其消费层次和消费结构也有所不同。高收入群体更倾向于购买高端、豪华的产品，注重品质和享受；而低收入群体则更注重产品的性价比，追求经济实惠。

3. 心理因素

根据消费者的生活方式、个性、购买动机、价值观念等心理特征进行细分。生活方式是指人们在生活中表现出来的活动、兴趣和态度等方面的综合模式。具有不同生活方式的消费者，其消费行为和偏好也会有所不同。例如，追求时尚、热爱运动的消费者，可能更愿意购买运动品牌的服装和装备；而注重环保、崇尚自然的消费者，可能更倾向于购买绿色、有机的产品。个性也是影响消费者购买行为的重要因素，具有冒险精神的消费者可能更愿意尝试新的产品和品牌，而保守型的消费者则更倾向于选择熟悉的品牌。

4. 行为因素

按照消费者的购买行为、购买频率、使用情况、对产品的态度等行为变量进行细分。购买行为包括消费者何时购买、何地购买、如何购买等方面。例如，有些消费者喜欢在节假日购物，而有些消费者则更倾向于在平时购买产品；有些消费者喜欢在实体店购买产品，而有些消费者则更习惯在网上购物。购买频率和使用情况也会影响消费者的需求，经常使用某种产品的消费者对该产品的需求相对较高，而偶尔使用的消费者则需求较低。此外，消费者对产品的态度，如喜欢、不喜欢、满意、不满意等，也会影响他们的购买决策。

（三）市场细分原则

1. 可衡量性

细分市场的规模、购买力和特征等应该是可以被衡量的。企业需要获取有关细分市场的准确数据，以便评估其市场潜力和价值。例如，企业可以通过市场调研、数据分析等方式，了解不同细分市场的消费者数量、收入水平、购买频率等信息，从而判断该细分市场是否值得进入。

2. 可进入性

企业必须有能力进入所选定的细分市场，并能够有效地开展营销活动。这包括企业是否具备相应的资源、渠道和能力将产品或服务送达目标消费者手中。例如，对于一些偏远地区的细分市场，如果企业的物流配送能力无法覆盖，那么即使该市场有一定的潜力，企业也难以进入。

3. 可盈利性

细分市场必须具有足够的规模和潜力，能够为企业带来盈利。企业在进入一个细分市场之前，需要对其进行成本效益分析，评估在该市场开展营销活动的成本和可能获得的收益。如果细分市场规模过小，或者竞争过于激烈，导致企业难以获得足够的利润，那么该细分市场就不具备可盈利性。

4. 可区分性

不同细分市场之间应该具有明显的差异，以便企业能够针对不同的细分市场制定差异化的营销策略。如果各个细分市场之间的差异不明显，企业就难以准确地定位目标市场，也无法有效地满足消费者的需求。例如，在手机市场中，高端市场和低端市场的消费者在需求、购买行为和价格敏感度等方面存在明显差异，企业可以针对这些差异推出不同档次的手机产品，并制定相应的营销策略。

二、市场选择

（一）目标市场战略

1. 无差异市场营销战略

企业将整个市场视为一个整体，不考虑消费者之间的差异，只推出一种产品或服务，运用一种市场营销组合，试图吸引尽可能多的消费者。这种战略的优点是可以降低生产成本和营销费用，因为企业不需要针对不同的细分市场进行产品设计、生产和营销活动的调整。例如，可口可乐公司在全球范围内推出的可乐产品，采用统一的配方和包装，通过大规模的广告宣传和广泛的销售渠道，吸引了全球众多消费者。然而，无差异市场营销战略也存在一定的局限性，它无法满足消费者多样化的需求，容易忽视市场中的潜在机会。

2. 差异市场营销战略

企业同时选择多个细分市场作为目标市场，并针对每个细分市场的特点，分别设计不同的产品和营销组合，以满足不同细分市场消费者的需求。这种战略的优点是能够更好地满足消费者的个性化需求，提高产品的市场适应性和竞争力。例如，宝洁公司旗下拥有众多品牌的洗发水，如海飞丝针对去屑需求的消费者，潘婷针对滋养头发需求的消费者，飘柔针对柔顺头发需求的消费者，通过差异化的产品定位和营销策略，宝洁公司在洗发水市场占据了较大的份额。但是，差异市场营销战略也会增加企业的生产成本和营销费用，因为企业需要针对不同的细分市场进行产品研发、生产和营销活动的投入。

3. 集中市场营销战略

企业选择一个或少数几个细分市场作为目标市场，集中企业的全部资源，实行专业化生产和销售，试图在这些细分市场中占据较大的市场份额。这种战略的优点是可以使企业集中资源，深入了解目标市场的需求，提供更优质的产品和服务，提高企业的市场竞争力。例如，一些小型企业由于资源有限，往往选择集中市场营销战略，专注于某一特定的细分市场，如高端定制服装市场、小众电子产品市场等。然而，集中市场营销战略也存在一定的风险，如果目标市场的需求发生变化，或者出现新的竞争对手，企业可能会面临较大的经营风险。

（二）目标市场选择

1. 评估细分市场的吸引力

企业需要对各个细分市场的规模、增长潜力、竞争状况、盈利能力等方面进行评估，以确定其吸引力。一个具有吸引力的细分市场应该具有较大的市场规模和增长潜力，竞争相对较小，能够为企业带来较高的利润。例如，随着智能手机市场的不断发展，一些新兴的细分市场，如折叠屏手机市场、游戏手机市场等，具有较大的增长潜力和市场空间，吸引了众多手机厂商的关注。

2. 考虑企业的目标和资源

企业在选择目标市场时，需要考虑自身的目标和资源。企业的目标包括市场份额目标、利润目标、品牌建设目标等，不同的目标会影响企业对目标市场的选择。同时，企业还需要考虑自身的资源状况，包括资金、技术、人才、生产能力等，确保企业有能力进入并在目标市场中取得成功。例如，一家资金实力雄厚、技术研发能力强的企业，可能更适合进入高端、技术含量高的细分市场；而一家资金有限、生产能力相对较弱的企业，则可能更适合进入一些中低端、市场需求较大的细分市场。

3. 选择目标市场的模式

企业可以根据自身的情况和市场特点，选择不同的目标市场模式。常见的目标市场模式有以下几种。

（1）单一市场集中化

企业只选择一个细分市场进行集中营销，这种模式适用于资源有限的小型企业，或者企业对某一细分市场有深入的了解和独特的优势。

（2）选择性专业化

企业选择若干个具有良好盈利潜力和市场适应性的细分市场作为目标市场，并为每个细分市场提供不同的产品和营销组合。这种模式可以分散企业的风险，提高企业的市场占有率。

（3）产品专业化

企业专注于生产一种产品，并向各类消费者销售这种产品。例如，一家生产打印机的企业，其产品可以面向家庭、企业、学校等不同的消费者群体。

（4）市场专业化

企业专门为某一特定的顾客群体提供多种产品和服务。例如，一家医院专门为老年人提供医疗保健服务，包括体检、治疗、康复等。

（5）全面覆盖

企业试图用各种产品满足各种消费者群体的需求。这种模式适用于大型企业，具有雄厚的资源和强大的市场竞争力。

三、市场定位

（一）市场定位的方式

1. 避强定位

企业避开强有力的竞争对手，将自己的产品定位在市场的空白处或竞争相对较弱的区域。这种定位方式可以使企业迅速进入市场，避免与强大的竞争对手直接对抗，降低市场风险。例如，小米公司在成立初期，避开了苹果、三星等在高端智能手机市场占据主导地位的竞争对手，将产品定位在中低端智能手机市场，以高性价比的产品吸引了大量年轻消费者，迅速打开了市场。

2. 迎头定位

企业与市场上的强大竞争对手正面交锋，将自己的产品定位在与竞争对手相似的位置，试图通过产品的差异化和营销手段的创新，在竞争中占据优势。这种定位方式需要企业具备较强的实力和竞争优势，能够与竞争对手相抗衡。例如，可口可乐和百事可乐在饮料市场上长期处于竞争状态，双方通过不断推出新的产品、开展广告宣传和促销活动等方式，争夺市场份额。

3. 创新定位

企业通过创新产品或服务，开辟一个全新的市场领域，将自己的产品定位在新的市场空间中。这种定位方式可以使企业获得先发优势，创造独特的市场价值。例如，苹果公司推出的 iPhone 手机，开创了智能手机的新时代，通过创新的设计、强大的功能和良好的用户体验，迅速在全球范围内获得了消费者的青睐，引领了智能手机市场的发展潮流。

（二）市场定位的步骤

1. 识别潜在竞争优势

企业需要通过市场调研和分析，了解目标市场的需求、竞争对手的情况以及自身的优势和劣势，从而识别出潜在的竞争优势。潜在竞争优势可以体现在产品质量、性能、价格、服务、品牌形象等方面。例如，企业可以通过对消费者需求的深入了解，发现市场上存在的未被满足的需求，然后通过改进产品或服务，满足这些需求，从而获得竞争优势。

2. 选择核心竞争优势

在识别出潜在竞争优势的基础上，企业需要对这些优势进行评估和比较，选择出最能够体现企业特色和价值，并且最能够满足目标市场需求的核心竞争优势。核心竞争优势应该是企业独特的、难以被竞争对手模仿的优势。例如，苹果公司的核心竞争优势在于其创新的设计、强大的品牌影响力和良好的用户体验，这些优势使其在智能手机市场中脱颖而出。

3. 传播市场定位

企业在确定了市场定位后，需要通过各种营销手段，将自己的市场定位信息准确地传达给目标消费者，这包括产品的设计、包装、广告宣传、促销活动等方面。企业需要确保消费者能够清晰地了解企业的产品或服务的特点和优势，以及与竞争对手的差异。例如，企业可以通过广告宣传，强调自己产品的独特卖点，如"全球首款折叠屏手机""采用最新的人工智能技术"等，从而吸引消费者的关注。

（三）市场定位战略

1. 产品差异化战略

企业通过产品的差异化设计、功能创新、质量提升等方式，使自己的产品与竞争对手的产品在性能、质量、外观等方面形成明显的差异，从而吸引消费者的关注和购买。例如，华为问界汽车通过采用先进的电动汽车技术、独特的设计和智能化的驾驶体验，与传统燃油汽车形成了明显的差异，在电动汽车市场中占据了领先地位。

2. 服务差异化战略

企业通过提供优质的售前、售中、售后服务，使自己的服务与竞争对手的服务形成差异，从而提高消费者的满意度和忠诚度。例如，海底捞火锅以其周到的服务而闻名，为消费者提供免费的美甲、擦鞋、儿童游乐等服务，在餐饮市场中树立了良好的品牌形象。

3. 人员差异化战略

企业通过培养和拥有高素质的员工队伍，使自己的员工在专业知识、服务态度、沟通能力等方面与竞争对手的员工形成差异，从而为消费者提供更好的服务和体验。例如，一些高端酒店通过培训员工的专业素养和服务技能，为客人提供个性化、贴心的服务，赢得了客人的高度评价。

4. 形象差异化战略

企业通过塑造独特的品牌形象、企业文化、企业标识等，使自己的企业形象与竞争对手的企业形象形成差异，从而提高企业的知名度和美誉度。例如，可口可乐公司通过长期的广告宣传和品牌推广，塑造了年轻、活力、时尚的品牌形象，使其在全球饮料市场中具有极高的知名度和影响力。

第四节 市场营销策略

一、产品策略

1. 产品与产品分类

产品是能够提供给市场以满足人们某种需要和欲望的任何东西，包括实物、服务、场所、组织、思想、主意等。从不同角度可以对产品进行分类，按耐用性和有形性，可分为非耐用品、耐用品和服务。非耐用品一般是有一种或多种消费用途的低值易耗品，如啤酒、肥皂等；耐用品是使用年限较长、价值较高的有形产品，如汽车、冰箱等；服务则是为出售而提供的活动、利益或满足感，具有无形性、不可分离性、可变性和易消失性等特点，如美容美发、教育培训等。按消费者购买习惯，产品可分为便利品、选购品、特殊品和非渴求品。便利品是消费者经常购买或即刻购买，并几乎不做购买比较和购买努力的商品，像牙膏、报纸等；选购品是消费者在选购过程中，对产品的适用性、质量、价格和式样等基本方面要做有针对性比较的产品，如服装、家具等；特殊品是具备独有特征或品牌标记的产品，对这些产品，有相当多的消费者一般都愿意为此特殊的购买努力，例如特定品牌和型号的汽车、高端手表等；非渴求品是消费者不知道或虽然知道但一般情况下不会主动购买的产品，如人寿保险、墓地等。

2. 产品组合

产品组合是指一个企业提供给市场的全部产品线和产品项目的组合或结构，即企业的业务经营范围。产品线是指产品组合中的某一产品大类，是一组密切相关的产品。它们功能相似、卖给同类顾客群、通过同一类渠道销售，或属于同一价格幅度。产品项目则是指产品线中不同品种、规格、质量和价格的特定产品。产品组合具有一定的宽度、长度、深度和相关性。产品组合的宽度是指产品组合中所拥有的产品线的数目；长度是指产品组合中产品项目的总数；深度是指一条产品线中所含产品项目的多少；相关性是指各条产品线在最终用途、生产条件、分销渠道或其他方面相互关联的程度。企业可以通过拓展产品组合的宽度，增加产品线，扩大经营范围，实现多元化经营；也可以通过增加产品组合的长度和深度，增加产品项目，使产品线丰满充裕，满足不同消费者的需求；同时，合理调整产品组合的相关性，增强企业在某一特定领域的竞争力。

3. 产品生命周期

产品生命周期是指产品从投入市场到被市场淘汰所经历的全部运动过程，一般分为四个阶段：导入期、成长期、成熟期和衰退期。在导入期，产品刚进入市场，销售量增长缓慢，由于研发成本、市场推广费用较高，企业通常利润较低甚至亏损。这个阶段企业的营销策略重点在于介绍产品，吸引消费者试用，可采用快速撤脂策略（高价格、高促销）、缓慢撤脂策略（高价格、低促销）、快速渗透策略（低价格、高促销）、缓慢渗透策略（低价格、低促销）等。进入成长期，产品销售量迅速增长，利润也显著增加。企业应抓住时机，改进产品质量，增加新的功能和特色，拓展新的市场和渠道，加强品牌宣传，树立产品形象，适当调整价格，以保持市场优势。在成熟期，市场需求趋于饱和，销售量增长缓慢甚至停滞，竞争激烈，利润开始下降。企业可采取市场改良策略（寻找新的细分市场、刺激现有顾客增加使用频率等）、产品改良策略（提高产品质量、改进产品特性、改进产品款式等）、营销组合改良策略（调整价格、渠道、促销等）来延长产品成熟期，维持市场份额和利润。当产品进入衰退期，销售量急剧下降，利润也大幅减少，企业应根据实际情况，果断采取收缩策略（减少产量、降低促销费用等）、放弃策略（停止生产、淘汰产品）等，将资源转移到更有潜力的产品上。

二、品牌策略

1. 品牌与品牌资产

品牌是用以识别某个销售者或某群销售者的产品或服务，并使之与竞争对手的产品或服务区别开来的商业名称及其标志，通常由文字、标记、符号、图案和颜色等要素或这些要素的组合构成。品牌的作用不仅在于区分产品，更重要的是能够为消费者提供价值和情感认同。品牌资产是与品牌、品牌名称和标志相联系，能够增加或减少企业所销售产品或服务价值的一系列资产与负债。它主要包括品牌忠诚度、品牌知名度、品牌认知度、品牌联想和其他品牌资产（如专利、商标等）。品牌忠诚度是消费者对某一品牌的偏好和重复购买的程度，是品牌资产的核心；品牌知名度是指消费者对一个品牌的记忆程度，反映了品牌在市场上的影响力；品牌认知度是消费者对品牌品质、功能等方面的了解和认识程度；品牌联想是消费者看到某一品牌时所联想到的内容，包括产品特点、使用场景、品牌形象等；其他品牌资产则是品牌所拥有的法律保护和独特资源等。

2. 品牌设计、组合

品牌设计是创建品牌的重要环节，好的品牌设计应遵循简洁醒目、易读易记，构思巧妙、暗示属性，富蕴内涵、情意浓重，避免雷同、超越时空等原则。品牌名称要简洁明了、发音顺口、独特新颖，能够准确传达品牌的核心价值和特点。品牌标志要具有独特的视觉形象，易于识别和记忆，能够体现品牌的个性和风格。在品牌组合方面，企业可以采用单一品牌策略，即企业所有产品都使用同一品牌，这种策略能够节省品牌推广费用，强化品牌形象，但风险相对集中；也可以采用多品牌策略，即企业为不同产品或产品线分别使用不同的品牌，多品牌策略可以满足不同消费者的需求，分散市场风险，但管理成本较高。此外，还有主副品牌策略，以一个成功品牌作为主品牌，涵盖企业的系列产品，同时给不同产品赋予一个富有魅力的副品牌，以突出产品的个性形象。

3. 品牌保护与品牌管理

品牌保护是维护品牌资产的重要手段，主要包括品牌的法律保护和品牌自我保护。品牌的法律保护主要通过商标注册、专利申请、著作权登记等方式，确保品牌的合法权益不受侵犯。企业应及时在国内外进行商标注册，防止他人抢注。品牌自我保护则要求企业保证产品质量，维护品牌信誉，加强品牌宣传和推广，提升品牌形象。同时，要密切关注市场动态，及时发现和处理品牌侵权行为。品牌管理是企业为培育品牌资产而展开的以消费者为中心的规划、传播、提升和评估等一系列战略决策和策略执行活动。品牌管理的内容包括品牌定位、品牌传播、品牌延伸、品牌更新等。品牌定位是在消费者心中树立独特的品牌形象，确定品牌在市场中的位置；品牌传播是通过广告、公关、促销等手段，将品牌信息传递给目标消费者；品牌延伸是利用成功品牌推出新产品或进入新市场；品牌更新则是根据市场变化和消费者需求，对品牌进行重新定位、形象重塑等，使品牌保持活力和竞争力。

三、定价策略

1. 影响定价的主要因素

影响产品定价的因素是多方面的，主要包括市场需求、成本、竞争状况和其他因素等。市场需求是影响定价的重要因素之一，一般来说，产品价格与市场需求呈反向关系，即价格上升，需求量下降；价格下降，需求量上升。需求的价格弹性反映了需求量对价格变动的敏感程度，当需求价格弹性大于 1 时，产品富有弹性，价格的微小变动会引起需求量较大的变化；当需求价格弹性小于 1 时，产品缺乏弹性，价格变动对需求量的影响较小。成本是定价的基础，包括固定成本和变动成本。固定成本是不随产量变化而变化的成本，如厂房设备的折旧、管理人员的工资等；变动成本是随产量变化而变化的成本，如原材料、生产工人的工资等。企业在定价时必须考虑成本因素，以确保价格能够覆盖成本并获得利润。竞争状况也会对定价产生重要影响，在完全竞争市场，企业只能是价格的接受者；在垄断竞争市场，企业有一定的定价自主权，但要考虑竞争对手的价格策略；在寡头垄断市场，企业之间的价格相互依存，定价时需要谨慎权衡；在完全垄断市场，企业拥有较大的定价权力，但也要受到政府监管和消费者需求的制约。此外，其他因素如政府政策、消费者心理、社会文化等也会影响产品定价。政府的价格管制政策、税收政策等会直接或间接影响企业的定价决策；消费者的心理预期、价格敏感度等会影响他们对产品价格的接受程度；不同地区的社会文化背景、消费习惯等也会对产品定价产生影响。

2. 定价的一般方法

定价的一般方法主要有成本导向定价法、需求导向定价法和竞争导向定价法。成本导向定价法是以产品成本为基础来确定价格，包括成本加成定价法、目标收益定价法、边际成本定价法等。成本加成定价法是在产品单位成本的基础上，加上一定比例的预期利润来确定价格，其计算公式为：产品价格＝单位成本×（1＋加成率）。目标收益定价法是根据企业的投资总额、预期销量和投资回收期等因素来确定价格，旨在实现预期的投资收益率。边际成本定价法是只考虑变动成本，不考虑固定成本，以边际成本作为定价基础，当边际收入等于边际成本时，企业利润达到最大化。需求导向定价法是根据市场需求状况和消费者对产品的感觉差异来确定价格，主要包括认知价值定价法、需求差异定价法等。认知价值定价法是根据消费者对产品价值的认知和理解来定价的，企业通过营销活动影响消费者对产品价值的认知，从而确定合适的价格。需求差异定价法是根据消费者需求的不同特性，如购买时间、购买地点、购买数量、消费者偏好等，对同一产品制定不同的价格。竞争导向定价法是依据竞争对手的价格来确定本企业产品的价格，主要包括随行就市定价法、竞争价格定价法、密封投标定价法等。随行就市定价法是企业按照行业的平均现行价格水平来定价的，适用于产品同质化程度较高的市场。竞争价格定价法是企业根据竞争对手的价格，结合自身产品的特点和竞争优势，制定高于或低于竞争对手的价格。密封投标定价法是在招标竞标的情况下，企业在对其他投标者的报价进行分析和判断的基础上，确定自己的投标价格。

3. 定价的基本策略

定价的基本策略包括新产品定价策略、产品组合定价策略、价格调整策略等。新产品定价策略主要有撇脂定价策略、渗透定价策略和满意定价策略。撇脂定价策略是在新产品上市初期，将价格定得较高，以便在短期内获取高额利润，尽快收回投资。这种策略适用于具有独特技术、不易仿制、市场需求大且需求弹性较小的新产品。渗透定价策略是在新产品上市初期，将价格定得较低，以吸引大量消费者，迅速打开市场，提高市场占有率。它适用于市场规模大、需求弹性大、潜在竞争激烈的新产品。满意定价策略是介于撇脂定价和渗透定价之间的一种定价策略，它兼顾了企业和消费者的利益，价格适中，既能保证企业获得一定的利润，又能被消费者接受。产品组合定价策略是针对企业产品组合中的不同产品进行定价，包括产品线定价、选择品定价、补充产品定价、分部定价、副产品定价等。产品线定价是企业根据产品在产品线中的不同地位和作用，对不同档次的产品制定不同的价格。选择品定价是企业为消费者提供一些可选产品，对这些可选产品进行定价。补充产品定价是对于那些必须与主要产品一起使用的产品，企业可以对主要产品定低价，对补充产品定高价。分部定价是企业将产品或服务的价格分为固定费用和变动费用两部分，分别进行定价。副产品定价是企业对生产过程中产生的副产品进行定价，以降低主产品的成本。价格调整策略是企业根据市场变化和自身经营情况，对产品价格进行调整，包括降价策略和提价策略。降价策略通常在市场竞争激烈、产品供过于求、企业成本降低等情况下采用，通过降低价格来吸引消费者，增加销售量。提价策略则在产品供不应求、成本上升、通货膨胀等情况下采用，通过提高价格来增加利润。企业在进行价格调整时，要充分考虑消费者和竞争对手的反应，采取合适的策略和时机，以达到预期的效果。

四、分销策略

1. 分销渠道的职能与类型

分销渠道在产品从生产者转移到消费者的过程中扮演着关键角色，它承担着一系列重要职能。分销渠道成员需要收集有关市场、消费者、竞争对手等方面的信息，并将产品信息传递给目标客户。例如，零售商通过观察消费者的购买行为和反馈，收集消费者对产品功能、款式、价格等方面的需求信息，然后反馈给生产商，以便生产商调整产品策略。同时，渠道成员将生产商的产品特点、优势、促销活动等信息传递给消费者，吸引消费者购买。

分销渠道还具备促销职能，通过各种促销手段，如广告、陈列、折扣等，刺激消费者购买产品。批发商或零售商可能会在店内设置产品陈列专区，进行现场演示和促销活动，提高产品的曝光度和销售量。融资职能也是分销渠道的重要职能之一，分销渠道成员为产品的生产和销售提供资金支持，例如批发商提前向生产商支付货款，帮助生产商缓解资金压力；零售商通过赊购等方式从供应商处获得产品，销售后再支付货款，利用资金的时间差进行运营。

风险承担职能同样不可或缺，分销渠道成员在产品流通过程中承担着各种风险，如市场需求变化导致的产品积压风险、产品运输过程中的损坏风险等。当市场需求突然下降时，零售商可能会面临库存积压的问题，需要自行承担库存成本和可能的降价损失。

分销渠道的类型丰富多样。按照是否有中间商参与，可分为直接分销渠道和间接分销渠道。直接分销渠道是指生产者直接将产品销售给消费者，没有中间商介入。例如，一些农产品生产者通过在农贸市场直接摆摊销售农产品，或者通过网络直销平台直接将产品卖给消费者；软件开发商通过自己的官方网站直接向用户销售软件产品，这种方式能够使生产者直接了解消费者需求，控制产品价格和销售过程，但需要投入更多的人力、物力和财力来建立销售网络和开展销售活动。

间接分销渠道则是指生产者通过中间商将产品销售给消费者，中间商包括批发商、零售商、代理商等。这种渠道类型能够利用中间商的资源和优势，扩大产品的销售范围和市场覆盖率。例如，大型家电企业通常会通过各级批发商和零售商将产品销售到全国各地的市场，利用批发商的仓储和物流能力，以及零售商的销售终端优势，使产品能够快速到达消费者手中。

按照分销渠道的层级结构，可分为零级渠道、一级渠道、二级渠道和三级渠道等。零级渠道即直接分销渠道。一级渠道包含一个中间商，比如生产商直接将产品卖给零售商，再由零售商销售给消费者。在服装行业中，一些品牌商会直接与大型商场或专卖店合作，通过它们将产品销售给消费者。二级渠道包含两个中间商，通常是"生产商→批发商→零售商→消费者"的模式。这种模式在日用品、食品等行业较为常见。批发商从生产商处批量采购产品，再分销给各个零售商，零售商最后将产品卖给消费者。三级渠道则包含三个中间商，结构更为复杂，多见于一些需要广泛分销且产品附加值较高的行业，如化妆品行业，可能会存在"生产商→总代理商→批发商→零售商→消费者"的渠道结构。

2. 分销渠道策略

企业在选择分销渠道策略时，需要综合考虑多方面因素。密集分销策略是指企业尽可能地通过众多的批发商、零售商销售其产品，使产品在市场上广泛铺货，以提高产品的市场覆盖率和销售量。这种策略适用于便利品，如牙膏、饮料等日常消费品。例如，可口可乐公司通过与大量的批发商、零售商合作，使可口可乐产品几乎遍布全球各个角落的超市、便利店、餐厅等销售终端，消费者能够随时随地购买到可口可乐产品。

选择分销策略是指企业在某一地区仅通过少数几个精心挑选的、最合适的中间商来销售产品。这种策略适用于选购品和特殊品，如服装、家电、汽车等。例如，苹果公司在各地选择了一些具有较高知名度和良好信誉的经销商来销售其产品，这些经销商具备专业的销售团队和良好的售后服务能力，能够为消费者提供优质的购买体验，同时也有助于苹果公司维护品牌形象和产品价格体系。

独家分销策略是指企业在某一地区仅选择一家中间商销售其产品，双方签订独家经销合同，规定中间商不得经营竞争对手的产品。这种策略适用于一些特殊产品或高端品牌，如某些奢侈品品牌、高端汽车品牌等。例如，法拉利汽车在某个地区只授权一家经销商进行销售，通过独家分销，能够保证产品的独特性和高端定位，同时也便于企业对经销商进行严格的管理和控制，确保提供优质的销售和售后服务。

3. 批发与零售

批发是指将产品或服务销售给那些为了转卖或其他商业用途而进行购买的组织或个人的活动。批发商在分销渠道中起着重要的桥梁作用，他们从生产商那里批量采购产品，然后分销给零售商、其他批发商或工业用户等。批发商具有多种类型，通常分为商人批发商、代理商或经纪人，以及制造商的销售分支或办事处。商人批发商是独立的企业，他们购买产品并拥有所有权，然后转售给零售商或其他企业，赚取差价。代理商或经纪人则不拥有产品，只是促成交易，赚取佣金。制造商的销售分支属于制造商自己的销售部门。例如，在服装批发市场的一些批发商，他们从服装生产厂家采购大量不同款式的服装，然后批发给各地的零售商，就是典型的商人批发商。

代理商和经纪人则不拥有产品的所有权，他们主要是为买卖双方牵线搭桥，促成交易，并收取一定的佣金。例如，在农产品销售中，一些代理商帮助农户将农产品销售给大型超市或食品加工企业，通过提供中介服务获取收入。

零售商是将产品或服务直接销售给最终消费者的商业机构，是分销渠道的最后一个环节。零售商的类型丰富多样，百货商店通常经营多种产品线，如服装、化妆品、家居用品等，商品种类齐全，服务质量较高，一般位于城市的商业中心。例如，王府井百货，汇聚了众多国内外知名品牌，为消费者提供一站式购物体验。

超级市场以经营食品和日用品为主，采用自助服务的销售方式，价格相对较低，注重产品的性价比。大型超市凭借大规模采购和高效的供应链管理，能够为消费者提供丰富的商品选择和实惠的价格。

便利店则位于居民区或商业中心附近，营业时间长，主要销售一些即时性商品，如食品、饮料、日用品等，方便消费者购买。例如"7-11"便利店，以其便捷的地理位置和24小时营业的特点，满足了消费者在日常生活中的即时需求。

专卖店是专门经营某一类商品或某一品牌商品的商店，如华为专卖店、李宁专卖店等。专卖店能够为消费者提供专业的产品知识和优质的售后服务，有助于品牌形象的塑造和产品的销售。

4. 物流策略

物流在分销过程中至关重要，它涵盖了产品的运输、仓储、装卸搬运、包装、流通加工、配送等多个环节。物流策略的目标是确保产品能够以合适的成本，在正确的时间、准确的地点，完好无损地交付给消费者。

运输方式的选择是物流策略的关键之一。常见的运输方式有公路运输、铁路运输、水路运输、航空运输和管道运输等。公路运输具有灵活性高、适应性强、能够实现门到门运输的特点，适合短距离运输和紧急货物的配送。例如，同城快递通常采用公路运输方式，能够快速将包裹送达收件人手中。铁路运输则具有运量大、成本低、速度较快的优势，适合长距离、大批量货物的运输，如煤炭、钢铁等大宗商品的运输。水路运输运量巨大、成本低廉，但速度相对较慢，适合运输对时间要求不高的大宗货物，如粮食、石油等通过海运进行长途运输。航空运输速度快、时效性强，但成本较高，适合运输紧急、贵重或体积小、价值高的货物，如电子产品、鲜花等。管道运输主要用于运输液体和气体等特殊货物，具有运输量大、连续性强、成本低等优点，如石油、天然气的运输。

仓储管理也是物流策略的重要内容。合理的仓储布局能够提高货物的存储效率和配送速度。企业需要根据产品的特点、市场需求分布等因素，选择合适的仓库位置和仓储规模。例如，一些电商企业会在全国不同地区设立多个仓库，根据不同地区的销售数据和消费需求，提前将货物存储在相应仓库，以便在消费者下单后能够快速发货。同时，仓储管理还涉及库存控制，企业需要通过科学的库存管理方法，如经济订货量模型、ABC 分类法等，确定合理的库存水平，避免库存积压或缺货现象的发生。

配送是物流的最后一个环节，直接关系到消费者的满意度。配送方式包括直接配送、共同配送、第三方配送等。直接配送是指企业直接将产品配送给消费者，这种方式适用于一些大型企业或产品价值较高、配送要求特殊的情况。共同配送是指多个企业联合起来，共同利用配送资源，进行配送活动，能够降低配送成本，提高配送效率。例如，一些连锁超市会联合起来，共同建立配送中心，对各个门店进行统一配送。第三方配送则是指企业将配送业务外包给专业的物流企业，这种方式能够充分利用物流企业的专业优势和规模效应，降低企业的物流成本和管理难度，目前许多电商企业都采用第三方配送方式，如与京东和顺丰等快递公司合作进行商品配送。

五、促销策略

（一）促销与整合营销策略

促销是企业通过各种手段向消费者传递产品或服务信息，以促进销售、提高市场份额和品牌知名度的活动。它在市场营销中起着重要的推动作用，能够直接影响消费者的购买决策。整合营销策略强调将各种促销工具和营销手段进行有机整合，形成一个协调一致的整体，以实现最佳的营销效果。

在整合营销策略中，企业需要将广告、人员推销、销售促进、公共关系和互联网营销等多种促销方式相互配合、协同运作。例如，企业在推出一款新产品时，首先通过广告进行广泛的市场宣传，吸引消费者的关注；然后安排销售人员进行人员推销，针对重点客户和潜在客户进行产品介绍和销售沟通；同时开展销售促进活动，如打折、赠品、优惠券等，刺激消费者购买；利用公共关系活动，如新闻发布会、公益活动等，提升品牌形象和美誉度；借助互联网营销，通过社交媒体、网络广告、搜索引擎优化等手段，扩大品牌影响力和产品传播范围。通过整合这些促销方式，企业能够向消费者传递一致的品牌信息和产品价值，提高营销活动的效果和效率。

（二）促销策略

1. 广告

广告是一种通过各种媒体向目标市场和社会公众传递信息的促销方式，具有传播范围广、速度快、表现力强等特点。广告媒体的选择至关重要，常见的广告媒体有电视、广播、报纸、杂志、互联网、户外广告等。电视广告具有视听结合、形象生动、传播范围广的优势，能够吸引大量观众的注意力。例如，一些大型企业在热门电视剧、综艺节目中投放广告，能够在短时间内将产品信息传递给众多消费者。广播广告则具有传播速度快、成本低、针对性强的特点，适合在特定时间段针对特定听众群体进行广告投放，如在交通广播中投放汽车相关广告。报纸和杂志广告具有信息量大、针对性强、保存时间长的特点，适合对产品进行详细介绍和深度推广。例如，一些时尚杂志会刊登化妆品、服装等品牌的广告，通过精美的图片和详细的文字介绍，吸引目标消费者。互联网广告发展迅速，具有互动性强、精准定位、成本相对较低等优势，如搜索引擎广告、社交媒体广告等。企业可以根据消费者的兴趣、行为等数据进行精准投放，提高广告的效果。户外广告则具有位置固定、醒目、持续曝光等特点，如在城市的繁华地段、交通枢纽等地设置广告牌、灯箱广告等，能够吸引过往行人的注意。

2. 人员推销

人员推销是指企业通过销售人员与消费者直接沟通，介绍产品或服务，促进销售的一种促销方式。销售人员在推销过程中，能够根据消费者的需求和反馈，进行个性化的产品介绍和推荐，解答消费者的疑问，建立良好的客户关系。人员推销适用于产品技术复杂、价值较高、需要详细讲解和演示的情况。例如，在大型机械设备、高端电子产品等领域，销售人员需要向客户详细介绍产品的性能、特点、使用方法等，通过现场演示和操作，让客户更好地了解产品，从而促进销售。

销售人员还需要具备良好的沟通能力、销售技巧和客户服务意识。在推销过程中，要善于倾听消费者的需求和意见，了解消费者的购买动机和决策过程，然后针对性地进行销售沟通。同时，要及时跟进客户，提供优质的售后服务，解决客户在使用产品过程中遇到的问题，提高客户满意度和忠诚度。

3. 销售促进

销售促进是指企业运用各种短期诱因，鼓励消费者购买或经销商销售产品或服务的促销活动。销售促进的方式多种多样，包括打折、降价、赠品、优惠券、抽奖、展销会等。打折和降价是最直接的销售促进方式，能够快速吸引消费者的购买欲望，提高产品的销售量。例如，在节假日或电商购物节期间，许多商家会推出大幅度的折扣活动，吸引消费者购买。

赠品促销是指购买产品时赠送相关的礼品，如购买手机赠送耳机、手机壳等配件，这种方式能够增加产品的附加值，吸引消费者购买。优惠券则是消费者在购买产品时可以享受一定金额的减免，消费者可以通过线上和线下渠道获取优惠券，在购物时使用，如一些餐厅发放的满减优惠券，吸引消费者前来就餐。抽奖活动能够激发消费者的参与热情，增加购买的趣味性，如购买产品后可以参与抽奖，有机会获得丰厚奖品。展销会则是企业集中展示和销售产品的平台，通过现场展示、演示和销售，能够直接与消费者进行沟通和交流，促进产品销售。

4. 公共关系

公共关系是指企业为了塑造良好的形象，与社会公众建立和保持良好关系的一种促销方式。公共关系活动包括新闻发布会、公益活动、赞助活动、危机公关等。新闻发布会是企业向媒体和公众发布重要信息的平台，如新产品发布会、企业战略发布会等，通过新闻媒体的报道，能够提高企业和产品的知名度及影响力。公益活动是企业回馈社会、提升品牌形象的重要方式，如企业开展环保公益活动、教育公益活动等，能够赢得社会公众的认可和好评。

赞助活动是指企业赞助各类体育赛事、文化活动等，通过赞助活动，企业能够提高品牌的曝光度和知名度，同时借助活动的影响力提升品牌形象。例如，一些企业赞助奥运会、世界杯等大型体育赛事，能够在全球范围内提升品牌知名度。危机公关则是指企业在面临负面事件或危机时，通过及时、有效的公关措施化解危机，维护企业的形象和声誉。当企业出现产品质量问题或负面新闻时，需要及时发布信息向公众说明情况，采取措施解决问题，避免危机进一步扩大。

5. 互联网营销

　　互联网营销是随着互联网技术的发展而兴起的一种新型促销方式，它利用互联网平台和技术手段开展营销活动。互联网营销包括社交媒体营销、搜索引擎营销、内容营销、电子邮件营销等。社交媒体营销是指企业利用社交媒体平台，如微信、微博、抖音等，进行品牌推广和产品销售。企业可以通过发布有趣、有价值的内容，吸引用户关注和互动，建立品牌社群，提高品牌知名度和用户忠诚度。例如，许多品牌在抖音上通过发布创意短视频，展示产品特点和使用方法，吸引大量用户的关注和购买。

　　搜索引擎营销是指企业通过搜索引擎广告、搜索引擎优化等方式，提高网站在搜索引擎中的排名，增加网站流量和曝光度。搜索引擎广告是指企业在搜索引擎结果页面投放广告，当用户搜索相关关键词时，广告会展示在搜索结果中，用户点击广告即可进入企业网站。搜索引擎优化则是指通过优化网站内容、结构等，提高网站在搜索引擎中的自然排名，增加网站的免费流量。内容营销是指企业通过创作和发布有价值的内容，如文章、视频、图片等，吸引用户关注和分享，从而达到品牌推广和产品销售的目的。例如，一些企业通过在行业博客上发布专业的技术文章，吸引潜在客户的关注，树立企业在行业内的专业形象。电子邮件营销是指企业通过向目标客户发送电子邮件，传递产品信息、促销活动等内容，促进销售。企业可以根据客户的兴趣和行为数据，进行个性化的邮件发送，提高邮件的打开率和转化率。

✏ 课后练习

一、选择题

1. 市场营销的核心概念是（　　）。
　　A. 生产　　　　　　　B. 交换　　　　　　　C. 促销　　　　　　　D. 分销
2. 市场营销的最终目标是（　　）。
　　A. 提高产品价格　　　　　　　　　　B. 满足客户需求
　　C. 扩大市场份额　　　　　　　　　　D. 增加企业利润
3. 企业在选择目标市场时，只选择一个细分市场并集中力量为之服务，这种目标市场策略是（　　）。
　　A. 无差异市场营销策略　　　　　　　B. 差异性市场营销策略
　　C. 集中性市场营销策略　　　　　　　D. 大量市场营销策略
4. 市场营销环境中，属于微观环境的是（　　）。
　　A. 人口环境　　　　B. 经济环境　　　　C. 供应商　　　　D. 政治法律环境
5. 市场细分是企业根据消费者需求差异将市场划分为不同子市场的过程。以下哪一项不是市场细分的常见依据？（　　）

A. 地理因素　　　　　　　　　　　　　B. 人口统计因素

C. 心理因素　　　　　　　　　　　　　D. 竞争对手因素

6. 在市场营销中，4P 理论是企业常用的营销策略框架，其中"4P"代表的是（　　）。

A. 产品、价格、渠道、促销　　　　　B. 产品、价格、人员、过程

C. 产品、价格、渠道、关系　　　　　D. 产品、价格、渠道、服务

7. 产品整体概念中，消费者购买产品时所获得的全部附加服务和利益属于（　　）。

A. 核心产品　　　　B. 形式产品　　　　C. 期望产品　　　　D. 延伸产品

8. 企业为了鼓励顾客尽早付清货款而给予的一定折扣，称为（　　）。

A. 数量折扣　　　　B. 功能折扣　　　　C. 现金折扣　　　　D. 季节折扣

9. 制造商在某一地区仅选择一家中间商推销其产品，这种分销策略是（　　）。

A. 密集性分销　　　　　　　　　　　　B. 选择性分销

C. 独家分销　　　　　　　　　　　　　D. 广泛性分销

10. 在促销组合中，以人员直接沟通为主要形式的促销方式是（　　）。

A. 广告　　　　　　B. 人员推销　　　　C. 营业推广　　　　D. 公共关系

二、简答题

1. 简述在"双碳"目标背景下，企业如何通过分析政治和法律环境调整市场营销策略？请结合思政视角，说明企业在产品定位与宣传中应如何体现社会责任与可持续发展理念。

2. 某知名运动品牌在广告宣传中使用了"虚假宣传"的手段，夸大产品性能，误导消费者购买。事件曝光后，引发了社会的广泛关注和批评。该品牌在随后的声明中表示将加强内部管理，遵守法律法规，并积极参与公益活动以挽回品牌形象。

① 从市场营销的角度，分析虚假宣传对品牌价值的负面影响。

② 结合思政教育，谈谈企业应如何在营销活动中践行社会责任，树立良好的品牌形象？

③ 该品牌应采取哪些措施来修复品牌形象并重建消费者信任？

第四章

企业财务管理

知识目标：

① 了解企业基本财务活动，充分认识企业财务管理对企业经营的重要性；

② 掌握资金筹集的方式、资金成本的计算；

③ 了解企业投资活动、日常资金营运活动及利润分配活动。

能力目标：

能够制定企业筹资、投资、日常资金营运活动和利润分配的相关决策。

素质目标：

① 培养在企业财务管理活动中的守法意识；

② 培养跨部门、跨企业沟通协作能力。

企业财务是指企业在经营活动中，涉及资金的筹集、使用、管理和分配等一系列经济活动。它是企业管理的重要组成部分，涉及资金流动的各个方面，直接关系到企业的偿债能力、盈利能力和发展潜力等。企业财务管理的核心目标是保证资金的安全性、流动性和盈利性，以支持公司战略目标的实现。企业财务活动主要包括筹资活动、投资活动、日常资金营运活动、利润分配活动。

筹资活动是指企业为了满足其资金需求，通过各种方式获得资金的过程。通常包括借款、发行股票、债券等。

投资活动是指企业将筹集到的资金投入各种资产中，以期获得未来收益的行为。这些资产可以是固定资产（如设备、房产等）、流动资产（如存货、应收账款等），也可以是金融资产（如股票、债券等）。企业可以通过投资活动来扩大生产规模、提高生产效率、增加收入或实现资产的保值增值。

日常资金营运活动指企业日常生产经营过程中涉及的资金流动和管理。这包括采购、生产、销售、收款、付款等各项业务活动。资金营运活动的有效管理对于企业的资金流动性和盈利能力至关重要。

利润分配活动是指企业在一定时期内对其实现的净利润进行的分配。这包括向股东支付股息或红利、提取盈余公积等。利润分配活动不仅关系到股东的权益，也影响到企业的未来发展和资金结构。

上述四项财务活动并不是彼此孤立、互不关联的，而是相互依存、相互制约的。它们共同构成了完整的企业财务活动，即企业筹资管理、企业投资管理、企业营运资金管理和企业利润分配管理。

第一节　企业筹资管理

企业筹资是指企业根据其生产经营、对外投资及调整资本结构的需要，通过一定的渠道，采取适当的方式，获取所需资金的一种行为。企业的财务活动以资金筹集为基础，其生存与发展高度依赖资金的有效获取。企业在筹集资金时，需在时间和成本上契合自身发展需求，确保资金数量既能满足生产经营，又避免因资金短缺错失投资机会或因资金闲置导致成本过高。简言之，就是要以较低的成本和风险获取充足的资金支持。

我国企业筹资方式主要有股权筹资、债务筹资、内部筹资、商业信用筹资等。股权筹资主要包括吸收直接投资、发行股票；债务筹资主要包括向银行借款、发行公司债券等；内部筹资主要是利用留存收益；商业信用筹资主要是利用应收应付款项筹资，除此之外还有融资租赁、资产证券化、风险投资等筹资方式。

一、吸收直接投资

吸收直接投资是指企业直接吸收国家、法人、个人投入资金的一种筹资方式。吸收直接投资中的出资者都是企业的所有者，他们对企业具有经营管理权，按出资额的比例分享利润或承担责任。

（一）吸收直接投资的种类

1. 吸收国家投资
国家投资是指有权代表国家投资的政府部门或者机构以国有资产投入企业，这种资本叫国有资本。国家投资往往带有政策导向性，旨在推动产业升级、技术创新或区域经济发展。

2. 吸收法人投资
法人投资是指法人单位以其依法可以支配的资产投入企业，这种资本称为法人资本。企业之间通过投资合作，形成紧密的产业链或业务联盟。法人投资可以是货币资金、实物资产、无形资产等多种形式，旨在实现资源共享、优势互补和共同发展。

3. 吸收外商直接投资
外国投资者通过设立合资企业、合作企业、独资企业等方式，在中国境内进行直接投资。这种投资方式不仅为企业带来资金，还引入了先进的技术和管理经验。

4. 吸收社会公众投资
企业通过发行股票、债券等方式，向广大社会公众筹集资金。这种投资方式具有广泛的参与性和社会性，能够迅速筹集大量资金。

（二）吸收直接投资的优缺点

1. 优点

（1）资金来源相对稳定

吸收直接投资可以从有实力的投资者处获得资金，相较于其他融资方式，资金来源更为稳定。

（2）提升企业信誉和借款能力

吸收直接投资可以提高企业的信誉和借款能力，有助于企业在金融市场上树立良好形象，从而更容易获得金融机构的支持。

（3）优化资本结构

吸收直接投资可以增加企业的权益资本比例，通过减少债务资本的占比，优化资本结构，进而降低企业的财务风险。

（4）可能带来附加价值

直接投资者不仅提供资金，还可能带来先进的管理经验、技术、市场资源等，有助于推动企业的全面发展。

（5）降低财务风险

直接投资者通常更注重企业的长期发展前景，愿意为企业提供持续的资金支持，这有助于降低企业的财务风险。

2. 缺点

（1）资本成本高

吸收直接投资的资金成本通常较高，因为投资者需要较高的回报来弥补所承担的风险。

（2）容易分散企业控制权

新股东的加入可能会分散企业的控制权，影响企业的决策效率。

（3）产权交易受限

吸收直接投资缺乏证券媒介，且产权转让受到法律法规和公司章程的约束，难以灵活进行交易。

（4）可能泄露企业机密

在吸收直接投资的过程中，企业需要与投资者进行深入的沟通和交流，这可能会涉及企业的商业机密和敏感信息。

二、发行股票

股票是股份公司为筹集自有资本而发行的有价证券，是公司签发的用以证明股东所持股份的凭证，体现了股东对公司的所有权。发行普通股是股份公司获取权益资本的重要方式。

（一）股票的类型

股份有限公司发行的股票可以有以下分类：

① 按股东权益不同，股票可以分为普通股票和优先股票；

② 按股票票面是否记名分，股票可以分为记名股票和无记名股票；

③ 按股票票面上有无金额，股票可以分为有面值股票和无面值股票；

④ 按发行对象和上市地区，股票可以分为 A 股、B 股、H 股和 N 股等。

（二）普通股筹资的优缺点

1. 普通股筹资的优点

（1）没有固定的利息负担

如果公司盈利且认为适合分配股利，就可以向股东支付；如果公司盈利较少，或者虽然有盈利但资金紧张，或者有更好的投资机会，就可以减少或暂停支付股利。

（2）没有固定的到期日，所筹资金无须偿还

通过发行普通股筹集的资金是长期性的，只有在公司清算时才需要处理。这种资金来源对企业维持基本的资金需求具有重要意义。

（3）融资风险低

普通股无须支付固定利息，也无固定到期日，不存在偿付压力，因此在融资方式中风险相对较小。

（4）提升公司信誉

普通股本和留存收益是公司债务融资的基础。公司拥有较多自有资金，能够为债权人提供更有力的保障，从而增强公司的信用水平，同时为公司使用更多债务资金创造有利条件。

（5）筹资限制相对较少

相比之下，优先股和债券融资通常会附带较多限制条件，这些条件可能会约束公司的经营灵活性。而普通股融资则不存在类似的限制。

2. 普通股筹资的缺点

① 资金成本相对较高。一方面，股利是从公司净利润中支付的，而债务利息可以在税前扣除，这使得普通股筹资的实际成本更高；另一方面，普通股的发行费用通常也较高。

② 可能导致控制权稀释。引入新股东可能使公司股权结构发生变化，进而影响管理层或现有大股东对公司经营决策的控制力。

③ 新股发行会导致普通股每股净收益被稀释，进而可能引发股价下跌。

三、留存收益

留存收益是指企业从税后净利润中提取的盈余公积以及未分配利润。这是企业将当期利润转化为股东对企业再投资的过程，属于企业权益资金的重要来源之一。通过保留部分利润而不分配给企业股东，企业可以实现内部资金积累。

（一）留存收益的种类

1. 盈余公积

（1）法定盈余公积

企业按照《公司法》规定从税后利润中提取，通常提取比例为 10％。当累计额达到

注册资本的 50％时，可不再提取。

（2）任意盈余公积

企业按照《公司法》规定自行确定提取比例的资金。

2. 未分配利润

指企业实现的净利润，在弥补亏损、提取盈余公积和向投资者分配利润后，留存在企业的利润。

（二）留存收益的优缺点

1. 留存收益的优点

（1）资金成本低

留存收益是企业内部产生的资金，无须向外部投资者支付额外的利息或股息。

（2）保持股东控制权

通过留存收益筹资，避免了发行新股导致的股权稀释，可以保持现有股东对企业的控制权。

（3）增强企业信誉

留存收益能够展示企业的盈利能力和财务稳定性，提高企业在市场上的信誉和声誉。

（4）灵活性高

留存收益不受外部融资条件的限制，企业可以根据自身的经营状况和资金需求，灵活地决定留存收益的使用方式和数量。

（5）降低财务风险

与债务融资相比，留存收益不会增加企业的债务负担，从而降低了企业的财务风险。

2. 留存收益的缺点

（1）筹资数额有限

留存收益的数额不能超过企业税后利润和上年未分配利润之和。因此，当企业需要大量资金时，仅依靠留存收益可能无法满足需求。

（2）资金使用受制约

留存收益中的某些项目，如法定盈余公积等，受到相关法律法规的制约，不能随意使用，这可能会限制企业资金的灵活性。

四、银行借款

银行借款是指企业向银行或其他金融机构借入资金的筹资方式。

（一）银行借款的种类

1. 按借款的期限分类

（1）短期借款

借款期限在 1 年以内（含 1 年）的借款。

（2）中期借款

借款期限在 1 年以上（不含 1 年）5 年以下（含 5 年）的借款。

（3）长期借款

借款期限在 5 年以上（不含 5 年）的借款。

2. 按提供贷款的机构分类

（1）政策性银行贷款

执行国家政策性贷款业务的银行向企业发放的贷款。

（2）商业银行贷款

由各商业银行向企业提供的贷款。

3. 按是否提供担保分类

（1）担保借款

以一定的财产做抵押或以一定的保证人做担保为条件所取得的借款。

（2）信用借款

以借款人的信誉为依据而获得的借款，企业获取此类借款无须提供财产抵押。由于信用借款的风险高于抵押借款，其利率通常较高，并且可能会附加一些较为严格的条件。

（3）票据贴现

企业将未到期的商业票据向银行贴付一定利息后获得资金的一种方式。

（二）银行借款的优缺点

1. 银行借款的优点

（1）筹资速度快

与发行股票或债券相比，银行借款的手续更为简便。企业与银行直接沟通，可根据自身资金需求提出具体要求。由于企业与银行之间存在频繁的业务往来，双方彼此熟悉，对借款合同的条款也较为了解，因此能够减少许多不必要的麻烦。

（2）筹资成本较低

一方面，利息支出可以在税前扣除，降低了企业的实际负担；另一方面，银行借款的利息通常低于债券发行的利息，并且无须支付高额的发行费用，因此整体债务成本相对较低。

（3）借款灵活性高

企业与银行能够直接沟通，一对一协商，可根据自身需求和实际能力调整借款金额及还款期限等，具有较高的灵活性。

（4）财务信息安全

企业与银行直接沟通，不用向公众提供公开的财务信息，从而保证了企业财务信息安全。

2. 银行借款的缺点

（1）筹资风险较大

银行借款需要还本付息，企业偿付本息的压力大，筹资风险较高。

（2）限制条款较多

银行为保证贷款的安全性，对借款的使用一般都有一些限制条件，这些条款可能会限制企业的经营活动。

（3）筹资数额有限

银行通常根据企业的信用状况、抵押物价值等因素决定贷款额度，因此银行借款的筹资规模相对较小，可能无法满足企业大规模的资金需求。

五、发行公司债券

公司债券是指公司依照法定程序发行的，约定在一定期限还本付息的有价证券。

（一）公司债券的种类

1. 按是否记名分类

（1）记名公司债券

在债券票面上记载持有人姓名或名称的公司债券，支取本息要凭印鉴领取，转让时必须背书并到债券发行公司登记。

（2）不记名公司债券

在债券票面上不记载持有人姓名或名称的公司债券，还本付息及流通转让仅以债券为凭，不需登记。

2. 按是否可转换分类

（1）可转换公司债券

持有人能在一定时间内按照规定的价格转换成公司股票的债券。

（2）不可转换公司债券

不能转换为股票的债券。

3. 按是否可提前赎回分类

（1）可提前赎回公司债券

发行公司有权在债券到期前购回其发行的全部或部分债券。

（2）不可提前赎回公司债券

只能一次到期还本付息。

4. 按是否参加公司利润分配分类

（1）参加公司债券

除了可按预先约定获得利息收入外，还可在一定程度上参加公司利润分配。

（2）非参加公司债券

持有人只能按照事先约定的利率获得利息。

5. 按期限分类

（1）短期公司债券

期限在1年以内。

（2）中期公司债券

期限在1年以上5年以内。

（3）长期公司债券

期限在5年以上。

6. 按是否有担保分类

（1）信用债券

仅凭筹资人自己的信用发行的、没有担保的债券。

（2）担保债券

以抵押、质押、保证等方式担保发行人按期还本付息的债券。其中，抵押债券是以不动产作为担保品所发行的债券，质押债券是以存单、有价证券、动产等作为担保品所发行的债券，保证债券是由第三者的信用担保所发行的债券。

7. 按票面利率是否变动分类

（1）固定利率债券

在偿还期内利率固定不变。

（2）浮动利率债券

利率随市场利率定期变动。

（3）累进利率债券

利率随着债券期限的增加而累进。

8. 按募集方式分类

（1）公募债券

按法定手续经证券主管部门批准公开向社会投资者发行的债券。

（2）私募债券

以特定投资者为对象非公开发行的债券，发行手续简单，一般不能公开上市交易。

（二）债券的优缺点

1. 债券的优点

（1）成本低

与股票相比，债券的成本低。因为债券的发行费用较低，债券利息在税前支付，有抵税优势。

（2）维持股东对公司的控制权

债券持有者无权参与企业管理决策，因此，通过债券筹资，既不会稀释股东对公司的控制权，又能扩大公司投资规模。

（3）发挥财务杠杆作用

由于债券的利息固定，不会因企业利润增加而增加持券人的收益额，从而能为股东带来杠杆效益，增加股东和公司的财富。

（4）有利于调整资本结构

如果公司发行了可转换债券或可提前收兑债券，则对企业主动调整其资本结构十分有利。

2. 债券的缺点

（1）筹资风险高

债券本息偿付义务的固定性，易导致公司在收益锐减时因无法履行其义务而濒于破产，增加破产成本和风险。

（2）限制条件多

发行债券的契约书中往往有一些限制条款。这种限制比优先股及短期债务严格得多，可能会影响企业的正常发展和以后的筹资能力。

（3）筹资额有限

公司利用债券筹资要受额度限制。一是国家规定的企业债券年度发行规模的限制；二是公司法对具体某一公司的发行数量限制。我国公司法规定：发行公司流通在外的债券累计总额不得超过公司净资产的 40％。因此，利用债券方式筹资，其数量是有限的。

六、融资租赁

（一）租赁的种类

租赁是指出租人在承租人给予一定报酬的条件下，授予承租人在约定的期限内占有和变用财产权利的一种契约性行为。这涉及四个基本要素：出租人、承租人、租金、租赁资产。

按租赁业务性质，租赁分为经营租赁和融资租赁两种。

1. 经营租赁

经营租赁是指出租人向承租人提供租赁设备，并提供设备维修和人员培训等服务性业务的租赁形式。从租赁期限看，它大多属于短期租赁；从承租人的目的看，承租人不通过租赁而融资，而是通过租入设备，取得短期内的使用权和享受出租人提供的专门技术服务。因此，它又称营业租赁或服务租赁，不属于借贷关系的范畴。

2. 融资租赁

融资租赁是指出租人按照承租人的要求融资购买设备，并在契约或合同规定的较长时间内提供给承租人使用的信用业务。它通过融物来融资，是现代租赁的主要形式。

（二）融资租赁的优缺点

1. 融资租赁的优点

（1）筹资速度快

租赁往往比借款购置设备更迅速、更灵活，因为租赁是筹资与设备购置同时进行，可以缩短设备的购进、安装时间，使企业尽快形成生产能力，有利于企业尽快占领市场，打开销路。

（2）限制条款少

如前所述，债券和长期借款都有相当多的限制条款，虽然类似的限制在租赁公司中也有，但一般比较少。

（3）设备淘汰风险小

当今，科学技术在迅速发展，固定资产更新周期日趋缩短。企业设备陈旧过时的风险很大，利用租赁集资可减少这一风险。这是因为融资租赁的期限一般为资产使用年限的75％，不会像自己购买设备那样，整个期间都承担风险；且多数租赁协议都规定由出租人承担设备陈旧过时的风险。

（4）财务风险小

租金在整个租期内分摊，不用到期归还大量本金。许多借款都在到期日一次偿还本金，这会给财务基础较弱的公司造成相当大的困难，有时会造成不能偿付的风险。而租赁则把这种风险在整个租期内分摊，可适当减少不能偿付的风险。

（5）税收负担轻

租金可在税前扣除，具有抵免所得税的作用。

2. 融资租赁的缺点

融资租赁的最主要缺点就是资金成本较高。一般来说，其租金要比银行借款或发行债券所负担的利息高得多。在企业财务困难时，固定的租金也会构成一项较沉重的负担。

七、商业信用

商业信用是指商品交易中因延期付款或预收货款而形成的借贷关系，是企业之间的一种直接信用关系。它是一种形式多样、适用范围很广的短期资金筹集方式。由于商业信用是企业间相互提供的，因此在大多数情况下，商业信用筹资属于"免费"资金。

（一）商业信用的形式

利用商业信用融资，主要有以下几种形式。

1. 应付账款

应付账款是由赊购商品形成的，是最典型、最常见的商业信用形式。

2. 预收货款

预收货款是卖方先向买方收取货款，但要延期到一定时期以后交货，这等于卖方先向买方借一笔资金，是一种典型的商业信用形式。通常，购买单位对于紧俏商品愿意采用这种形式，以便顺利获得所需商品。另外，生产周期长、售价高的商品，如轮船、飞机等，生产企业也经常向订货者分次预收货款，以缓解资金占用过多的矛盾。

3. 应付票据

应付票据是企业在延期付款购买商品时开具的反映债权债务关系的票据。对于买方企业（延迟付款方）来说，它是一种短期融资方式。

（二）商业信用的优缺点

1. 商业信用的优点

（1）筹资方便

利用商业信用筹措资金非常方便。因为商业信用与商品买卖同时进行，属于一种自然性融资，不用做非常正规的安排。

（2）筹资成本低

如果没有现金折扣，或企业不放弃现金折扣，则利用商业信用，筹资没有实际成本。

（3）限制条件少

如果企业利用银行借款筹资，银行往往对贷款的使用规定一些限制条件，而商业信用则限制较少。

2. 商业信用的缺点

（1）期限短

如果取得现金折扣，则时间更短。

（2）风险高

由于各种应付款项目经常发生、次数频繁，因此需要企业随时安排现金。

八、资金成本

（一）资金成本的概念

资金成本是指企业在筹集和使用资金过程中所付出的代价。在市场经济环境下，企业使用资金，无论是短期还是长期，都需要向资金提供者支付一定费用作为补偿。资金成本主要包括资金筹集费和资金占用费两部分。

资金筹集费是指企业在筹集资金过程中产生的各项费用，例如银行借款的手续费、证券印刷费、发行手续费、评估费、广告费等。这些费用通常在资金筹集时一次性支付，其金额与资金筹集的规模有关。在计算资金成本时，资金筹集费通常作为实际筹资额的扣除项。

资金占用费是指企业在使用资金过程中支付的费用，比如股息、利息等。

资金成本应按下列公式计算。

$$资金成本 = \frac{每年的用资费用}{筹资数额 - 筹资费用}$$

（二）综合资金成本

在实际操作中，企业通常不会仅依赖单一的筹资方式，而是综合运用多种筹资渠道来获取所需资金。因此，企业的总资金成本应为各类资金成本的加权平均值，即综合资金成本。综合资金成本是基于各类资金成本，并以各资金在总资金中的占比作为权数进行加权计算得出的。

其计算公式为

$$k_w = \sum_{i=1}^{n} k_i w_i$$

式中，k_w 代表加权平均资本成本；k_i 代表第 i 种筹资方式的个别资本成本；w_i 代表第 i 种筹资方式筹资额占全部资本的比重，即权数。

（三）杠杆效应

在物理学中，杠杆效应指的是人们借助杠杆原理，用较小的力量撬动较重物体的现象。在财务管理领域，类似的杠杆效应也存在，主要表现为：由于某些固定成本的存在，当某个财务变量以较小幅度变动时，另一个相关变量会以较大幅度变动，使得企业的收益或亏损被放大。财务管理中的杠杆效应有经营杠杆、财务杠杆和总杠杆三种形式。

1. 经营杠杆

在其他条件不变的情况下，产销业务量的增加虽然不会改变固定成本总额，但会降低单位固定成本，从而提高单位利润，使息税前利润的增长率大于产销业务量的增长率；反之，产销业务量的减少会提高单位固定成本，降低单位利润，使息税前利润下降率也大于产销业务量下降率。如果不存在固定成本，所有成本都是变动的，那么边际贡献就是息税前利润，这时息税前利润变动率就与产销业务量变动率完全一致。这种由于固定成本的存在而导致息税前利润变动大于产销业务量变动的杠杆效应称为经营杠杆。

2. 财务杠杆

无论企业营业利润多少，债务的利息和优先股的股利通常都是固定不变的。当息税前利润增大时，每元盈余所负担的固定财务费用就会相对减少，这能给普通股股东带来更多的盈余；反之，当息税前利润减少时，每元盈余所负担的固定财务费用就会相对增加，这就会大幅度减少普通股的盈余。这种由于债务的存在而导致普通股股东权益变动大于息税前利润变动的杠杆效应称作财务杠杆。

3. 总杠杆

由于存在固定的生产经营成本，产生经营杠杆效应，使息税前利润的变动率大于产销业务量的变动率；由于存在固定财务费用，产生财务杠杆效应，使企业每股利润的变动率大于息税前利润的变动率。如果两种杠杆共同起作用，那么销售额稍有变动就会使每股收益产生更大的变动。这种由于固定生产经营成本和固定财务费用的共同存在而导致的每股利润变动大于产销业务量变动的杠杆效应，称为总杠杆。

九、资本结构

（一）什么是资本结构

资本结构是指在企业资金总额中各种资金来源的构成比例。资本结构有广义和狭义之分，狭义的资本结构是指长期资金结构，广义的资本结构是指全部资金（包括长期资金和短期资金）的结构。这里所讲的资本结构是指狭义的资本结构。

（二）最佳资本结构

最佳资本结构是指在特定条件下，能使企业加权平均资本成本最低且企业价值最大的资本结构。财务管理的核心目标是实现企业价值最大化。一般而言，在风险保持不变的情况下，每股收益的增长会推动股价上升。然而，实际情况中，每股收益的增长往往伴随着风险的增加。如果每股收益的提升不足以抵消因风险上升所需增加的补偿，即使每股收益有所提高，股价仍可能下跌。因此，企业的最佳资本结构应是能够最大化企业价值的结构，而不仅仅是最大化每股收益的结构。

🌱 **拓展阅读** ....

政府与产业基金驱动高科技成果产业化的多元筹资引擎

政府和产业基金在高科技项目筹资中扮演着重要的角色，它们不仅是资金的提供者，更是推动科技创新和产业升级的关键力量。通过合理引导社会资本，政府和产业基金能够为高科技项目提供多元化的资金支持，帮助其跨越从实验室到市场的"死亡谷"，加速科技成果的转化和产业化进程。

政府基金通常以引导基金的形式出现，通过财政资金的杠杆作用，撬动数倍甚至数十倍的社会资本参与高科技项目投资。一些地方政府设立的科技成果转化基金，专注于支持集成电路、生物医药、人工智能等战略性新兴产业，为这些领域的初创企业和高成长企业提供资金保障。这种"拨投结合"的模式，不仅缓解了高科技项目在早期面临的资金瓶颈，还通过政策引导，促进了区域经济的高质量发展。例如，由政府引导的广州市工信发展基金与广州市中小企业发展基金，成功培育出小鹏汽车、云从科技等15家上市企业，有效推动了本地企业创新升级发展。

产业基金则更侧重于与产业资本的深度融合，通过与行业龙头企业、专业投资机构合作，精准投资于具有核心竞争力和市场潜力的高科技项目。例如，合肥芯屏产业投资基金出资16亿元，认购彩虹股份定增股份2.37亿股，专项用于项目建设。该项目的建成投产打破中国高世代液晶基板玻璃依赖进口的局面。同时，合肥芯屏产业投资基金通过投资关键项目带动了上下游产业链的协同发展，成功打造了完整的新型显示产业生态。这种模式不仅为高科技项目提供了资金支持，还借助产业资本的资源和经验，加速了技术的商业化和规模化应用。

此外，政府和产业基金在筹资过程中还注重与社会资本的协同合作。通过设立市场化运作的基金，吸引包括风险投资、天使投资、金融机构等在内的多元主体参与，形成了多层次、多渠道的融资体系。例如，2021年11月，长三角G60科创走廊科技成果转化基金正式成立，总规模100亿元，首期20亿元。该基金聚焦九城市集成电路、生物医药、人工智能等战略性新兴产业的中早期项目，推动科技成果转化。这种合作模式不仅提高了资金的使用效率，还通过多方参与，分散了投资风险，增强了高科技项目的抗风险能力。

总之，政府和产业基金在高科技项目筹资中发挥了不可替代的作用。它们通过政策引导、资源整合和市场化运作，为高科技项目提供了强大的资金支持和发展动力，推动了科技创新与产业发展的深度融合，为地方经济的高质量发展注入了新的活力。

第二节　企业投资管理

企业筹集资金后，必须将资金投入实际运营或项目中，才能实现收益或资金增值。从企业角度来看，投资就是企业为了获取回报而将资金投向特定对象的经济行为。

一、项目投资

项目投资是以特定建设项目为目标，与新建项目或技术改造项目直接相关的长期投资行为。通常，项目投资属于直接投资、内部投资和生产性投资。从具体内容来看，它涵盖购建固定资产、无形资产、其他资产以及垫付流动资金等方面的投资。

（一）项目投资的计算期及其构成

项目投资的计算期是指从投资建设开始到最终清理结束整个过程的全部时间，即该项目的有效持续期间。项目计算期通常以年为计算单位。一个完整的项目计算期包括建设期和运营期两个部分，即

$$项目计算期(n) = 建设期(s) + 运营期(p)$$

（二）项目投资的内容及投资方式

反映项目投资金额的指标主要有原始投资和项目总投资。其中，原始投资（也称初始投资）是衡量项目所需实际资金的指标，它等于企业为使项目达到设计产能并开展正常运营所投入的全部资金，主要包括建设投资和流动资金投资两部分。

1. 原始投资

（1）建设投资

是指建设期内按一定生产经营规模和建设内容进行的投资，具体包括固定资产投资、无形资产投资和其他资产投资。

① 固定资产投资指项目用于购置或安装固定资产产生的投资。

② 无形资产投资指项目用于取得无形资产产生的投资。

③ 其他资产投资指建设投资中除固定资产和无形资产投资以外的投资，包括生产准备费和开办费两项内容。

（2）流动资金投资

流动资金投资指项目投产前后分次或一次投放于流动资产项目的投资增加额。

从时间特征上看，投资主体将原始投资投入具体项目的方式有一次投入和分次投入两种。一次投入是指集中在项目计算期第一个年度的年初一次性发生的投资行为；分次投入是指涉及两个或两个以上的年度分次发生的投资行为。

2. 项目总投资

项目总投资是反映项目投资总体规模的价值指标，它等于原始投资与建设期资本化利息之和。

（三）现金流量

在项目投资决策中，现金流量（也称现金流动量）是指投资项目在计算期内因资本循环而实际产生或预期产生的现金流入和流出的总和。它是评估项目投资决策的关键依据。这里的"现金"是广义概念，不仅涵盖货币资金，还包括企业投入的非货币资源的变现价值或重置成本。例如，一个项目需要使用原有厂房、设备和材料等，则相关的现金流出量是指它们的变现价值，而不是其账面价值。

项目投资中的现金流量包括现金流入量、现金流出量和现金净流量。

1. 现金流入量

现金流入量指投资方案所引起的企业现实货币资金增加的数额，简称现金流入。通常用 CI_t 表示第 t 年的现金流入量，主要包括营业现金收入、回收固定资产余值、回收流动资产和其他现金流入。

2. 现金流出量

现金流出量是指投资方案所引起的企业现实货币资金减少的数额，简称现金流出。通常用 CO_t 表示第 t 年的现金流出量。主要包括建设投资（含更新改造投资）、流动资金投资、经营成本、各项税款及其他现金流出。

3. 现金净流量

现金净流量又称净现金流量，是指项目计算期内由每年现金流入量与同年现金流出量的差额所形成的指标，通常用 NCF$_t$ 表示第 t 年的现金净流量。它是计算项目投资决策评价指标的重要依据。

根据净现金流量的定义，可将其计算公式归纳为

$$净现金流量＝现金流入量－现金流出量$$

$$NCF_t＝CI_t－CO_t \quad (t＝0，1，2，\cdots)$$

从计算公式可以看出，项目在建设期和经营期都存在净现金流量。由于不同阶段的现金流入和流出发生的可能性不同，各阶段的净现金流量在数值上表现出以下特点：建设期的净现金流量通常小于或等于零，而经营期的净现金流量则多为正值。

二、证券投资

证券投资是指投资者为了获得投资收益或其他特定的目的，在证券市场上购买其他单位的有价证券的一种投资行为。证券投资者不直接参与被投资企业的经营活动。这种投资行为必须借助中介机构才能完成，所以又称为间接投资。科学合理地进行证券投资，有利于增加企业收益，降低风险，实现企业的财务目标。

根据证券投资的对象不同，将证券投资分为债券投资、股票投资、组合投资和基金投资。

1. 债券投资

债券投资是指企业将资金投入各种债券，如国债、公司债等，相对于股票投资，债券投资一般风险较小，能获得稳定收益，但要注意投资对象的信用等级。投资于信用等级低、期限长的债券，也会承担较大风险。

2. 股票投资

股票投资是指本企业购买其他企业发行的股票作为投资。股票投资风险较大，收益也相对较高。

3. 组合投资

组合投资是指企业将资金同时投放于债券、股票等多种证券，这样可分散证券投资风险，组合投资是企业证券投资的常用投资方式。

4. 基金投资

基金就是投资者的钱和其他许多人的钱合在一起，然后由基金公司的专家负责管理，用于投资多家公司的股票或者债券。基金投资由于由专家经营管理，风险相对较小，正越来越受广大投资者的青睐。

🌱 拓展阅读 ···

国投创业的全产业链投资布局

国投创业投资管理有限公司（简称"国投创业"）成立于 2016 年，是国家开发投资集团为落实国家创新驱动发展战略，按照市场化方式独立运营的基金管理公司。国投创业以"服务国家创新战略，聚焦科技成果转化"为宗旨，致力于推动关键核心技术的自主创新和产业化应用。国投创业专注于重大科技成果转化，通过全产业链布局和早期投资策

略，推动高科技成果的产业化应用。

人工智能领域：国投创业投资了知存科技，该公司专注于模拟存算一体人工智能芯片设计，并完成了全球第一款存算一体深度学习芯片验证。此外，基金还投资了长光华芯和源杰科技等光电芯片企业，推动光电技术的国产化突破。

半导体产业链：国投创业沿着半导体产业链各环节布局，涵盖设计软件、芯片设计、半导体材料、制造装备等，投资金额超过 110 亿元，重点支持"卡脖子"领域的链主项目，助力国产替代。

生物医药领域：基金投资了安睿特生物和炎明生物等企业，分别专注于重组人血白蛋白规模化生产和基于天然免疫的创新药物研发，推动生物医药领域的前沿技术转化。

第三节 企业营运资金管理

一、营运资金概念

营运资金是指流动资产减去流动负债的差额。

流动资产指在一年以内或超过一年的一个营业周期内变现或运用的资产。主要包括现金、应收及预付账款、存货等。

流动负债指在一年内或超过一年的一个营业周期内到期的负债。主要有短期借款、应付及预收货款、应付票据、应交税费、应付职工薪酬及其他应付款等。

如果营运资金多，意味着企业总体资产的变现能力强，则风险较低，但低风险意味着低报酬；相反，如果营运资金少，说明企业总体资产的变现能力差，则风险较大，但高风险意味着高报酬。企业需要在风险和收益率之间进行权衡，从而将营运资金的数量控制在一定的范围之内。

流动负债的管理在筹资部分已经作了相关的介绍，这里主要侧重于流动资产管理。营运资金管理主要包括现金管理、应收账款管理和存货管理。

二、现金管理

现金是企业流动性最强的资产，保持一定量的现金有利于维持企业的支付能力，降低企业的风险水平；但是现金又是非营利性资产，库存现金没有任何盈利能力，银行存款的收益率也远远低于企业资本报酬率，现金余额过大会让企业承担较大的机会成本。因此，考虑到风险与报酬，必然涉及最佳现金持有量的决策问题。常见的现金持有量决策模式有以下几种。

（一）成本分析模式

成本分析模式是根据现金的机会成本、管理成本及短缺成本分析预测其总成本最低时现金持有量的一种方法。

现金的成本一般由以下三个部分组成。

1. 持有成本

持有成本是指企业因持有一定现金余额而产生的额外管理费用以及错失的再投资收益。其中，管理费用主要是由于对现金余额进行管理而增加的支出，例如管理人员工资和安全措施费用等。这部分费用属于固定成本，在一定范围内与现金持有量关系不大。而错失的再投资收益是由于企业未能将该现金用于有价证券投资而产生的机会成本，属于变动成本，与现金持有量密切相关（现金持有量越大，机会成本越高；现金持有量越小，机会成本越低）。因此，机会成本是决策时需要考虑的相关成本。

机会成本＝现金持有量×有价证券利率（或报酬率）

2. 转换成本

现金的转换成本，是指企业用现金购入有价证券以及转让有价证券换取现金时付出的交易费用，即现金与有价证券之间相互转换的成本，如委托买卖佣金、委托手续费、证券过户费、实物交割手续费等。

3. 短缺成本

短缺成本，是指企业因缺乏必要的现金，无法应对日常支付可能蒙受的损失。企业的现金短缺成本经常发生，如因缺乏现金无法及时购买原材料，造成生产中断的停工损失；企业缺乏现金，不能按期偿还债务造成的信用损失；企业缺乏现金，无法在折扣期内支付贷款而丧失的现金折扣好处等。现金的短缺成本随现金持有量的增加而减少，随现金持有量的减少而增加。

成本分析模式只考虑持有一定量的现金而产生的持有成本（包括机会成本与管理费用）及短缺成本，而不考虑转换成本。最佳现金持有量就是总成本最低的现金持有量。

【例 4-1】某公司现有甲、乙、丙三种现金持有方案，相关资料如表 4-1 所示。

表 4-1 现金持有量备选方案

项目	方案甲	方案乙	方案丙
现金平均持有量/元	50000	60000	70000
机会成本率/%	9	9	9
管理费用/元	2200	2200	2200
短缺成本/元	3400	2400	900

要求：比较三种方案的现金持有成本，选择最佳现金持有量。

解答：见表 4-2。

表 4-2 最佳现金持有量测算   单位：元

方案	现金持有量	机会成本	管理费用	短缺成本	总成本
甲	50000	4500	2200	3400	10100
乙	60000	5400	2200	2400	10000
丙	70000	6300	2200	900	9400

通过比较可知，三个方案中丙方案的总成本最低，因此，70000 元即为最佳现金持有量。

（二）存货模式

存货模式又称鲍莫尔模式，它是由美国经济学家 William J. Baumol 首先提出的，他认为公司现金持有量在许多方面与存货相似，存货经济订货批量模型可以用于确定目标现金持有量。存货模式的着眼点也是现金相关总成本最低。这里的相关总成本主要包括交易成本（类似存货模型中的订货成本）和机会成本（类似存货模型中的储存成本）。交易成本是指企业为了获取现金而付出的费用，如出售有价证券的手续费等；机会成本则是指因持有现金而放弃的潜在投资收益。管理费用因其相对稳定，同现金持有量的多少关系不大，因此在存货模式中将其视为决策无关成本而不予考虑。现金的短缺成本存在很大的不确定性和无法计量性，也不予考虑。

（三）现金周转模式

现金周转模式是根据现金周转速度来确定企业最佳现金持有量的一种方法。在企业一定时期的现金需求总量保持一定的情况下，现金平均余额的大小将取决于现金本身周转期的长短，周转期越长，现金持有量越大；周转期越短，现金持有量越小。现金周转期是指自现金投入生产开始到最终又以现金形式回归所需的时间长短。现金周转期取决于以下三个因素。

1. 存货周转期

存货周转期，是指将原材料转化成产成品并出售所需要的时间。

2. 应收账款周转期

应收账款周转期，是指将应收账款转换为现金所需要的时间，即从产品销售到收回的时间。

3. 应付账款周转期

应付账款周转期，是指从收到尚未付款的材料开始到现金支出之间所用的时间。

现金周转期可用以下公式计算。

$$现金周转期＝存货周转期＋应收账款周转期－应付账款周转期$$

确定现金周转期后就可以确定最佳现金持有量，其计算公式如下。

$$最佳现金持有量＝日平均现金需要量 \times 现金周转期$$

$$日平均现金需要量＝\frac{年现金需要量}{360}$$

【例 4-2】某企业预计全年需要现金 720 万元，存货周转期为 90 天，应收账款周转期为 40 天，应付账款周转期为 30 天，则有

$$现金周转期＝90＋40－30＝100（天）$$

$$最佳现金持有量＝\frac{720}{360} \times 100＝200（万元）$$

现金周转模式简便易行，但是该模式假设企业在采购、生产和销售各环节的现金流量是相等的，否则计算口径不同就无法按上述公式计算现金周转期。而现实情况与此假设有较大的偏差，从而影响了最佳现金持有量的合理性。

三、应收账款管理

应收账款是企业因销售产品或提供劳务等应向购货单位或接受劳务的单位收取的款项，是企业流动资产投资的重要组成部分。企业采用赊销的方式取得应收账款，一方面可以提高企业的竞争能力，扩大销售，减少存货；另一方面，应收账款的各种成本的增加又不可避免。因此，制定合理的信用政策，权衡应收账款的收益与风险，比较不同方案下的成本与收益，追求应收账款管理效益最大化，就成为应收账款的管理目标。

（一）应收账款的成本

应收账款的成本包括以下几个方面。

1. 机会成本

应收账款的机会成本是指因资金投放在应收账款上而丧失的其他投资收益，如投资于有价证券就会有利息收入。这个成本的大小通常与企业维持赊销业务所需要的资金数量（应收账款占用的资金）、资金成本率有关。其计算公式为

应收账款的机会成本 ＝维持赊销业务所需要的资金 × 资金成本率

2. 坏账成本

应收账款的坏账成本是指企业因应收账款无法收回而产生的损失。应收账款基于商业信用而产生，存在无法收回的可能性。应收账款产生坏账的可能性一方面与特定客户的资信状况和经济实力密不可分；另一方面与收账期的长短有关。通常收账期越长，发生坏账的可能性就越大；收账期越短，发生坏账的可能性就越小。其计算公式为

坏账成本 ＝赊销收入 × 预计坏账损失率

3. 管理成本

应收账款的管理成本是指对应收账款进行日常管理而产生的各种费用。主要包括了解客户资信状况的信用调查费用、应收账款的收账费用等。管理成本的高低往往会影响到坏账的水平，即企业的管理水平越高，投入的管理费用就越多，坏账发生的可能性就会相应地降低。

（二）信用政策

信用政策是企业对应收账款进行管理的基本准则，它涉及对企业应收账款投资的规划与控制。具体而言，信用政策包括信用标准、信用条件和收账政策三个核心内容。

1. 信用标准

信用标准是客户获得企业商业信用所应具备的最低条件，通常以预期的坏账损失率表示。企业为按时收回货款，往往只对资信状况符合企业要求的客户予以赊销。如果客户的财务状况不符合企业的信用标准，企业会采用更为严格的销售条件，如现销或办理购货抵押等。如果企业信用标准过于严格，就会降低信用成本，但同时销售额也会受影响。因此，在制定信用标准时，需要综合考虑成本与收益，做出合理的决策。

企业在信用标准的确定上，面临着两难的选择。因此企业必须对影响信用标准的因素进行定性分析。企业在制定或选择信用标准时，应考虑以下三个因素。

其一，同行业竞争对手的情况。面对竞争对手，企业首先要考虑如何在竞争中处于优势地位，保持并不断扩大市场占有率。如果竞争对手的实力很强，就需要采取相对低于竞争对手的信用标准；相反，其信用标准就可以制定得严格一些。

其二，企业承担违约风险的能力。企业承担违约风险的能力强弱，对企业信用标准的选择也有着重要的影响。若企业具有较强的违约风险承担能力，就可以以较低的信用标准提高竞争力，争取客户，扩大销售；相反，如果企业承担违约风险损失的能力比较弱，就只能采用稳健的策略，即选择严格的信用标准降低违约风险的程度。

其三，客户的资信程度。企业在制定信用标准时，必须对客户的资信程度进行调查和分析，然后在此基础上判断客户的信用等级并决定是否给客户信用优惠。客户资信程度的高低通常决定于五个方向，即客户的信用品质（Character）、偿付能力（Capacity）、资本（Capital）、抵押品（Collateral）、经济状况（Conditions），简称为"5C"系统。

2. 信用条件

信用条件是企业接受客户信用订单时所提出的付款要求。信用条件主要包括信用期限、现金折扣、折扣期限等。

（1）信用期限

信用期限是企业要求客户付款的最长期限，只要客户在此期限内能够付清账款，便认为该客户没有违约。信用期限越长，表明客户享受的信用条件越优越。这是因为客户可以在较长时间内无偿地占用企业的应收账款，不仅节约了融资成本，还可能获得一定的投资收益，因此对客户有较大的吸引力。但对企业而言，延长信用期限，扩大销售收入的同时也意味着增加了企业应收账款投资及相应的机会成本和管理成本，并且可能加剧企业的坏账风险。因此，企业在决定是否延长客户信用期限时，需要权衡信用期限延长带来的边际收益与边际成本之间的平衡。理论上，如果延长信用期限所增加的边际收益大于相应增加的边际成本，那么企业就可以考虑延长信用期限，直至边际收益与边际成本相等为止；反之，如果边际收益小于边际成本，则应考虑缩短信用期限。

（2）现金折扣和折扣期限

延长信用期限会增加应收账款占用的时间。许多企业为了加速资金周转，及时收回货款、减少坏账损失，往往在延长信用期限的同时，采用一定的优惠措施。即在规定的时间内提前偿付货款的客户可按销售收入的一定比率享受折扣。如"2/10，n/45"表示赊销期限为45天，若客户在10天内付款，则可享受2%的折扣。现金折扣实际上是对现金收入的扣减，企业决定是否提供以及提供多大程度的现金折扣，着重考虑的是提供折扣后所得的收益是否大于现金折扣的成本。

企业究竟应当核定多长的现金折扣期限以及给予客户多少现金折扣优惠，必须与信用期限及加速收款所得到的收益和付出的现金折扣成本结合起来考查。因为与延长信用期限一样，采用现金折扣方式在有利于刺激销售的同时，也需要付出一定的成本代价，即给予客户现金折扣造成的价格损失。如果加速收款带来的机会收益能够补偿现金折扣成本，企业就可以采取现金折扣优惠或进一步改变当前的折扣方针。否则就不应采取现金折扣优惠，以继续维持当前的折扣方针为宜。

除上面表述的信用条件外，企业还可以根据需要，采取阶段性的现金折扣期与不同的现金折扣率。如"3/10，2/20，1/30，$n/60$"等，意思是：在 60 天的信用期内，客户若能在开票后的 10 日内付款，可以得到 3% 的现金折扣，超过 10 日而能在 20 日内付款时，也可以得到 2% 的现金折扣，超过 20 天但若能在 30 天内付款时，仍可获得 1% 的现金折扣。一旦超过 30 天，就只能按账面金额付清款项。

需要说明的是，容易与现金折扣相混淆的概念是商业折扣。商业折扣也叫价格折扣，是企业为了鼓励客户多买而给予的价格优惠。每次购买的数额越多，价格也就越是便宜。在这种情况下，销售企业的销售收入是按商业折扣后的价格计算的。而现金折扣的主要目的则是刺激客户尽快付款，因此当客户接受了现金折扣优惠时而少收的金额，企业通常作为财务费用，不影响企业的销售收入。

3. 收账政策

收账政策是指当客户违反信用条件，拖欠甚至拒付账款时企业所采取的收账策略与措施。企业在向客户提供商业信用时，必须考虑三个因素：一是客户是否会拖欠或拒付账款，程度如何；二是怎样最大限度地防止客户拖欠账款；三是一旦遭到拖欠甚至拒付时，企业应采取怎样的对策。前两个问题主要靠信用调查和严格信用审批制度；后一个问题则必须通过制定完善的收账政策，采取有效的收账措施予以解决。

为了保障应收账款的安全回收，协调与客户的关系，企业要谨慎制定收账政策，如果政策过严，催收过急，可能会得罪那些无恶意拖欠的客户，而失去后续订单，影响产品销售和利润水平；但如果收账政策过于宽松，可能会放任部分恶意拖欠货款的客户，而且收款期的延长也会增加企业的信用成本。企业对逾期应收账款的收账程序多种多样，主要包括邮寄信函、电话催问、上门收款和法律诉讼等。这些收账方式的选择有一定的层次性，是一个循序渐进的过程。

一般而言，企业的收账政策越积极，发生在收账程序上的费用越高，坏账损失就越少。但这两者之间的关系并非线性关系，企业在制定收账政策时应注意平衡。

四、存货管理

存货是指企业在生产经营过程中为生产或销售而储备的物资，如材料、在产品、产成品等，是流动资产的重要组成部分。存货控制和管理效率的高低，直接影响企业资产的流动性和生产经营过程的连续性。存货管理的目的在于控制存货投资水平，降低存货成本，加速存货周转率。

（一）存货的功能

1. 防止产销中断

对于连续生产的企业来说，供应、生产和销售在时间及数量上很难始终保持完美平衡。如果没有一定的存货，一旦某个环节出现问题，企业的正常生产和销售就会受到冲击。比如，材料供应商未能按时发货、运输过程中发生意外事故、所供货物的数量或质量不符合要求等，这些情况都可能导致企业停工待料。而设置保险库存则为企业提供了一种应对突发状况的保障，能够避免因原材料短缺而停工，确保生产经营活动的持续进行。

2. 适应市场的变化

当材料和产品市场价格波动较大时，企业可能会面临价格变动带来的投资机会。例如，当预计材料价格将大幅上涨时，企业可以提前采购这些材料。

3. 降低进货成本

成批购进材料，既可以获得价格上的优惠，又可以减少采购和管理费用，降低采购成本，提高利润。

4. 维持均衡生产

许多产品的市场需求具有季节性，例如空调、羽绒服等，对这些产品的生产既要考虑到季节性的变动，又要考虑到生产的均衡性，在销售淡季适当增加产品库存。

（二）存货成本

存货的总成本主要由以下三个方面构成。

1. 取得成本

存货的取得成本是指为了取得某种存货而支出的成本。它通常包括购置成本和订货成本两部分。

2. 储存成本

存货的储存成本是指为保存存货而产生的成本。这些成本包括储存过程中发生的仓储费、搬运费、保险费、占用资金应计利息以及存货破损和变质损失等。储存成本通常与存货的数量和储存时间有关，数量越多、时间越长，储存成本就越高。因此，企业需要在保证生产和销售需要的前提下，合理控制存货的数量和储存时间，以降低储存成本。

3. 缺货成本

存货的缺货成本是指由于存货供应中断而造成的损失。这些损失可能包括原材料供应中断造成的停工损失、产成品库存缺货造成的拖欠发货损失和丧失销售机会的损失等。缺货成本虽然不直接表现为现金支出，但它对企业的生产经营和盈利能力有着重要影响。因此，企业需要在存货管理中充分考虑缺货成本，确保存货的供应能够满足生产和销售的需要。

（三）存货日常管理

存货日常管理的目标是在保证企业生产经营正常进行的前提下尽量减少库存，防止积压。实践中形成的行之有效的管理方法有存货归口分级控制、存货储存期控制以及 ABC 库存分类控制法等多种方法。

1. 存货储存期控制

无论是商品流通企业还是生产制造企业，其商品一旦入库，便面临着如何尽快销售出去的问题。即使不考虑未来市场供求关系的不确定性，仅是存货储存本身就要求企业付出一定的资金占用费（如利息成本或机会成本）和仓储管理费。因此，尽力缩短存货储存时间，加速存货周转，是节约资金占用，降低成本费用，提高企业获利水平的重要保证。

2. ABC 库存分类控制法

ABC 库存分类控制法也称为重点管理法，是由意大利经济学家巴雷托在 19 世纪首创的。这种方法已被广泛应用于存货管理、成本管理和生产管理等领域。对于大型企业而言，通常拥有成千上万种存货，这些存货在价格和数量上存在巨大差异：有的价值很高，有的则很低；有的数量庞大，有的则很少。如果对所有存货不分主次地进行细致规划和严格控制，不仅难以抓住重点，还可能导致主要存货资金失控，甚至浪费大量人力、物力和财力。正是为了解决这个问题，ABC库存分类控制法应运而生，成为一种有效的成本管理方法。

这种方法把存货分成A、B、C三大类。A类是指少数价值高的、最重要的项目。这些存货品种少，单位价值却较大。实务中，这类存货的品种数只占全部存货总品种数的10%左右，而从一定期间出库的金额看，这类存货出库的金额要占到全部存货出库总金额的70%左右。属于C类的是为数众多的低值项目，其特点是，从品种数量来看，这类存货的品种数要占到全部存货总品种数的70%左右，而从一定期间出库的金额看，这类存货出库的金额只占全部存货出库总金额的10%左右。B类存货则在这两者之间，从品种数和出库金额看，都只占全部存货总数的20%左右。

上述A、B、C类存货中，由于各类存货的重要程度不同，一般可以采用下列控制方法。

对A类存货的控制：要计算每个项目的经济订货量和订货点，尽可能适当增加订购次数，以减少存货积压，也就是减少其昂贵的存储费用和大量的资金占用；同时，还可以为该类存货分别设置永续盘存卡片，以加强日常控制。

对B类存货的控制：也要事先为每个项目计算经济订货量和订货点，同时也可以分享设置永续盘存卡片来反映库存动态，但要求不必像A类那样严格，只要定期进行概括性的检查即可，以节省存储和管理成本。

对于C类存货的控制：由于它们为数众多，而且单价又很低，存货成本也较低，因此，可以适当增加每次订货数量，减少全年的订货次数；对这类物资日常的控制方法，一般可以采用一些较为简化的方法进行管理。

🌱 拓展阅读

海尔智家数字化技术提升营运资金管理

海尔智家成立于1984年，总部位于中国青岛，是全球领先的智慧家庭解决方案提供商。公司以"海尔"为核心品牌，旗下拥有多个国际知名品牌，包括卡萨帝、统帅等，产品涵盖冰箱、洗衣机、空调、热水器、厨电等全品类家电。海尔智家在全球市场具有较高的知名度和市场份额。在国内市场，海尔品牌连续多年位居中国家电市场占有率首位；在国际市场，海尔智家通过收购和整合GE Appliances（美国）、Fisher & Paykel（新西兰）等品牌，进一步巩固了其全球市场地位。海尔智家通过数字化技术提升营运资金管理的策略主要体现在以下几个方面。

1. 数字化采购管理

海尔智家在采购环节采用集中采购和供应商合作的方式，通过与供应商建立长期稳定的合作关系，降低采购成本和风险。同时，利用先进的信息化系统实时监控采购过程中的资金流动情况，确保采购资金的合理使用。

2. 数字化生产管理

在生产环节，海尔智家引入先进的生产技术和设备，提高生产效率和质量。通过精益生产模式减少生产过程中的浪费和成本。同时，利用数字化技术优化生产流程，实现生产环节的智能化和自动化，进一步降低能耗和成本。

3. 数字化销售管理

海尔智家在销售环节注重渠道拓展和客户关系管理。通过多元化的销售渠道和营销策略，扩大市场份额和客户群体。同时，利用大数据和人工智能技术精准分析市场需求，制定合理的销售策略。通过线上和线下融合的营销方式，提高销售额，并加强应收账款管理，确保资金及时回笼。

4. 数字化库存管理

海尔智家借助物联网与大数据技术，提出"零营运资金"的概念，实施"人单合一"的创新性管理方式，将供产销环节互联互通。通过数字化技术实时监控库存水平，优化库存管理，减少资金占用，显著提高了产品与资金周转效率。

5. 供应链金融与协同

海尔智家深化与供应商、分销商等合作伙伴的合作关系，通过供应链金融的方式，实现资金的优化运作。例如，与银行等金融机构合作开发供应链金融产品，为供应商和分销商提供融资支持，从而稳定供应链，降低企业的资金压力。

6. 全面预算管理和风险控制

海尔智家推行全面预算管理，对企业的各项收支进行严格的预算和控制。同时，利用数字化技术建立完善的风险控制体系，对可能出现的风险进行预测、评估、监控和应对，确保资金流的稳定和安全。

7. 信息共享与协同

海尔智家建立有效的信息共享机制，使各个部门和环节都能够实时共享财务及业务信息。通过信息共享，公司可以更好地监控价值链中的潜在风险，及时采取措施进行风险控制。

通过以上措施，海尔智家在营运资金管理中充分利用数字化技术，实现了资金的高效使用和风险的有效控制，进一步提升了企业的运营效率和竞争力。

第四节　企业利润分配管理

企业应根据当期可供分配利润的大小，按照财务制度规定的分配形式和分配顺序进行利润分配。股份制企业应全面考虑影响股利分配的因素，根据企业实际情况确定股利分配政策。目前常见的股利分配政策如下。

1. 剩余股利政策

剩余股利政策是在企业确定的目标资本结构下，留存收益首先要满足投资的需求，然后若有剩余才用于分配股利。这是一种投资优先的股利政策。投资所需资金除了股东权益资金以外，还包括负债资金，即投资资金由股权资金和负债资金所构成。因此，需要在确定投资资金需要量的基础上确定股东权益资金的需要量。用企业本年盈利额减去股东权益资金的需要量之后的余额，就是可以用于股利支付的盈利剩余额。具体应遵循四个步骤：

第一，设定目标资本结构；

第二，确定目标资本结构下投资所需的股东权益数额；

第三，尽可能地使用保留盈余来融通投资方案中所需的股东权益资本；

第四，投资所需股东权益资本已经满足后若有剩余盈余，再将其作为股利发给投资者。

2. 稳定增长股利政策

稳定增长股利政策指企业在较长时间内支付固定的股利额，只有当企业对未来利润增长确有把握，并且这种增长被认为不会发生逆转时，才增加每股股利额，该股利额一旦确定之后，又在相当长的时期内保持不变。

3. 固定股利支付率股利政策

固定股利支付率政策是指公司每年都按固定比率从净利润中向股东发放股利。这种政策的核心在于"固定比例"，即无论企业盈利多少，股利支付的比例都保持不变。这体现了"多盈多分、少盈少分、无盈不分"的原则，使股东回报与公司经营业绩直接挂钩。

4. 低正常股利加额外股利政策

低正常股利加额外股利政策介于稳定股利政策与变动股利政策之间。这种股利政策每期都支付稳定但较低的股利额，当企业盈利较多时，再根据实际情况发放额外股利。

🖊 课后练习

一、选择题

1. 以下哪种融资方式属于权益性筹资？（　　　）
    A. 发行债券   B. 银行贷款
    C. 发行股票   D. 商业信用

2. 企业为取得和使用资本而支付的各种费用称为（　　　）。
    A. 资本收益   B. 资本利润
    C. 资本成本   D. 资本价格

3. 现金的成本一般由以下哪个部分组成（　　　）。
    A. 持有成本   B. 转换成本
    C. 短缺成本   D. 以上都是

4. 下列关于企业利润分配的相关表述，正确的是（　　　）。
    A. 企业实现的利润总额，是企业所有者的资产投资收益
    B. 净利润属于企业所有者的权益，应当按投资比例在所有者之间进行分配
    C. 企业利润分配应先提取法定公积金，再提取任意公积金，最后向投资者分配利润
    D. 以上都是

5. 企业营运资金管理的核心是（　　　）。
    A. 提高资金使用效率   B. 降低资金成本
    C. 确保资金安全   D. 以上都是

6. 企业营运资金的来源主要是（　　　）。

A. 短期借款   B. 长期投资

C. 应付账款   D. 库存现金

7. 在计算加权平均资本成本（WACC）时，以下哪个因素不需要考虑？（   ）

A. 债务成本   B. 股权成本

C. 优先股成本   D. 存货成本

8. 某企业计划筹集资金用于扩大生产规模，以下哪种融资方式可能会增加企业的财务风险？

（   ）

A. 增资扩股   B. 发行公司债券

C. 吸收直接投资   D. 留存收益再投资

9. 目前常见的股利分配政策有（   ）。

A. 剩余股利政策   B. 稳定增长股利政策

C. 固定股利支付率股利政策   D. 低正常股利加额外股利政策

10. 银行借款按照期限分为（   ）。

A. 短期借款   B. 中期借款

C. 长期借款   D. 担保借款

11. 以下关于资金成本的表述中，正确的有（   ）。

A. 资金成本是企业筹集和使用资金所付出的代价，包括资金筹集费用和资金占用费用

B. 资金成本的高低与企业的融资方式无关，主要取决于市场利率水平

C. 资金成本是企业选择融资方式的重要依据之一

D. 资金成本的计算通常需要考虑所得税的影响，尤其是债务融资

E. 资金成本越高，企业的融资规模就越大

二、简答题

1. 普通股筹资的优缺点有哪些？

2. 发行债券筹资的优缺点有哪些？

3. 存货的成本有哪些？

三、思考题

结合我国经济社会发展需求，简述企业制定股利分配政策时应如何平衡股东利益与社会责任。

第五章

经济学与国际贸易基础知识

学习目标

知识目标：

① 掌握经济学的基础知识；

② 熟悉供求理论、消费者行为理论和生产理论；

③ 了解不同市场环境下厂商的均衡情况；

④ 掌握国际贸易的基本概念，熟悉国际贸易的分类；

⑤ 了解影响世界市场价格变动的主要因素。

能力目标：

① 培养经济分析和针对不同经济情境做出合理决策的能力；

② 提升评估经济政策和市场机制的能力，为未来从事经济相关工作奠定坚实基础。

素质目标：

① 培养经济决策素养，树立社会责任意识，将经济效益与社会福祉相融合，助力中国经济高质量发展；

② 增强对国家经济政策的理解与支持；

③ 理解国际贸易在全球经济发展中的重要作用，增强对国家对外开放战略的认同感，培养爱国主义情怀和民族自豪感。

第一节 需求、供给与均衡价格

经济学主要研究经济单位的经济行为，包括微观经济学与宏观经济学。微观经济学主要研究单个个体（如单个消费者、单个厂商、单个市场等）对拥有的资源如何进行合理配置。微观经济学通过分析这些个体的行为和决策，探讨市场机制如何引导资源进行有效的配置。宏观经济学主要研究资源如何利用，以减少经济体的资源浪费。本节的内容重点以微观经济学的相关内容为主，分析单个经济个体如何通过需求与供给行为实现个体利益最大化。

一、需求

（一）需求的含义

需求是指消费者在其他条件不变的情况下，一定时期内在各种可能的价格水平下愿意并且能够购买的某种商品的数量。从需求的含义来看，"愿意"代表消费者需要有购买欲望，"能够"表示消费者需要具有购买能力。需求是消费者的购买欲望和购买能力的统一。

需求与需要不同。需要是人们对某种客观事物的欲望，当这种欲望有购买能力支撑的时候才能成为需求。例如，小李很想买一辆豪华跑车，但他目前的收入水平无法承担跑车的价格，那么他对豪华跑车就只有需要而不是需求。如果小李既有购买普通家用轿车的意愿，同时其经济实力也足以支付购车款，这时小李对普通家用轿车就形成了需求。

（二）需求的表示方法

表示需求的方法很多，常用的方法有需求表、需求曲线和需求函数。

1. 需求表

用于表示消费者在商品的各种价格水平下愿意并且能够购买的具体商品数量的表格称为需求表。如表 5-1 所示，把某种商品不同的价格水平和消费者相应的需求量用表格的形式表示出来。

表 5-1　某商品需求表

价格-数量组合	A	B	C	D	E	F
价格/元	1	3	4	5	6	7
需求量（单位数）	600	440	400	330	280	200

2. 需求曲线

将商品需求表中不同的价格和相应的需求量以几何图形的形式表示出来，称为需求曲线。一般用横轴表示商品的需求量 Q，纵轴表示商品的价格水平 P，字母 D 表示需求曲线（图 5-1）。一般来说，需求曲线是一条向右下方倾斜的曲线或者直线。

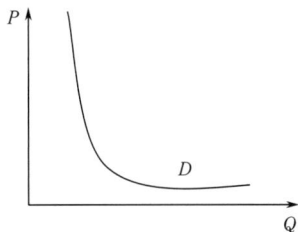

3. 需求函数

影响商品需求量的因素与该商品需求量之间的关系称为需求函数，如果用 Q_d 表示需求量，则需求函数可以表示为

$$Q_d = f(\text{影响因素}) \tag{5-1}$$

图 5-1　需求曲线

（三）影响需求的因素

现实生活中，消费者的需求受很多因素的影响，主要有以下几种。

1. 商品自身的价格

在众多的因素中，影响消费者需求的最主要的因素是商品自身的价格。一般情况下，在其他条件不变的情况下，消费者倾向于购买价格相对低的商品，价格越低，消费者愿意购买的商品数量就越多。所以商品自身的价格与需求量呈反方向变动关系。

2. 相关商品的价格

商品和商品之间的关系可以分为三种：具有互相替代作用的替代关系、需要配合使用的互补关系以及相互不会发生任何联系的无关关系。

（1）互补商品

如果两种或两种以上的商品，需要同时配合使用才能在某一方面满足消费者的某种需求，则称为互补商品，例如：打印机和墨盒、电动车和电源等。当互补商品的价格上升时，消费者对互补商品的需求减少，该商品的需求也会随之下降；反之，当互补商品的价格下降时，消费者对互补商品的需求增加，该商品的需求也会随之增加。

（2）替代商品

如果两种或两种以上的商品，能够在某一方面同等程度满足人们的某种需求，这两种或两种以上的商品是可以相互替代的，则称为替代商品，例如：苹果与其他水果、不同品牌的牛奶等。当替代商品的价格上升时，消费者对替代商品的需求减少，那么对该商品的需求会相应地增加；反之，当替代商品的价格下降时，消费者对替代商品的需求增加，对该商品的需求会相应减少。

3. 消费者的收入

消费者的收入水平也会影响需求状况。一般来说，如果消费者收入水平提高会导致某种商品的需求增加，反之收入降低会导致对某种商品的需求减少，这种商品称为正常商品。但还有些商品，当消费者的收入水平提高后，消费者反而会减少其购买量，一般来说是低档商品。

4. 消费者的偏好

消费者对某种商品的喜欢程度称为消费者的偏好。在其他条件不变的情况下，越是消费者喜欢的商品，消费者对该商品的需求就会增加，反之会减少。

5. 政府的政策

政府对某种商品的消费实行支持或限制的政策，也会影响消费者对该商品的需求。例如，政府如果对某种商品的消费行为进行征税，就会导致消费者减少对该商品的购买；反之，若对消费者的消费行为进行奖赏或者支持，则会刺激消费者增加对该商品的需求。

6. 消费者对未来的预期

预期是消费者对某种商品未来趋势的一种心理预测。如果消费者预测某种商品的价格未来将会上升，就会增加当前对该种商品的消费；反之，如果预期未来某种商品的价格会下降，消费者就会减少当期对该商品的消费。

影响需求的各种因素与需求之间的关系可以用需求函数表示。

$$Q_d = f(P, Pr, M, F\cdots) \tag{5-2}$$

式中，Q_d 代表消费者对商品的需求量；P 代表商品的价格；Pr 代表相关商品的价格；M 代表消费者的收入水平，F 代表消费者的偏好。

当只研究价格对需求量的影响时，需求函数可以表示为

$$Q_d = f(P) \tag{5-3}$$

最简单需求函数是商品的价格 P 与需求量 Q_d 之间呈一元线性关系，其函数形式表示为

$$Q_d = \alpha - \beta P \quad (\alpha、\beta \text{ 为常数，且 } \alpha、\beta > 0) \tag{5-4}$$

（四）需求定理

在其他条件不变的情况下，商品的需求量与价格之间呈反方向变动关系，即需求量随着商品本身价格的上升而减少，随商品本身价格的下降而增加，这个规律称为需求定理。反映在图形上，两者的关系是一条向右下方倾斜的曲线。

二、供给

（一）供给的含义

在其他条件不变的情况下，厂商在一定时期内在各种可能的价格下愿意并且能够提供出售的某种商品的数量，称为该商品的供给。与需求相类似，构成供给也有两个条件：一是厂商要有生产的欲望，即愿意生产；二是厂商有生产能力，能够生产出相应的商品。供给是生产欲望与生产能力的统一。对于某一给定的价格，厂商愿意而且能够生产的某种商品的数量，称为该种商品的供给量。

（二）供给的表示方法

供给的表示方法一般有三种：供给表、供给曲线、供给函数。

1. 供给表

用于表示厂商在各种价格水平下供给某种商品的具体数量的表格称为供给表（表 5-2）。

表 5-2　某商品的供给表

价格-数量组合	A	B	C	D	E
价格/元	2	3	4	5	6
供给量（单位数）	0	300	450	700	800

2. 供给曲线

把不同的价格和相应的供给量用几何图形的形式表示出来，称为供给曲线。可用横轴表示某种商品的供给量 Q，纵轴表示商品的价格 P，S 表示商品的供给曲线（图 5-2）。供给曲线一般是一条向右上方倾斜的曲线。

3. 供给函数

表示影响商品供给数量的各种因素与商品的供给

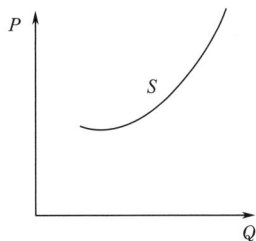

图 5-2　供给曲线

数量之间的关系函数称为供给函数。

（三）影响供给的因素

一种商品的供给受多种因素影响，主要有：商品自身的价格、生产的成本、生产的技术水平、相关商品的价格和生产者对未来的预期等。

1. 商品自身的价格

一般来说，在其他条件不变的情况下，一种商品的价格越高，厂商愿意生产的产量就越大；相反，商品的价格越低，厂商愿意生产的产量就越小。

2. 生产的成本

在商品自身价格不变的条件下，生产成本增加会减少单位产品利润，从而使得商品的供给量减少；相反，生产成本下降会增加单位产品利润，从而使得商品的供给量增加。

3. 生产的技术水平

一般情况下，生产技术水平的提高可以提高劳动生产率，降低生产成本，增加生产者的利润，生产者会愿意增加产品的产量。

4. 相关商品的价格

在其他条件不变的情况下，当互补商品的价格上升时，厂商愿意多生产互补商品，那么该商品的供给也会随之增加；反之，当互补商品的价格下降时，厂商减少互补商品的供给，该商品的供给也会随之减少。

当替代商品的价格上升时，厂商增加替代商品的供给，该商品的供给就会相应下降或减少；反之，当互补商品的价格下降时，厂商减少互补品的供给，该商品的供给就会相应上升或增加。

5. 生产者对未来的预期

如果厂商预期某种商品的价格未来会上涨，厂商在制订生产计划时就会增加商品供给。如果厂商对未来的预期是悲观的，如预期商品的价格会下降，厂商在制订生产计划时就会减少产品的供给。

影响供给的因素与供给量之间的关系可以表示为供给函数。

$$Q_s = (P, C, T, Pr \cdots) \tag{5-5}$$

式中，Q_s 代表商品的供给量；P 代表商品的价格；C 代表生产成本；T 代表生产技术水平；Pr 代表相关商品的价格。

当仅研究商品价格对供给量的影响时，供给函数可以表示为：$Q_s = f(P)$。

最简单的供给函数是商品的价格 P 与供给量 Q_s 之间呈一元线性关系，其函数形式表示为

$$Q_s = \alpha + \beta P \quad (\alpha、\beta \text{ 为常数，且 } \beta > 0) \tag{5-6}$$

（四）供给定理

在其他条件不变的情况下，商品价格与供给量之间呈同方向变化，即商品的价格越高，厂商愿意提供的供给量就越大；反之，价格越低则厂商愿意提供的供给量就会越少。这个规律被称为供给定理。

三、供求均衡

需求曲线与供给曲线分别说明了在一定条件下，当价格变化时，需求、供给的相应变化。但价格的变化对需求、供给同时作用时，会如何影响商品的供求呢？将两条曲线放入同一图形，就能说明这一点。

（一）均衡的含义

均衡在物理学中是指物体在作用力与反作用力的共同作用下相对静止的状态。将均衡的概念引入经济学中，是指经济事物中相关经济变量相互博弈暂时达到相对静止的状态。

微观经济学分析中，均衡可以分为局部均衡与一般均衡。局部均衡是指在分析几个经济变量之间的关系时，假设其他条件不变。例如，在分析需求时，假设该商品的供给不变。一般均衡是指一个社会中所有的经济变量都发生变化时，市场达到的一种相对静止的状态。

（二）均衡价格的形成

在完全竞争的市场环境下，当商品的需求和供给相等时，形成的价格称为均衡价格，此时商品的数量称为均衡数量。

从市场机制角度来看，当市场价格高于均衡价格时，商品的供给会大于需求，出现商品过剩的现象，生产者为了出售商品会降低价格，价格的下降会使商品供给量减少、需求量增加，直至达到均衡价格；反之，当市场价格低于均衡价格时，商品的需求大于供给，出现商品短缺的现象，消费者为了获得商品愿意提高价格，价格上升会促使供给量增加、需求量减少，最终也会趋向均衡价格。均衡价格的形成是市场供求力量自发调节的结果，它反映了市场在资源配置中的基础性作用（图5-3）。

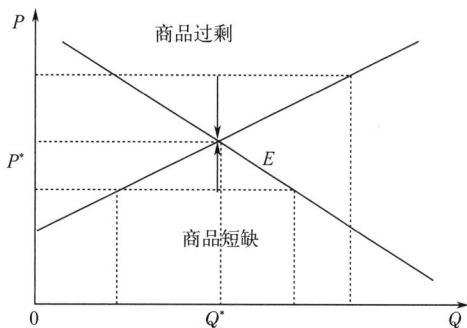

图 5-3 均衡价格的形成

（三）均衡价格的变动

均衡价格是商品需求与供给共同作用的结果，是在特定条件下的相对动态平衡，但当商品处于均衡状态时，如果出现某一因素影响需求曲线或供给曲线的位置移动，或者既定条件发生了变化，那么现有的供求动态平衡就会被打破，商品的均衡价格水平、均衡数量水平就要发生变动。通常情况下均衡价格、均衡数量的变动有以下几种情况。

1. 供给不变，需求发生变动

当供给不发生变化，某种因素引起商品的需求增加时，那么相对于原来的市场均衡来说，该商品新的均衡价格上升，均衡数量增加。如果某种因素引起商品的需求减少，那么该商品新的均衡价格下降，均衡数量减少。在图5-4中，商品最初的均衡价格和均衡数量分别为P_1和Q_1。当某种因素引起商品的需求增加时，需求曲线由D_1向右平移到D_2，此时在新的市场均衡的情况下，均衡价格和均衡数量分别为P_2和Q_2。相反，当某种因素引起商品的需求减少时，需求曲线由D_1向左平移到D_3，此时在新的市场均衡的情况下，均衡价格和均衡数量分别为P_3和Q_3。因此，当供给不发生变化时，仅仅是某种商品的需求发生变动，会引起该商品新的均衡价格和均衡数量与需求同方向变动。

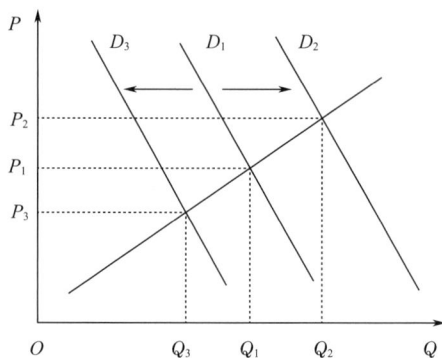

图5-4 需求的变动和均衡价格的变动

2. 需求不变，供给变动

当需求不发生变化，某种因素引起商品的供给增加时，那么相对于原来的市场均衡来说，该商品新的均衡数量增加，但均衡价格降低；反之，如果某种因素引起商品的供给减少，那么该商品新的均衡数量减少但均衡价格上升。在图5-5中，商品最初的均衡价格和均衡数量分别为P_1和Q_1。当某种因素引起商品的供给增加时，供给曲线由S_1向右平移到S_2，此时在新的市场均衡的情况下，均衡价格和均衡数量分别为P_2和Q_2。相反，当某种因素引起商品的供给减少时，供给曲线由S_1向左平移到S_3，此时在新的市场均衡的情况下，均衡价格和均衡数量分别为P_3和Q_3。因此，当需求不发生变化时，仅仅是某种商品的供给发生变动，会引起该商品新的均衡数量与供给同方向变动，但均衡价格的变动与供给的变动方向相反。

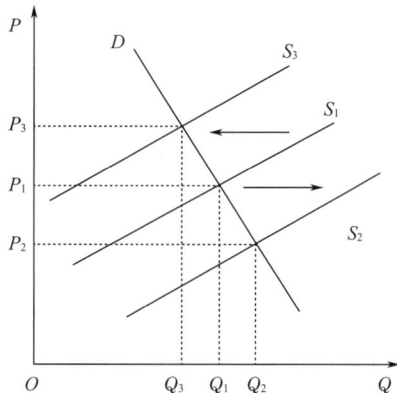

图5-5 供给的变动和均衡价格的变动

3. 需求和供给同时变动

在图5-6中，需求曲线和供给曲线将平面分成1、2、3、4四个部分。当需求和供给同时增加或减少时，需求曲线和供给曲线都向右或向左平移，新的均衡点将落在区域

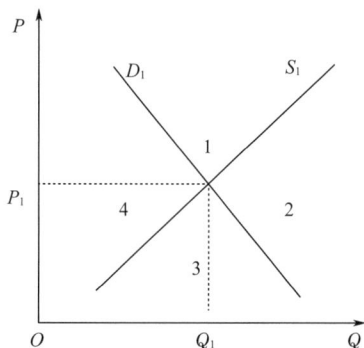

图5-6 需求和供给的同时变动

2 或区域 4 内，此时商品的均衡数量的变化与需求或供给变动的方向相同，但均衡价格的变动方向不能确定，取决于需求和供给变动的幅度。

当需求和供给沿相反方向变化时，如果需求增加的同时供给减少，会导致需求曲线向右平移，同时供给曲线都向左平移，新的均衡点将落在区域 1 内。此时商品均衡价格的变动方向与需求同方向，但均衡数量的变化方向不能确定。相反，如果需求减少的同时供给增加，会导致需求曲线向左平移，同时供给曲线都向右平移，新的均衡点将落在区域 3 内。此时商品均衡价格的变动方向与需求同方向，但均衡数量的变化方向不能确定，取决于需求和供给变动的幅度。

四、弹性理论

（一）弹性和弹性系数的含义

1. 弹性的含义

"弹性"是一个物理学概念，是指某物体对外部作用力的反应程度。外部作用力越大，弹簧反弹的高度越高，弹力越大。

2. 弹性系数的含义

弹性系数 E 是因变量变动的比率与自变量变动的比率的比值，也就是当自变量变动 1％时，引起因变量变动百分之几。

（二）需求的价格弹性

"弹性"的概念被借鉴到经济学中，用于衡量一个经济变量的变动对另一个经济变量的影响程度。需求的价格弹性是需求量对价格变动的反应程度，或者说，价格变动 1％会引起需求量变动百分之几，简称为需求弹性。各种商品的需求弹性是不同的，一般用弹性系数 E_d 来表示商品弹性的大小。例如商品的价格下降 1％，导致需求量上涨 5％，那么该商品的需求价格弹性为 5。

需求价格弹性根据价格变动的幅度，可以分为弧弹性和点弹性。当价格变动为一个区间时，为需求价格弧弹性。当价格变动较小趋近于 0 时，就变成了需求价格点弹性，用 E_d 表示。

根据需求价格弹性的大小，可以将需求价格弹性分为五种类型：当 $E_d > 1$，商品价格变动 1％时会引起需求量较大幅度的变动，该商品需求价格富有弹性；类似地，当 $E_d = 1$ 时，称为单元弹性或单位弹性；当 $E_d < 1$ 时，称为缺乏弹性；当 $E_d = 0$ 时，称为完全无弹性；当 $E_d = \infty$ 时，称为完全富有弹性。

（三）需求的收入弹性

需求的收入弹性是指消费者收入水平的变动对商品需求量的影响程度。或者说，消费者收入水平变动 1％会使需求量变动百分之几，用 E_M 表示。例如消费者收入水平上涨 1％，导致消费者对商品的需求增加了 5％，该商品的需求收入弹性为 5。当 $E_M > 1$ 时表示需求量变动的幅度大于收入变动的幅度，一般是奢侈品；$0 < E_M < 1$ 表示需求量变动的幅度小于收入变动的幅度，一般是生活必需品；$E_M < 0$ 表示这种商品为低档商品，当收

入增加时，需求量反而减少。

（四）需求的交叉弹性

需求的交叉弹性是指一种商品的需求量受另一种商品的价格变动的影响程度。如果两种相关商品的价格和需求量分别为 P_x 和 Q_y，那么当商品 x 的价格变动 1% 时对商品 y 的需求量的影响程度称为需求交叉弹性，用 E_{xy} 表示。

若 $E_{xy} > 0$，说明当某种商品的价格变动时引起另一种商品的需求量同方向变动，两种商品的关系是替代商品；若 $E_{xy} < 0$，说明当某种商品的价格变动时引起另一种商品的需求量反方向变动，两种商品的关系是互补商品；若 $E_{xy} = 0$，说明两种商品是无关商品。E_{xy} 越大，表示两种商品之间替代或互补关系越密切。E_{xy} 越小，表示两种商品之间相关性越小。

（五）供给价格弹性

供给的价格弹性是指在其他条件不变的情况下，一种商品的价格变动对该商品供给量的影响程度，它是商品供给量变动率与价格变动率之比。用 E_s 表示商品的供给弹性。与需求价格弹性类似，供给价格弹性也分为五种类型：$E_s = 0$，称为供给完全无弹性；$E_s < 1$，称为供给缺乏弹性；$E_s = 1$，称为供给单位弹性；$E_s > 1$，称为供给富有弹性；$E_s = \infty$，称为供给完全弹性。

第二节　消费者行为

一、效用论概述

（一）效用的含义

效用是指某种商品满足消费者需求的程度，或者指消费者从消费某种商品中所得到的满足程度。消费者获得的满足程度越大，说明该商品给消费者带来的效用大，否则效用小。效用是消费者消费某种商品的主观感受。同一种商品给不同的消费者带来的主观感受不同，即使是同一个消费者，在不同的情境下消费同一种商品，所获得的主观感受也可能不同，所以效用也可能不同。

（二）效用的两种选择学说

效用论又称为选择论，是对消费者行为的说明，也称为消费者行为理论。根据衡量效用大小的方法不同，西方经济学家先后提出了基数效用理论和序数效用理论，并在此基础上，形成了分析效用的两种方法，分别是基数效用的边际分析方法和序数效用论的无差异曲线分析方法。

基数效用论由马歇尔提出，认为商品的效用大小可以用基础的数字（如 1、2、3…）来衡量。如果消费者消费了某种商品后主观感觉很好，就可以用较大的数字来衡量；如果主观感觉不好，可以用较小的数字来衡量，而且这些商品的效用可以用数学的方法进行计算，如对多种商品效用进行求和、求导等。基数效用论采用的是边际效用分析法进行分析。

希克斯认为，效用是一种心理感觉，没有客观标准，很难用具体数字来衡量与表示，但消费者可以对不同商品带来的主观感受进行排序，所以可以用序数（如第一、第二、第三……）来衡量不同商品的效用大小。序数只表示商品的效用大小相互比较后的顺序或等级，不能进行加总求和。序数效用理论采用无差异曲线分析法进行分析。

二、基数效用论

（一）总效用与边际效用

1. 总效用与边际效用的含义

总效用是指消费者消费所有商品所获得的总的满足程度，其大小取决于消费者消费的所有商品的数量，用 TU 表示。

边际效用是指消费者增加一单位商品的消费所带来的总效用（满足程度）的增加量，记为 MU。如表 5-3 所示，消费者没吃水果时，没有效用，总效用为 0；吃了一个水果以后，总效用为 50，所以这个水果给消费者带来的边际效用就是 50。

表 5-3　总效用与边际效用

水果数量/个	总效用（TU）	边际效用（MU）
0	0	—
1	50	50
2	80	30
3	90	10
4	90	0
5	82	−8

2. 边际效用递减规律

消费者在连续地增加某种商品的消费时，随着该商品消费数量的增加，消费者从连续增加了的每单位商品中所获得的效用增加量是递减的，这种现象被称为边际效用递减规律。例如，随着消费者消费水果数量的增加，该水果给消费者带来的效用增加量是递减的。

3. 总效用和边际效用的关系

总效用是消费者消费所有商品的总的主观感受，边际效用是消费者每增加一个单位商品的消费带来的总效用的增加量，所以所有商品的边际效用之和就是总效用。当边际效用大于 0 时，总效用增加；当边际效用等于 0 时，总效用最大；当边际效用小于 0 时，总效

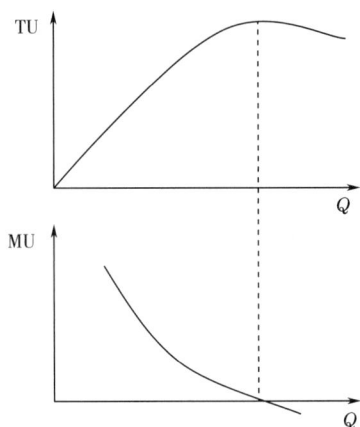

图 5-7　总效用与边际效用

用减少。边际效用是总效用的一阶导数。边际效用和总效用的这种关系可以用图 5-7
表示。

（二）消费者均衡

当消费者花费一定支出消费商品时，希望获得的效用最大；或者获得的效用一定时，希望花费的支出最小。如果消费者实现了这种状态，就说消费者实现了消费者均衡。

消费者均衡是消费者既不想再增加，也不想再减少任何商品消费数量的一种相对静止的状态。消费者的目的是在既定的收入下通过购买各种商品和劳务的选择来实现效用最大化，或者是希望以最小的支出获得既定的效用。如果消费者消费商品的组合未能达到这两种情况，消费者就会改变消费决策，重新调整购买各种商品和劳务的数量，直到实现消费者均衡状态为止。

三、序数效用论

（一）预算约束线

预算约束线又称为消费可能线，表示在消费者的支出水平、消费者偏好和商品价格不变的情况下，消费者所能购买到的不同商品的数量组合。例如消费者花费 100 元购买两种水果，苹果和香蕉。苹果的价格是 5 元/斤（1 斤＝500 克，下同），香蕉是 3 元/斤，分别用 x 和 y 表示消费者购买的苹果和香蕉的数量，那么预算约束线方程为 $100＝5x＋3y$。

（二）无差异曲线

1. 无差异曲线的含义
当消费者消费两种不同商品时，不同的商品组合可以给消费者带来相同的效用，将这些表示不同商品数量组合的点连起来形成的一条线，称为无差异曲线。

2. 边际替代率
在无差异曲线上，消费者若要维持效用水平不变，则在增加一种商品消费的同时，必然会减少另一种商品的消费。相应地，另一种商品减少的数量和一种商品增加的数量之比称为边际替代率，用 MRS 表示。例如，消费者吃早餐时，可以喝一杯牛奶和吃 4 个包子，吃饱了；也可以喝两杯牛奶和吃 2 个包子，也能吃饱，那么牛奶对包子的边际替代率为 2，因为用增加的 1 杯牛奶代替了 2 个包子，维持"吃饱了"这个效用不变。

当消费者每增加一单位的 x 商品的消费时，x 商品的边际效用在递减，而相应地减少消费的 y 商品的边际效用随着 y 的数量减少而增加。因此，x 商品所能代替的 y 商品的数量就越来越少，于是 MRS 在不断下降。由此可见，边际替代率呈递减趋势，这个规律称为边际替代率递减规律。

（三）消费者最佳购买量的决定

消费者在既定支出的情况下希望能够获得的效用越大越好，或者在效用一定的情况下，希望获得的支出越小越好。假设苹果 5 元/个，香蕉 4 元/根，消费者消费最后一个苹果的边际效用为 10，消费最后一根香蕉的边际效用为 12，那么每元钱如果消费苹果获得效用是 10/5＝2，如果消费香蕉获得效用是 12/4＝3，所以消费者会多买香蕉而少买苹果。相反，如果消费者消费最后一个苹果的边际效用为 25，那么每元钱如果消费苹果获得效用是 25/5＝5，如果消费香蕉获得效用是 12/4＝3，这种情况下消费者就会多买苹果而少买香蕉。只有当每元钱无论是购买苹果还是香蕉给消费者带来的效用相同时，消费者才获得最佳购买量，实现均衡。

第三节　生产者行为

一、生产与生产函数

1. 生产

在一定的技术水平下，厂商对各种生产要素进行组合以制成产品的行为称为生产。所以，生产就是把投入变为产出的过程。从物质技术的角度来分析，生产过程可以分解为两个方面：一是投入，即生产过程所使用的各种生产要素如劳动、土地、资本和企业家才能等；二是产出，即生产出来的各种物质产品的数量。

生产过程中投入的各种资源称为生产要素。经济学中将生产要素分为劳动（L）、资本（K）、土地（N）与企业家才能（E）四种类型。劳动是指生产中劳动者所提供的脑力和体力劳动。资本是指生产中所使用的厂房、设备、原料等。土地是指生产中所使用的各种自然资源，包括土地、水源、自然中的矿藏等。企业家才能是指企业家将整个生产过程投入的劳动、土地、资本进行合理配置与管理工作的能力。

2. 生产函数

产品的产量和影响产量的各种生产要素之间的关系称为生产函数，表明在一定技术水平之下，生产要素的数量和某种组合与它所能生产出来的最大产量之间的依存关系。它是反映生产过程中投入和产出之间的技术数量关系的一个概念。

微观经济学将生产函数分为短期生产函数和长期生产函数。

短期生产函数是指生产者来不及调整全部生产要素的数量，至少有一种生产要素的数量是固定不变的生产情况。

长期生产函数是指生产者在生产过程中可以调整全部生产要素的数量。

相应地，在短期内，生产要素投入可以分为不变要素投入和可变要素投入。生产者在短期内无法进行数量调整的那部分要素投入是不变要素投入。由于在长期内所有的要素投入量都是可变的，因而也就没有可变要素投入和不变要素投入的区分。

二、短期生产函数

在生产过程中至少有一种生产要素是固定不变的，称为短期生产函数。在只有一种投入要素变化的情况下，通常假定资本投入量是固定的，用 K 表示，劳动投入量是可变的，用 L 表示，如果只考虑劳动和资本两种生产要素，则短期生产函数可以写成：$Q = f(L)$。如果假定劳动投入量是固定的，用 L 表示，资本投入量是可变的，用 K 表示，则生产函数可以写成：$Q = f(K)$。下面以劳动为可变生产要素来分析厂商的短期生产行为。

1. 总产量、平均产量和边际产量

总产量用 TP 表示，是指一定的生产要素投入量所提供的全部产量。如果只考虑劳动和资本两种生产要素，则 $TP = f(L，K)$。假设 K 是确定的，记为 K_0，只有劳动 L 的投入量发生变化，则总产量 $TP = f(L，K_0)$。

平均产量 AP 是指平均每单位生产要素所提供的产量。

边际产量 MP 是指增加一单位可变要素投入所引起的总产量的增加量。当劳动的变化量趋近于 0 时，边际产量是总产量的一阶导数。

总产量、平均产量与边际产量见表 5-4。

表 5-4 总产量、平均产量与边际产量

L（可变生产要素）	总产量 TP	平均产量 AP	边际产量 MP
1	2	2	2
2	12	6	10
3	24	8	12
4	48	12	24
5	60	12	12
6	66	11	6
7	70	10	4
8	70	35/4	0
9	63	7	—7

2. 总产量、平均产量和边际产量的关系

在其他条件不变的情况下，随着一种生产要素的增加，总产量曲线、平均产量曲线和

边际产量曲线都是先上升而后下降的，如图5-8所示。边际产量是总产量的一阶导数，所以当MP>0时，TP上升；当MP＝0时，TP最大；当MP<0时，TP下降。

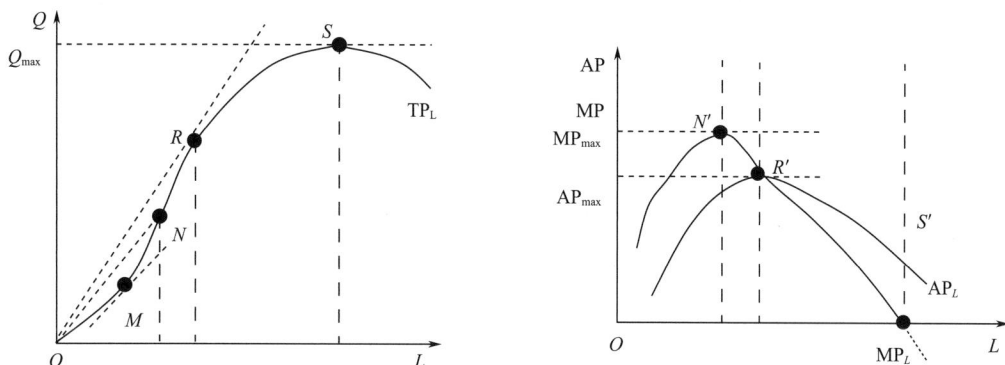

图 5-8　总产量、平均产量和边际产量

平均产量 AP 是总产量 TP 上的点与原点连线的曲线的斜率。当总产量曲线 TP 上的点与原点的连线是总产量曲线 TP 的切线时，对应的平均产量 AP 最大。

平均产量 AP 与边际产量 MP 相交于平均产量 AP 的最高点。当边际产量 MP 大于平均产量 AP 时，平均产量 AP 递增；当边际产量 MP 小于平均产量 AP 时，平均产量 AP 递减；当边际产量 MP 等于平均产量 AP 时，平均产量 AP 最大。

3. 边际报酬递减规律

在技术水平不变的情况下，把一种可变的生产要素投入其他不变的生产要素中时，随着这种可变生产要素投入量的增加，产品的边际产量是先增加后减少的，这个规律称为边际报酬递减规律。因为在厂商的短期生产中，至少有一种生产要素是不变的，而不变要素和可变要素组合进行生产时，有一个最佳组合使得两种生产要素的效率都发挥到最大。随着可变要素投入量的增加，不变要素和可变要素的数量比越来越接近生产技术的要求，所以导致边际产量较快地增长；但超过这个生产技术要求，继续投入可变要素，会使得不变要素和可变要素的数量比越来越远离生产技术的要求，导致边际产量越来越小。因此，增加可变要素时，边际产量曲线刚开始是上升的，但当可变要素的投入量不断增加以致超过两者的最佳组合时，边际产量就出现递减的现象。

三、长期生产函数

从长期来看，由于生产者可以调整全部生产要素的数量，所以用两种可变生产要素的生产函数，来讨论可变生产要素的投入组合和产量之间的关系。例如，今天家里只有一个人吃饭，所以煮米饭时就可以选择一个适合单人的小电饭煲。如果家里今天有三个人吃饭，煮米饭时就可以选择一个中号的电饭煲。如果今天家里来客人了，有8个人吃饭，就应该用一个非常大的电饭煲煮饭。这里电饭煲就相当于生产规模，而煮的米饭数量就相当于产量。厂商的长期生产中就是类似这种情况，根据特定的产量选择最优生产规模。

1. 等产量曲线

等产量曲线是表示在技术水平不变的条件下，两种生产要素的不同数量组合所带来的产品产量完全相同的一条曲线。

边际技术替代率（MRTS）是指厂商在维持产出水平不变的情况下，增加一单位生产要素的投入量而必须减少的另一种生产要素的数量，两者的比率称为边际技术替代率。例如，厂商在维持产量不变的情况下，增加了1台机器，同时减少了2位工人，那么边际技术替代率就是2。

在厂商维持产量不变的情况下，随着生产要素 L 的投入量增加，L 的边际产量减少，即 MP_L 递减，而随着生产要素 K 的减少，K 的边际产量增加，即 MP_K 递增。因此边际技术替代率呈递减趋势，这个规律称为边际技术替代率递减规律。

2. 等成本曲线

等成本曲线是指在生产要素的价格和生产成本一定的情况下，厂商可以购买的两种生产要素的最大数量组合点的轨迹。如果用 C 表示厂商的生产成本，用 w、r 分别代表劳动和资本的价格，L、K 分别代表劳动和资本的购买量，那么等成本线方程可以写为 $C = wL + rK$。例如：厂商的生产成本总共是1万元，工人的工资是500元/人，机器设备的价格是1000元/台，用 L 代表招聘的工人数量，用 K 代表购买的机器数量，那么厂商能够购买生产要素的等成本方程是 $10000 = 500L + 1000K$。

3. 生产要素的最佳组合

为了实现既定成本条件下的最大产量，厂商必须选择最优的生产要素组合，使得两要素的边际技术替代率等于两种生产要素的价格之比。假设工人的工资是500元/人，机器设备的价格是1000元/台，如果工人的边际产量是1000，机器的边际产量是3000，那么单位货币花费在工人的劳动上获得边际产量是1000/500＝2，而花费在机器设备上获得边际产量是3000/1000＝3，那么厂商会愿意多购买机器设备进行生产，而减少劳动的投入量。如果工人的边际产量是2000，机器的边际产量是3000，那么单位货币花费在工人的劳动上获得边际产量是2000/500＝4，而花费在机器设备上获得边际产量是3000/1000＝3，那么厂商会愿意多聘用工人进行生产，而减少机器设备的投入量。如果工人的边际产量是1500，机器的边际产量是3000，那么单位货币花费在工人的劳动上获得边际产量是1500/500＝3，而花费在机器设备上获得边际产量是3000/1000＝3，那么单位货币无论花费在机器设备上还是聘用工人上，进行生产获得边际产量相等，厂商实现了均衡。

第四节　竞争市场

在微观经济学的理论体系中，完全竞争市场是一种极具理想化色彩的市场结构。它犹如一面镜子，清晰地映照出市场机制如何高效地进行资源配置。深入探究这个市场结构，对于理解市场经济运行的基本原理有着举足轻重的作用。

一、厂商的利润最大化

1. 厂商的收益及曲线

衡量厂商收益的指标主要有三种：总收益、平均收益和边际收益。

① 总收益（TR），是指厂商按照既定价格出售所有商品时所获取的全部收入总和。

② 平均收益（AR），是指厂商在平均每一单位产品销售过程中所获得的收入数额。

③ 边际收益（MR），是指厂商在增加一单位产品销售时所获得的总收入的增量部分。当增加的产品量非常小，趋近于 0 时，边际收益就是总收益的一阶导数。

2. 厂商利润最大化条件

对于任何一个厂商而言，从事生产经营活动的终极目标无疑是实现利润的最大化。利润是用总收益减去总成本，如果用 π 表示利润，用 TR、TC 分别代表总收益和总成本，则利润的计算公式是 $\pi = TR - TC$。从数学角度进行分析，当利润最大化时利润的一阶导数为 0，即 $\pi' = TR' - TC' = MR - MC = 0$。所以厂商利润最大化条件是：边际收益等于边际成本，

当出现 MR＞MC 的情况时，意味着每增加一单位产量，所带来的收益增量要大于成本增量。在这种情况下，厂商为了获取更多的利润，必然会选择增加产量。因为随着产量的增加，每多生产一单位产品所带来的额外利润是为正的，能够使总利润不断攀升。

反之，当 MR＜MC 时，每增加一单位产量所带来的收益增量小于成本增量。此时，如果厂商继续增加产量，只会导致总利润的减少。所以，厂商为了避免利润的进一步流失，会选择减少产量。

只有当 MR＝MC 时，厂商才真正实现了利润的最大化。在这个产量水平下，厂商既不会因为增加产量而使利润减少，也不会因为减少产量而错过获取更多利润的机会，此时的产量达到了最优水平，能够为厂商带来最大程度的利润。

二、市场的分类

1. 市场的定义

从直观层面来看，市场是指从事某一种商品买卖活动的具体交易场所。它既可以是像传统的集市、热闹繁华的商场这类人们能够直接进行面对面交易的有形场所，消费者可以实地挑选商品，与商家进行讨价还价；也可以是借助互联网技术构建的电商平台等网络交易空间，消费者只需要通过网络终端，就能轻松浏览和购买来自世界各地的商品。

从更为广泛和深入的经济意义角度来理解，市场不仅仅是一个简单的交易场所，它更是商品交换关系的有机总和。在市场中，商品生产者、消费者以及中间商之间形成了错综复杂的经济联系。生产者通过市场将自己生产的商品销售出去，实现商品的价值；消费者在市场中购买自己所需的商品和服务，满足自身的生活和生产需求；中间商则在生产者和消费者之间起到桥梁和纽带的作用，促进商品的流通和交换。

2. 市场的类型

根据市场竞争程度的显著差异，市场可以清晰地划分为四种主要类型，分别是完全竞争市场、垄断竞争市场、寡头垄断市场和完全垄断市场。这四种市场类型在诸多关键方面存在着明显的区别。

在厂商数量方面，完全竞争市场中存在着数量众多的厂商，每个厂商的规模相对较小，彼此之间相互竞争。垄断竞争市场同样拥有较多的厂商，但相较于完全竞争市场，其厂商数量相对少一些。寡头垄断市场的厂商数量则较为有限，通常只有几个大型厂商占据

着市场的主导地位。完全垄断市场中则仅有一个厂商,该厂商完全垄断了整个市场的生产和销售。

从产品差异程度来看,完全竞争市场中的产品具有高度的同质性,即产品之间几乎不存在任何差异,消费者在购买时不会对不同厂商的产品产生偏好;垄断竞争市场的产品则存在一定程度的差异,这些差异可以体现在产品的质量、功能、外观、品牌形象等方面,也可以体现在销售地点、服务态度等方面,从而使得消费者在购买时有了更多的选择和偏好;寡头垄断市场的产品既可以是有差异的,也可以是无差异的;而垄断市场中的产品则具有唯一性,不存在与之相近的替代品。

在市场进入和退出的难易程度上,完全竞争市场由于不存在任何进入和退出的障碍,新厂商可以轻松地进入市场,原有厂商也可以自由地退出市场;垄断竞争市场的进入和退出相对比较容易,但相较于完全竞争市场,还是存在一些诸如品牌建设、市场渠道拓展等方面的障碍;寡头垄断市场由于存在较高的进入壁垒,如巨额的资本投入、技术垄断、政策限制等,新厂商进入市场面临着较大的困难;而垄断市场的进入难度极大,几乎不可能有新厂商能够进入。

关于对价格的控制程度,完全竞争市场中的单个厂商由于规模微小,对市场价格没有任何控制能力,只能被动地接受市场价格;垄断竞争市场的厂商对价格有一定的控制能力,它们可以通过产品差异化和营销策略在一定程度上影响价格;寡头垄断市场的厂商对价格的控制程度较大,它们之间的价格决策相互影响,常常会形成价格联盟或者进行价格竞争;而垄断市场的厂商则完全控制着市场价格,它可以根据自身的利益最大化目标来制定价格。

表 5-5 对这四种市场类型进行了详细的对比。

表 5-5　市场类型划分

市场类型	厂商数量	产品差异程度	进入和退出难易程度	对价格的控制程度	相近的商品市场
完全竞争市场	很多	无差异	很容易	没有	农产品市场,例如小麦、大米
垄断竞争市场	很多	有差异	比较容易	有一些	餐饮、服装市场等
寡头垄断市场	几个	有差异或无差异	比较困难	较大	汽车、钢铁市场等
垄断市场	一个	唯一产品,无相近替代品	很困难	很大	公用事业（水、电等）

三、完全竞争厂商短期均衡分析

(一)完全竞争厂商短期均衡的理解

在短期内,完全竞争厂商面临着诸多限制条件。由于时间较为短暂,厂商无法对生产规模进行有效的调整,比如无法新建厂房、购置大型设备等。在这种情况下,厂商只能通过灵活地调整产量来实现利润最大化的目标。

在完全竞争市场中，市场价格是由整个行业的供求关系共同决定的。单个厂商在这个庞大的市场体系中显得微不足道，没有能力对市场价格产生丝毫的影响，只能像忠实的追随者一样被动地接受市场价格。在既定的市场价格下，厂商依据这个核心原则来确定最优的产量水平。

（二）完全竞争厂商短期均衡产量的决定

在短期内，厂商追求利润最大化，按照 MR＝MC 进行生产，并决定最佳产量。由于完全竞争厂商不能决定产品的市场价格，只能是市场价格的接受者，所以在不同的市场价格水平下，厂商的盈利和生产状况会大不同相同，一般有盈利、盈亏平衡、亏损但继续生产、停止营业点和停止生产五种情况。

1. 盈利

如果商品市场价格 P 大于厂商的平均总成本 AC，厂商追求利润最大化，按照 MR＝MC 进行生产，厂商所获得总收益大于厂商生产的总成本，此时厂商处于盈利状态，成功地获得超额利润。厂商获得超额利润的条件是商品的市场价格大于厂商生产的平均成本（$P＞$AC）。

2. 盈亏平衡

盈亏平衡是指商品市场价格 P 恰好等于厂商的平均总成本 AC 的最低点，这是一种非常特殊且微妙的状态。厂商追求利润最大化，按照 MR＝MC 进行生产，厂商所获得的总收益等于厂商生产的总成本，这表明厂商处于盈亏平衡状态。厂商处于盈亏平衡状态的条件是商品的市场价格等于厂商生产的平均成本（$P＝$AC）。

3. 亏损但继续生产

如果商品市场价格 P 低于厂商的平均总成本 AC 的最低点，厂商追求利润最大化，按照利润最大化条件 MR＝MC 进行生产，厂商所获得的总收益小于厂商生产的总成本，就会出现亏损。然而，尽管处于亏损状态，但如果市场价格 P 仍然高于厂商生产的平均可变成本 AVC，这意味着继续生产可以弥补部分固定成本。如果厂商此时停止生产，那么它将不得不承担全部的固定成本损失。所以，在这种情况下，厂商从理性的角度出发，会选择继续生产，以尽可能减少损失。厂商亏损但需要继续生产的条件是商品的市场价格低于厂商生产的平均成本但高于平均变动成本（AVC＜P＜AC）。

4. 停止营业点

如果商品市场价格 P 恰好等于厂商的平均变动成本 AVC 的最低点，厂商追求利润最大化，按 MR＝MC 进行生产时，此厂商所获得的总收益等于厂商生产的总变动成本，此时厂商处于亏损状态，而且亏损的大小正好是全部固定成本。在这种情况下，厂商停止生产所遭受的损失是最小的。因为如果继续生产，每生产一单位产品，都会带来更多的亏损，厂商处于停止生产的临界点。厂商处于停止营业点的条件是商品的市场价格等于厂商生产的平均变动成本（$P＝$AVC＜AC）。

5. 停止生产

如果商品市场价格 P 低于厂商的平均变动成本 AVC 的最低点，此时如果继续生产，厂商所获得的总收益小于厂商生产的总变动成本，厂商会果断地选择停止生产，以避免亏损扩大。厂商停止生产的条件是商品的市场价格小于厂商生产的平均变动成本（$P<\mathrm{AVC}$）。

四、完全竞争厂商长期均衡分析

1. 完全竞争厂商的长期均衡与短期均衡不同

在短期，完全竞争厂商由于受到生产规模难以调整的限制，只能在既定的生产规模下，根据市场价格的波动来灵活地调整产量。而在长期，情况则发生了显著的变化。厂商拥有了充分的时间和自由度来自由调整生产规模，例如可以新建更大规模的厂房、购置更先进高效的生产设备等。

同时，在长期中，厂商还可以根据市场的盈利状况自由地选择进入或退出该行业。如果行业内存在着可观的经济利润，这就如同一块巨大的磁石，会吸引众多新的厂商纷纷进入该行业；反之，如果行业内厂商普遍出现亏损，那么部分厂商就会选择果断地退出该行业。这种生产规模的自由调整以及厂商的自由进出机制，使得完全竞争厂商的长期均衡实现机制与短期有着本质的差异。

2. 完全竞争厂商的长期均衡特点

在长期的市场动态变化过程中，如果行业内存在经济利润，这个信号会迅速在市场中传播开来，吸引新的厂商如同潮水般涌入该行业。随着新厂商的不断加入，市场供给会持续增加。在需求不变或者增长相对缓慢的情况下，市场供给的大幅增加会导致市场价格逐渐下降。

随着市场价格的不断下降，原有厂商的利润空间会逐渐被压缩。原有厂商会发现，自己每销售一单位产品所获得的利润越来越少。这种情况会一直持续下去，直到市场价格下降到与长期平均成本的最低点相等时，此时经济利润降为零。当经济利润为零时，新厂商发现进入该行业已经无利可图，于是新厂商停止进入。

反之，如果行业内厂商出现亏损，部分厂商会意识到在当前的市场环境下继续经营已经无法实现盈利，于是会选择退出该行业。随着部分厂商的退出，市场供给会逐渐减少。在需求不变或者下降相对缓慢的情况下，市场供给的减少会推动市场价格逐步上升。

随着市场价格的上升，剩余厂商的亏损状况会逐渐得到改善。剩余厂商会发现，自己每销售一单位产品所遭受的亏损越来越少。这种情况会一直持续到市场价格上升到与长期平均成本的最低点相等时，此时经济利润再次变为零。当经济利润为零时，剩余厂商不再面临亏损，也不会有新的厂商选择进入，整个行业达到了一种稳定的状态。

最终，完全竞争厂商在长期中实现均衡时，市场价格会精确地等于长期平均成本的最低点，即 $P=\mathrm{LAC}$。并且在这个均衡状态下，还满足 $P=\mathrm{LAC}=\mathrm{LMC}=\mathrm{SAC}=\mathrm{SMC}$。这意味着厂商在长期均衡时，不仅实现了生产效率的最大化，即生产处于长期平均成本的最低点，以最低的成本进行生产，同时也实现了配置效率的最大化，资源得到了最优配置，使得整个社会的福利达到了一种理想的状态。

第五节　国际贸易

一、国际贸易概述

（一）国际贸易的基本概念

国际贸易是指不同国家或地区之间商品、服务和资本的交换。它是一国经济与全球经济联系的重要方式，涉及的内容包括跨国界的商品流动、服务贸易、技术转移以及资本和劳动力的流动等。

商品贸易指不同国家之间交换的有形商品，如原材料、成品、农产品、电子产品等。

服务贸易是指国家之间交换无形的服务，包括旅游、金融、运输、教育、信息技术服务等服务。

资本流动是指跨国资本的流动，如外国直接投资（FDI）、股票市场投资、债券等金融资产的交易。

技术转移是指国家或企业之间共享技术知识和技术进步，通常涉及专利、技术许可、合作研究等。

劳动力流动包括国际间的移民、外派劳务以及外国专业人才的流动。

（二）国际贸易的分类

国际贸易可以从不同角度进行分类，主要有以下几种方式。

1. 按照交易主体的性质分类

政府间贸易：是指国家之间的贸易活动，通常涉及大宗商品（如石油、粮食等），有时也包括外交、军事援助等。

私人间贸易：是指由企业或个人发起的贸易活动，涵盖了几乎所有行业的商品和服务交换，绝大多数国际贸易是由私人企业主导的。

2. 按照交易的方向分类

进出口贸易：这是最常见的国际贸易形式，其中一个国家将商品或服务出口到另一个国家，同时进口其他国家的商品或服务。

逆向贸易：在某些情况下，进出口交易是以物物交换或货物与服务的组合形式进行的，通常发生在没有足够外汇的情况下。

3. 按照贸易的性质分类

货物贸易（商品贸易）：是指商品的跨境流动。商品贸易通常涉及有形物品，如机械设备、食品、汽车等。

服务贸易：这是指无形产品的跨境交换，典型的服务贸易包括金融、软件、教育、旅游、医疗保健等服务。

4. 按照交易的方式分类

直接贸易：直接在两个国家之间进行的贸易，没有中介的参与。

间接贸易：通过中介商或贸易企业进行的贸易。例如，一国企业通过代理商或经纪商将商品卖到其他国家。

5. 按照贸易的政策分类

自由贸易：是指各国之间没有或只有非常少的贸易壁垒，商品和服务可以自由流动。

保护主义贸易：国家采取保护本国产业的措施，如关税、配额、进口许可等手段来限制外国商品和服务进入本国市场。

6. 按照交易的时间性分类

长期贸易：通常涉及大宗商品或投资项目，交易周期较长，如基础设施建设项目、大规模的设备进口等。

短期贸易：通常指快速完成的货物交换，一般是消费品、日常用品的跨国流动，交易周期较短。

7. 按照贸易的市场特征分类

内陆贸易：指在陆地上通过陆路进行的国际贸易，通常通过陆路运输（如铁路、公路等）进行。

海上贸易：指通过海运方式进行的国际贸易，海运仍然是全球贸易的主要运输方式。

空运贸易：通过航空运输进行的国际贸易，通常适用于高价值、紧急的商品（如电子产品、贵重物品、急需的医疗用品等）。

（三）国际贸易的主要理论

1. 绝对优势理论（亚当·斯密）

绝对优势理论认为如果一个国家能够比其他国家更高效地生产某种商品，那么它就应该专门生产这种商品，并出口到其他国家。

2. 比较优势理论（大卫·李嘉图）

比较优势理论认为即使一个国家在所有商品的生产上都不具备绝对优势，它仍然可以通过专注于自己相对优势的商品来进行国际贸易，从而在国际贸易中获益。

3. 要素禀赋理论（赫克歇尔俄林模型）

要素禀赋理论认为各国的贸易模式由其要素禀赋（如土地、劳动力、资本等）决定。国家倾向于出口那些集中了本国丰富要素的商品，而进口那些本国要素稀缺的商品。

4. 产品生命周期理论（雷蒙德·弗农）

产品生命周期理论认为一个新产品的生命周期包括研发、生产、市场推广和逐步转向海外生产的过程。在产品生命周期的不同阶段，贸易模式也会发生变化。

5. 新贸易理论（保罗·克鲁格曼）

新贸易理论强调规模经济和网络效应对国际贸易的影响。根据该理论，即使在没有明显比较优势的情况下，某些国家也会由于生产规模的扩大而在全球市场上占据主导地位。

（四）国际贸易的重要性

1. 促进经济增长

通过国际贸易，各国能够交换不同的资源和产品，从而增加自身的生产力和消费水平。

2. 提高资源配置效率

通过分工与合作，各国能够根据各自的比较优势进行生产和交换，从而提高全球资源的配置效率。

3. 推动技术进步

国际贸易促进技术转移和创新，有助于国家和企业学习及吸收国外的先进技术。

4. 加强国际关系

国际贸易不仅推动经济合作，还能够促进文化交流和政治关系的改善。

国际贸易是全球经济的核心组成部分，它不仅涉及商品、服务和资本的流动，还受到各国政策、技术进步和市场需求等多种因素的影响。通过了解国际贸易的分类和理论，可以更好地理解全球化经济的运作机制，以及不同国家如何在全球市场中实现自身利益的最大化。

二、影响世界市场价格变动的主要因素

世界市场价格的变动受多种因素的影响，主要包括以下几个方面。

（一）供求关系

1. 供给变化

当某种商品的生产量增加，供应过剩时，价格通常会下降。相反，当供应量减少时，价格通常会上涨。例如，自然灾害、战争或生产中断可能导致供应减少，从而推动价格上涨。

2. 需求变化

如果市场上对某商品的需求增加，价格通常会上涨；如果需求减少，价格则可能下降。例如，经济增长、消费者偏好的变化和季节性需求变化都会影响需求水平。

（二）关税等进出口政策

各国的关税、进口限制、贸易协定等政策都会影响商品的供应量和价格。关税增加会提高进口商品的价格，贸易壁垒减少则有可能降低价格。关税是政府对进口商品征收的税费，通常旨在保护本国经济、产业或市场免受外部竞争的冲击。关税的变化可以显著影响全球市场的供需结构，进而对国际商品的价格产生深远的影响。以下从关税的基本原理、其对世界市场价格的影响以及一些经典案例来详细阐述这一问题。

1. 关税的基本原理

关税是一种贸易壁垒，主要通过提高进口商品的价格来限制外国产品进入国内市场，从而促进本国产品的竞争力。关税可以分为以下两类。

① 进口关税：对进口商品征收的税收，提高了这些商品的市场价格，降低了它们在国内市场的竞争力。

② 出口关税：对出口商品征收的税收，通常用于限制本国商品的外流，保障国内市场供应。

关税的征收使得进口商品的成本上升，从而提高了消费者为这些商品必须支付的价格，进而影响价格结构。关税还可能导致贸易伙伴国的报复性措施，形成恶性循环，进一步影响全球贸易和市场价格。

2. 关税对世界市场价格的影响

（1）提升进口商品价格

提升关税会直接提高进口商品的成本，通常会导致进口商品在目标市场的零售价格上涨。由于关税的存在，进口商品的价格相比国内商品变得更高，消费者可能会减少对这些商品的需求，而转向本国产品。

如果关税对进口商品的影响足够大，那么消费者的选择和市场的供求格局将发生变化。这种价格上涨可能会进一步推高全球商品价格，尤其是在那些依赖进口资源的国家。

（2）改变生产成本

关税不仅会影响最终消费者的价格，还会影响生产商的原材料成本。例如，如果一个国家对进口钢铁或铝征收高额关税，那么生产这些商品的企业将面临成本上涨，进而影响其产品的市场定价。

这类成本上涨会推动国内商品的价格上升，从而影响全球供应链。特别是在全球化经济体系中，许多产品的生产涉及多个国家，关税增加了整个供应链的成本，推高了最终产品的价格。

（3）可能导致报复性关税

当一个国家对另一国家的商品征收关税时，被征收国家可能会采取报复性措施，增加对进口商品的关税或限制其他贸易。贸易战或关税争端的发生不仅会直接影响双边贸易，还可能导致全球市场价格波动。

（4）改变国际贸易流向

关税还可能导致全球贸易流向发生变化。当一个国家对某些进口商品征收高额关税时，其他国家的生产商可能会进入该市场，从而增加对其他地区的需求，推动其他地区的市场价格变化。

3. 经典案例

2018 年，美国总统特朗普发起了与中国的贸易战，宣布对从中国进口的约 3400 亿美元商品加征 25% 的关税。中国也对美国商品采取了报复措施，向价值约 1100 亿美元的美国商品加征关税。这场贸易战导致全球市场的价格波动，尤其是在钢铁、铝材、电子产品和农产品等领域。美国对中国商品加征关税使得中国出口到美国的商品价格上涨，导致美国消费者承担更高的购买成本。而中国对美国大豆、猪肉等农产品加征关税，使得美国农民的出口收入受到影响，且中国市场上的相关商品价格上涨。

通过关税提高进口商品的价格、改变生产成本、调整国际贸易流向以及可能引发的报复性关税，直接或间接地影响了全球市场的价格结构。关税政策不仅影响目标国家的市场，还能通过全球供应链的变化影响其他国家和地区的商品价格。贸易战和关税壁垒的存在可能导致市场不稳定，抑制全球贸易的自由流动，推高消费价格，甚至引发全球经济的结构性调整。因此，关税不仅是国内政策的工具，也是在全球化经济中产生深远影响的国际经济变量。

（三）货币政策和汇率波动

货币政策和汇率波动对世界市场价格有着深远的影响，各国的中央银行通过调整利率、货币供应量等手段影响货币价值，进而影响商品价格。例如，利率降低通常会刺激消费和投资，推动需求增加，从而可能导致价格上升。汇率变化会直接影响进口商品的价格。当本国货币贬值时，进口商品的成本会增加，推高其价格，反之亦然。以下详细阐述这两个因素的具体影响，并通过一些经典案例来分析其在世界市场价格中的作用。

1. 货币政策对市场价格的影响

货币政策是中央银行通过控制货币供应量和利率来调节经济活动的工具。货币政策的变化直接影响市场流动性、消费者支出、企业投资、资本成本以及汇率波动，从而对商品和服务的价格产生影响。

（1）扩张性货币政策

扩张性货币政策是指降低利率或增加货币供应量，以刺激经济增长。当中央银行采取扩张性货币政策时，通常会使得市场上流通的货币量增加，从而促进消费者和企业的支出，增加需求。需求上升会推高商品价格。

案例一

美国 2008 年金融危机后的货币政策

2008 年金融危机爆发后，为了刺激经济复苏，美国联邦储备系统（美联储）实施了前所未有的扩张性货币政策，包括大规模的量化宽松（QE）计划，持续降低利率，甚至将基准利率降至接近零的水平。

美联储的这种政策在一定程度上刺激了消费者支出和企业投资，推动了股市和房地产市场的复苏。然而，由于货币供应量的大幅增加，也带来了美元的贬值压力，进而影响了国际商品的价格。比如，金价在 2008 年金融危机后一路上涨，这与美元贬值密切相关。由于美元是全球主要的储备货币，美元贬值通常会导致以美元计价的商品（如黄金、原油）价格上升。

（2）紧缩性货币政策

紧缩性货币政策则是通过提高利率或减少货币供应量来抑制过热的经济，防止通货膨胀。在紧缩性货币政策下，市场上的资金变得更加紧张，借贷成本上升，消费者和企业的支出减少，从而导致需求下降，抑制价格上涨。

案例二

美联储加息应对通货膨胀

2022 年和 2023 年，全球通货膨胀压力加大，尤其是在美国，美联储在应对高通货膨胀的背景下逐步加息。通过提高利率，美联储意图降低消费和投资需求，进而抑制通货膨胀。

美国加息带来了美元的升值，推高了美元计价商品的成本，特别是进口商品价格。例如，强势美元使得美国进口商品（如原油、工业原材料）的价格上涨，从而推动了全球市场的价格波动。此外，全球其他国家的货币政策也受到了美联储加息的影响，许多国家不得不跟随加息，以避免资本外流和汇率贬值。这也使得全球贸易中的价格体系发生变化，尤其是在大宗商品领域。

2. 汇率波动对市场价格的影响

汇率是两国货币之间的交换比率，汇率的波动直接影响国际贸易中商品的价格。汇率波动通常会通过以下几个方面影响世界市场价格。

（1）本国货币贬值

当一个国家的货币贬值时，出口商品的价格变得相对便宜，这可能刺激出口。然而，进口商品的价格则会上涨，可能导致国内物价上涨，特别是对于依赖进口原材料和能源的国家。

案例三

阿根廷货币贬值与通货膨胀

阿根廷近年来经历了货币持续贬值的局面。由于阿根廷比索贬值，进口商品的成本大幅上涨，特别是能源、食品和工业原料等关键商品。这不仅推高了国内物价，还加剧了阿根廷的通货膨胀压力。

阿根廷比索的贬值使得进口商品（例如石油和化肥）的成本大幅上升，导致国内价格普遍上涨。由于阿根廷依赖进口大量原材料，这种汇率波动加剧了通货膨胀的压力，使得普通民众生活成本急剧上升。

（2）本国货币升值

当一个国家的货币升值时，出口商品的价格会变得相对昂贵，从而可能减少出口需求。然而，进口商品的价格将下降，有助于降低进口成本和国内物价。

案例四

日元升值对日本经济的影响

在 2013 年，日本央行实施了大规模的货币宽松政策（安倍经济学），导致日元贬值。然而，在 2015 年和 2016 年，日元在全球市场上出现了升值。日元升值意味着日本的出口商品（如汽车、电子产品）在海外市场的价格上升，这可能降低日本产品的竞争力。

日元升值对日本出口造成了压力，尤其是对美国和欧洲市场的汽车及电子产品需求。此外，日元升值使得进口商品（如石油和原材料）的价格下降，帮助日本降低了国内生产成本。然而，升值也导致了日本国内通货紧缩的压力，部分领域的价格下行。

（3）汇率波动与大宗商品价格

大宗商品（如原油、金属、粮食等）通常以美元计价，因此美元的升值和贬值会直接影响这些商品的价格。

📖 **案例五** ....

美元与原油价格的关系

原油价格通常与美元呈反向关系。当美元升值时，其他货币的购买力下降，导致以其他货币计价的原油变贵，从而影响全球石油需求。反之，当美元贬值时，原油变得便宜，需求可能会增加。例如，2014年美元升值时，国际原油价格下降。这部分是由于美元升值导致的价格上调，减少了其他国家的购买力，进而影响了全球石油需求。反之，美元贬值往往推高了原油价格，进而影响全球能源市场。

货币政策和汇率波动是全球市场价格的重要驱动因素。扩张性货币政策通过刺激需求推高价格，而紧缩性货币政策则通过抑制需求控制通胀。同时，汇率波动通过影响进出口价格、生产成本及国际贸易流动，也会对全球市场价格产生显著影响。各国的货币政策、汇率变动以及全球经济的相互作用，共同塑造了全球商品和服务的价格变化。

（四）能源价格

能源价格对全球市场影响巨大。能源成本直接影响生产和运输成本，进而影响各类商品的最终价格。能源价格上涨通常会导致运输成本增加，进而推动商品价格上涨。

（五）政治因素

各国政府的财政政策、税收政策等都会对市场价格产生影响。例如，政府对某种商品的补贴减少或增加，都会导致该商品价格的波动。另外，战争、冲突、制裁等地缘政治事件也会导致全球市场价格波动，尤其是在石油、天然气等能源相关商品的价格上。

政治因素在世界市场价格中扮演着重要角色，因为政治决策会直接或间接影响供需关系、生产成本、贸易壁垒以及消费者信心等。政治因素可能通过以下几个途径影响全球市场价格。

1. 政府政策和贸易壁垒

政府政策，尤其是与贸易有关的政策，如关税、配额、反倾销措施等，能够显著改变国际市场的价格。关税可以使进口商品的成本提高，从而改变商品的市场价格。政治因素还可能通过非关税壁垒（如行政审批、技术标准）影响国际贸易。

📖 **案例六** ....

中美贸易战

中美贸易战是政治因素影响全球市场价格的经典例子。2018年，美国政府对中国出口的数千亿美元商品征收了高额关税，中国也对美国商品采取了报复性关税。结果，美国消费者和企业面临较高的进口成本，同时，中国出口商也因美国市场需求下降而受到冲击。这些政策措施不仅直接影响了双边贸易，也改变了全球一些大宗商品的市场价格，特别是钢铁、铝、电子产品等领域。美国对中国的关税使得中国生产的许多商品变得更贵，而这些商品的价格上涨影响了全球供应链，特别是在消费品和电子产品领域。根据世界银行的报告，这种关税政策使得全球供应链成本上升，也导致了市场价格波动（World Bank，2019）。

2. 政治不稳定性与投资者信心

政治不稳定性，尤其是政变、战争、恐怖主义等因素，会极大地影响投资者对某一市场的信心，进而影响全球市场的价格。资本流动性下降，投资成本上升，会导致供给短缺，价格上涨。

案例七

利比亚内战与石油价格波动

2011年利比亚内战导致该国石油产量大幅下降，全球石油供应链受到冲击，石油价格迅速上涨。根据国际能源署（IEA）的数据，利比亚石油产量在2011年下降了大约50%，这导致全球油价在短时间内上涨了超过20%（IEA，2011）。这种价格波动影响了全球能源成本，并进一步推高了各国的生产成本。

3. 国际制裁与经济制裁

政治决定和国家间的制裁措施会限制某些国家或企业进入国际市场，进而影响全球商品价格。制裁可能通过限制原材料供应、增加运输成本或造成市场的不确定性而影响商品价格。

案例八

伊朗核问题与国际制裁

2010年起，联合国和欧盟对伊朗实施了严厉的经济制裁，尤其是限制了伊朗石油的出口。这些制裁减少了全球市场上的石油供应，从而推高了油价。此外，政治因素使得原本来自伊朗的石油供应链被切断，迫使其他国家寻找替代供应源，导致供应链成本上升。

伊朗石油出口减少造成的供应缺口，推高了全球油价。根据国际能源署的报告，伊朗制裁导致油价在2011年上涨了约10%（IEA，2012）。这对全球经济造成了影响，特别是石油依赖型经济体。

4. 选举和政府更替

选举和政府更替也是政治因素中不可忽视的一部分。政府更替常常带来新的政策方向和经济战略，影响市场预期，进而影响价格。例如，某些国家在选举后改变能源政策或贸易政策，可能会导致价格波动。

案例九 ··

美国 2016 年大选与能源政策变化

2016 年特朗普当选美国总统后，宣布放宽对能源行业的管制，并支持美国的能源自给自足。特朗普政府推翻了奥巴马时期的一些环保政策，尤其是对煤炭行业的限制。这种政策转变影响了全球能源市场，尤其是煤炭和天然气的价格。

美国放松对煤炭行业的管制，导致美国煤炭生产恢复，国际煤炭市场价格下降。根据美国能源信息署（EIA）的数据，特朗普政府上任后的 2017 年，美国煤炭产量增加了近 7%（EIA，2017）。

政治因素通过多种途径影响世界市场价格，包括政府政策、贸易壁垒、货币政策、国际制裁、政治稳定性等。通过这些案例，可以看到政治决策不仅仅是国内事务，它们的影响扩展到全球市场，对供应链、价格波动、投资决策等产生深远影响。

（六）自然灾害与气候变化

气候异常、自然灾害（如旱灾、洪水、台风等）会导致农作物减产或物流中断，从而影响商品的供给，推动价格上涨。

极端气候事件也可能干扰某些商品的生产和运输，导致价格波动，尤其是在农业和能源领域。

（七）技术进步

技术进步能够降低生产成本，进而降低商品价格。例如，自动化生产、数字化技术和新材料的应用，都可能推动商品价格下行。另外，新技术发展使得某些商品被替代，从而可能导致相关商品价格下降。例如，可再生能源的普及可能使得传统化石能源价格承压。

（八）市场预期与心理因素

投资者、消费者和生产者的预期也会影响市场价格。例如，投资者对某种商品价格的未来预期可能推动其当前价格的波动。市场的恐慌情绪或乐观情绪都会影响价格的短期波动。

（九）全球经济状况

全球经济的整体状况也会影响市场价格。在经济扩张时期，消费需求增加，商品价格上涨；而在经济衰退时期，需求下降，价格通常会下行。

综合来看，世界市场价格的变化是多因素交织的结果，供需关系、政策调整、国际局势、自然因素等都在其中扮演着重要角色。

课后练习

一、选择题

1. 以下哪项属于微观经济学研究的范畴？（　　　）
   - A. 国内生产总值的增长
   - B. 通货膨胀率的变化
   - C. 某企业的生产决策
   - D. 国家的财政政策

2. 当一种商品的价格上升时，其需求量通常会（　　　）。
   - A. 上升
   - B. 下降
   - C. 不变
   - D. 先上升后下降

3. 无差异曲线的斜率衡量的是（　　　）。
   - A. 消费者的收入
   - B. 商品的价格
   - C. 商品的边际替代率
   - D. 商品的边际成本

4. 预算线的斜率取决于（　　　）。
   - A. 商品的价格
   - B. 消费者的收入
   - C. 消费者的偏好
   - D. 商品的边际效用

5. 当边际产量大于平均产量时，平均产量（　　　）。
   - A. 递增
   - B. 递减
   - C. 不变
   - D. 先递增后递减

6. 长期平均成本曲线呈"U"形的原因与（　　　）有关。
   - A. 规模经济与规模不经济
   - B. 要素的边际生产率
   - C. 外部经济与外部不经济
   - D. 固定成本与可变成本的比重

7. 在完全竞争市场中，企业的短期供给曲线是（　　　）。
   - A. 平均成本曲线以上的边际成本曲线
   - B. 平均可变成本曲线以上的边际成本曲线
   - C. 边际收益曲线
   - D. 需求曲线

8. 垄断厂商利润最大化时，（　　　）。
   - A. $P = MR = MC$
   - B. $P > MR = MC$
   - C. $P > MR > MC$
   - D. $P = MR > MC$

9. 某企业在生产过程中发现，采用一种新型环保生产技术虽然前期设备投入成本较高，但从长期看能大幅减少污染排放，同时提升企业形象，吸引更多注重环保的消费者。从微观经济学角度结合社会责任的理念分析，该企业应该（　　　）。
   - A. 因前期成本高而放弃采用，以追求短期利润最大化
   - B. 采用该技术，因为长期来看不仅能带来经济效益，还能履行社会责任，实现经济与社会效益双赢
   - C. 等待其他企业先采用，再跟风，避免自身风险
   - D. 向政府申请补贴后才采用，以降低自身成本

10. 在一个竞争激烈的市场中，某商家发现通过降低产品质量、以次充好的方式可以降低成本，获取更高利润。该商家的做法（　　　）。
    - A. 是合理的市场竞争策略，能让企业在短期内获得更多收益
    - B. 虽然不道德，但只要不被发现就可以持续进行
    - C. 破坏了市场的公平竞争环境，违背了商业道德，从长远看不利于企业和市场的健康发展
    - D. 可以偶尔为之，只要保证大部分产品质量合格即可

二、简答题

1. 简述需求定律，并分析影响需求的因素有哪些？

2. 什么是边际效用递减规律？

3. 什么事垄断竞争市场？特征有哪些？

三、思考题

1. 简述企业利润最大化的条件，分析企业在追求利润最大化的同时，应如何平衡经济效益与社会责任？这对构建和谐社会有何重要意义？

2. 请结合"一带一路"倡议，简述中国如何通过国际贸易推动构建人类命运共同体，并谈谈这个过程中的思政意义。

📝 笔记

笔记

实战篇

第六章

仿真模拟实战准备

📚 学习目标 ··

知识目标：

　　了解仿真模拟企业经营的背景。

能力目标：

　　能够组建团队，完成模拟系统的注册与登录。

素质目标：

　　① 培养团队意识，注重团队成员之间的协作与配合；

　　② 培养创业意识和企业家精神。

··

第一节　仿真模拟企业经营背景介绍

　　以一家主营消费品的中国上市公司为原型，模拟其全球化发展过程。仿真模拟公司基本情况如下。

　　① 公司目前在亚洲拥有一座自行建设的厂房和一条具备年产 3000 万件产品生产能力的生产线。

　　② 根据公司业务需要，该生产线可以生产自主品牌产品或订单产品。

　　③ 企业可以通过线上电商销售和线下批发销售两种渠道销售公司的产品。

　　④ 模拟第一年公司主要业务市场在亚洲地区，模拟第二年可以进军欧洲市场和美洲市场，模拟第三年可以进军非洲地区市场。

　　⑤ 公司模拟第一年期初拥有股票数量 10000 万股，股票面值 1 元/股（目前市场价格是 12 元/股）；注册资本 1 亿元；公司拥有现金 3000 万元、固定资产 7000 万元（生产线 6000 万元，厂房 1000 万元）。

　　仿真模拟采用的是策鸿国际企业经营模拟软件。策鸿国际企业经营模拟软件是一款数字化的企业经营综合博弈虚拟仿真软件，系统采用 B/S 架构，可直接在浏览器中进行操作，且提供了中英文双语登录方式。软件中含有的关税、汇率、地区政治及政策环境等决策因素，能够较全面地模拟企业的国际化市场竞争环境。

注意：自主品牌产品是指企业自行研发、设计并拥有品牌自主知识产权的产品。这些产品的商标、名称和品牌形象是由企业自己确定的，企业独立承担市场推广、销售、售后等全部环节，最终产品的设计和定价由企业主导。企业通过自主品牌可以积累市场声誉和消费者忠诚度。例如：华为是中国知名的科技公司，凭借自主研发的智能手机、网络设备等产品，打造了具有全球影响力的自主品牌。华为的智能手机和5G通信设备都是自主品牌产品，华为在市场上推动自己的品牌形象和技术创新。

订单产品指的是企业根据客户需求，按照客户指定要求进行生产的产品。订单产品的设计和生产受客户要求驱动，通常客户在生产前已经明确了产品的规格、数量和交货时间等，企业只负责按订单生产，生产过程通常不涉及品牌的建设，产品最终的品牌属于客户。例如：富士康是全球著名的电子产品代工厂，是代表订单生产的典型案例。富士康为苹果、微软、索尼等品牌代工制造电子产品，如苹果的 iPhone、iPad 等。富士康按照这些大品牌的要求生产产品，产品并不带有富士康的品牌，而是直接贴上客户的品牌（例如苹果）。

第二节　仿真模拟系统注册与登录

1. 系统注册

首次访问系统的新用户必须进行注册，注册成功后才能登录进入系统。可以在浏览器中输入教学系统网址，点击登录界面下的"注册"按钮，进入新用户注册界面，如图 6-1 所示。

新用户注册	
用户名：	STU99
性别：	◉男 ○女
密码：	••••••
再次输入密码：	••••••
真实姓名：	
学号(工号)：	202409001
学校名称：	
手机号码：	
电子邮箱：	@qq.com

确　定　　返　回

图 6-1　新用户注册

当正确填写所有用户信息后，点击"确定"按钮完成新用户注册，注册成功后，系统会提示"注册成功"并跳转到系统登录界面，请牢记自己的用户名和密码，以免遗忘或丢失。

2. 系统登录

在登录界面正确输入用户名和密码，点击"登录"按钮即可进入系统，如图 6-2 所示。

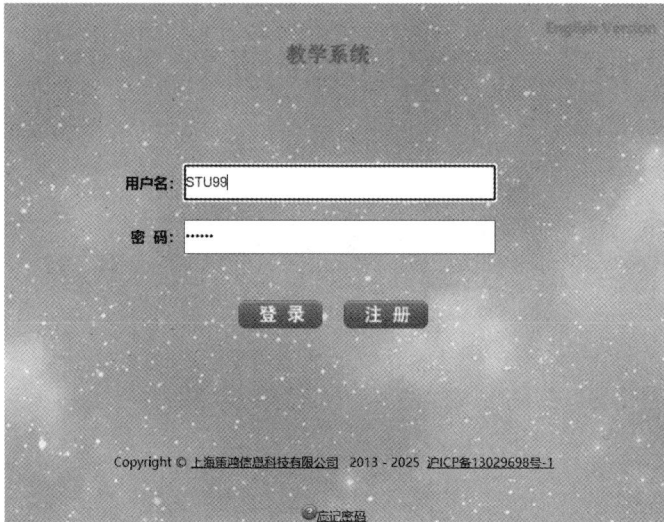

图 6-2　中文系统用户登录

策鸿国际企业经营模拟软件提供了双语版本，用户可以根据需要自由切换中英文系统。点击登录界面右上角的"English Version"按钮即可查看英文登录界面，输入正确的用户名和密码以后即可进入英文系统，如图 6-3 所示。

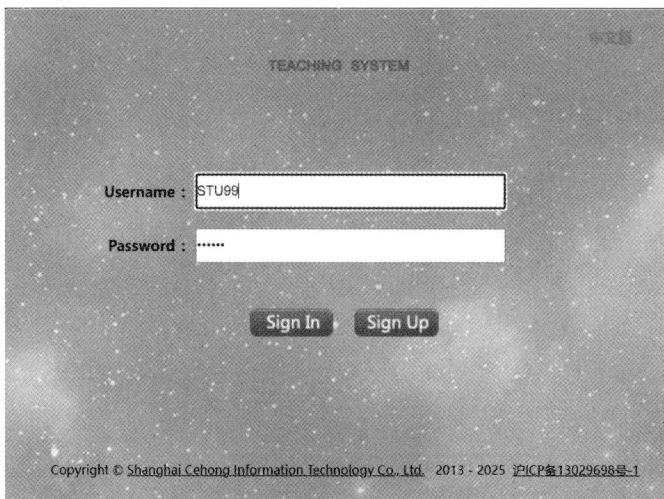

图 6-3　英文系统用户登录

3. 密码重置

如果用户忘记自己的密码，可以点击登录界面中的"忘记密码"链接进入密码重置环节，填写注册时的用户名和手机号码并输入手机收到的验证码，如图 6-4 所示。

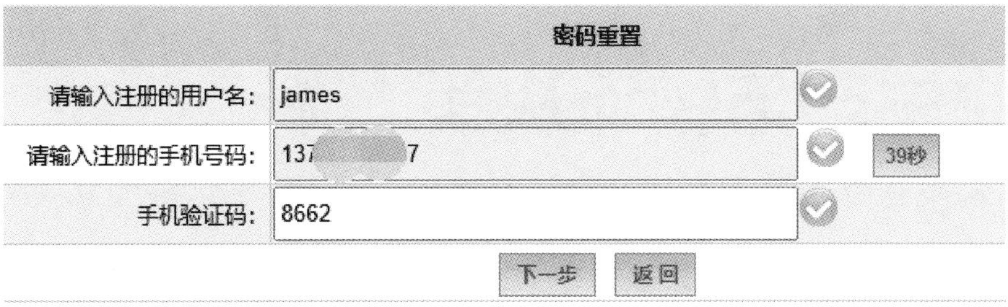

图 6-4　进入密码重置环节

点击"下一步"即可进入密码重置页面，输入新的密码即可完成密码重置，如图 6-5 所示。

图 6-5　填写新密码

4. 修改用户信息

点击左侧"系统管理"目录下的"修改我的信息"，进入修改用户信息页面，按照系统提示或要求修改用户相关信息，修改信息时应该填写自己的真实信息，以方便教师审核比赛申请时能够更快审核通过。

仿真练习

1. 组建公司。组建仿真模拟企业，由 3～5 人组成高管团队，召开经营会议，选举总经理，确定分工职责，制定公司名称，体验角色扮演与团队合作。

2. 完成仿真模拟企业在模拟系统中的注册与登记。

第七章

企业生产与物流决策

学习目标

知识目标：

掌握生产决策和物流决策制定过程中的各个要素。

能力目标：

能够根据公司战略进行生产与物流决策的制定，能够平衡成本控制与效益提升。

素质目标：

① 培养成本控制、高质量发展和创新的意识；

② 培养国际化视野。

第一节　生产决策

生产决策是指企业在生产活动中所做出的关于生产规模、生产方式、产品组合、生产能力等方面的战略性和战术性决策。这些决策直接影响企业的生产效率、成本控制、市场竞争力及长期发展。

一、生产产品决策

生产产品决策是企业在产品开发、生产和销售过程中，基于市场需求、资源能力、技术水平、生产成本等因素，确定生产产品的种类、质量、数量等战略性决策。合理的生产产品决策直接影响企业的市场竞争力、盈利能力和可持续发展。生产产品决策具体操作如下。

点击系统左侧导航栏中的"生产产品决策"，进入生产产品界面，选择右上角比赛，可以查看不同比赛的决策页面，选择右上角年份可以查看不同年份的决策数据。生产产品决策页面如图 7-1 所示。

生产产品决策页面分为亚洲、欧洲、美洲、非洲四个部分，模拟第一年只有亚洲地区

	亚洲		欧洲		美洲		非洲	
厂房状态	自建		无		无		无	
生产线能力（万件）	3000		0		0		0	
生产线分组	自主产品	订单产品	自主产品	订单产品	自主产品	订单产品	自主产品	订单产品
准备生产产品数量（万件）	3000	0	0	0	0	0	0	0
生产产品种类（种）	60	1	1	1	1	1	1	1
高级材料使用比例（%）	80	0	0	0	0	0	0	0
新技术研发投入（万元）	1000		0		0		0	
ISO质量管理体系认证投入（万元）	1000		0		0		0	
工人工资（万元/人/年）	5		0		0		0	
合格产品奖金（元/件）	0.2		0		0		0	
工人数量（人）	7500		0		0		0	
产品质量（分）	49	0	0	0	0	0	0	0
废品率（%）	14.85	0	0	0	0	0	0	0
合格产品（万件）	2554	0	0	0	0	0	0	0
原材料成本（万元）	28800.00	0	0	0	0	0	0	0
管理费用（万元）	200	0	0	0	0	0	0	0
厂房折旧/租赁费（万元）	100.00	0	0	0	0	0	0	0
生产线折旧（万元）	600.00	0	0	0	0	0	0	0
总制造成本（万元）	69710.80	0	0	0	0	0	0	0
单件制造成本（元/件）	27.29	0	0	0	0	0	0	0

保存

图 7-1　生产产品决策页面

可以进行生产决策，其他地区需要在生产规划决策页面建设厂房和生产线后才能使用，页面中的每个决策指标说明如下。

1. 厂房状态

第一年公司在亚洲地区自行建设了一个厂房，用于安装生产线。欧洲、美洲、非洲地区第一年都未建设厂房，安装生产线必须有厂房，厂房可以自行建设或选择租赁。当厂房选择"无"时，表示出售该地区厂房及厂房中所有的生产线，需谨慎选择。

2. 生产线能力

第一年公司在亚洲地区拥有一条年产 3000 万件生产能力的生产线，其他地区因为没有建设厂房和生产线，所有生产线能力为 0 件。后续可以在生产规划决策页面新建产能或进行产能升级操作。

3. 生产线分组

每个地区的生产线都可以生产自主产品和订单产品。根据实际需要，可以单独生产自主产品或订单产品，也可以同时生产自主产品和订单产品。

4. 准备生产产品数量

根据公司战略和市场需求填写合适的数字，填写的"自主产品"和"订单产品"合计数量不能超过该地区的生产线能力。

5. 生产产品种类

生产产品种类是影响自主产品在批发市场和电商市场销量的核心指标之一，产品种类越多，获得的市场份额就越多，但是，产品种类越多，废品率就会越高，生产成本也会越高。

6. 高级材料使用比例

高级材料使用比例影响的是产品质量分值，高级材料使用比例越高，产品的质量分值就会越高，但同时生产产品的成本也会增高。

7. 新技术研发投入

新技术研发投入影响产品的质量分值。由于技术研发需要长期且持续的投入，因此系统取近三年的平均投入并除以当年准备生产的产品数量记为单件产品新技术研发平均投入，所得的值越大，产品的质量分值就会越高，但同时生产产品的成本也会越高。

8. ISO 质量管理体系认证投入

ISO 质量管理体系认证投入影响产品的质量分值。系统取近三年平均投入除以当年准备生产的产品数量记为单件产品 ISO 质量管理体系认证平均投入，所得的值越大，产品的质量分值就会越高，产品的废品率也会越低，但同时生产产品的成本也会越高。

9. 工人工资

工人工资越高，工人的劳动积极性就会越高，生产效率就会提高，生产同样数量产品所需求的工人数量会相应减少，但是工人对工资的敏感程度遵循边际效应递减原则，实际决策过程中应当合理支付工人工资。

10. 合格产品奖金

合格产品奖金是指每生产出一件合格产品支付的奖金。工人要想获得更多的奖金，就会努力生产出更多的合格产品，在一定程度上影响产品的废品率。合格产品奖金对废品率的影响遵循边际效应递减原则。

11. 工人数量

工人数量由系统自动计算，受"准备生产产品数量"和"工人工资"两个因素影响。准备生产产品数量越多，需要的工人数量就越多；工人工资给的越高，工人劳动效率就越高，所需的工人数量就会有一定的减少。

12. 产品质量

产品质量是影响自主产品批发市场和电商市场中销量的指标之一。产品质量越高，获得的市场份额就越多，但为了提高产品质量而支付的成本也会越高。产品质量由高级原材料使用比例、单件产品新技术研发平均投入（新技术研发投入最近 3 年的平均值除以当年准备生产产品数量）、单件产品 ISO 质量管理体系认证平均投入（最近 3 年 ISO 质量管理体系认证投入的平均值除以当年准备生产产品数量）共同决定。决策时产品质量分值不能低于 10 分。

13. 废品率

废品率由生产产品种类、合格产品奖金、单件产品 ISO 质量管理体系认证平均投入（最近 3 年 ISO 质量管理体系认证投入的平均值除以当年准备生产产品数量）等因素影响。生产产品种类越多，废品率就会越高；合格产品奖金越高，废品率就会越低；单件产品的 ISO 质量管理体系认证投入越多，废品率就会越低。

14. 合格产品

合格产品数量等于"准备生产产品数量"减去废品数量。

15. 原材料成本

原材料成本由准备生产产品数量、高级材料使用比例和普通原材料使用比例共同决定。系统默认原材料从生产地区当地采购，当年支付80%的原材料采购款，剩余20%下一年支付。

16. 管理费用

每个地区的管理费用一般为固定值。默认数据可查看"基础数据参照表"。

17. 厂房折旧/租赁费

如果厂房是自建的，按照10年直线折旧法，每年折旧费为厂房价值的1/10。如果厂房是租赁的，则按照每年支付租赁费用的方式进行计算。

18. 生产线折旧

按照10年直线折旧法，每年折旧费为生产线价值的1/10。

19. 总制造成本

总制造成本包括原材料成本、工人工资、工人奖金、当年ISO质量管理体系认证投入、当年新技术研发投入、管理费用、厂房折旧/租赁费、生产线折旧等各种费用之和。

20. 单件制造成本

单件制造成本等于总制造成本除以合格产品数量。

完成所有决策后需要点击页面中的"保存"按钮。成功保存以后，系统会有"数据保存成功"的提示，同时页面右上角的图片由"**保存❌**"变为"**保存✅**"，如图7-2所示。

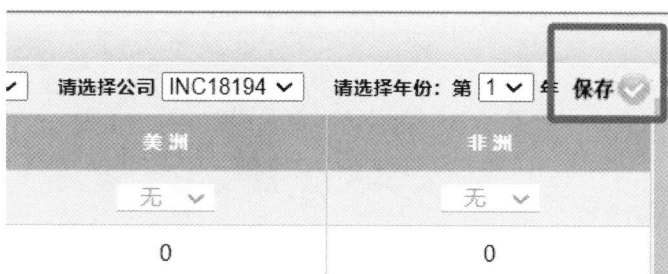

图7-2　决策提交成功

注意：在系统中每项决策完成后都需要检查页面右上角的图片是否变成"**保存✅**"状态。如果在所有决策完成后再重新对某些决策做出修改的，也需要再次检查每项决策右上角的图片是否变成"**保存✅**"状态。

▽ 知识点

1. 规模经济

是指随着生产规模的扩大，单位产品的生产成本会下降的现象。简单来说，随着企业生产量的增加，它能够分摊固定成本，优化资源配置，从而降低单位产品的成本。比如，一家工厂制造1000个产品时，设备投资、人工管理等固定费用分摊到每个产品上，单位成本较低；如果生产量增加到10000个，固定费用分摊更多产品上，单位成本会进一步降低。

2. 边际效用递减

是经济学中的一个基本概念，指的是消费者在一定时间内连续消费同一种商品时，随着消费量的增加，每增加一单位商品所带来的额外满足感（即边际效用）逐渐减少的现象。比如，当一个人饥饿时，吃第一块比萨的满足感非常高，但随着继续进食，第二块、第三块带来的满足感逐渐减少，最后可能会觉得吃得很撑，不再有兴趣继续进食。在仿真模拟中，工人工资、工人数量、合格产品奖金等都遵循边际效用递减规律。

二、生产规划决策

生产规划决策是企业在生产过程中对资源配置、生产计划、生产能力等方面进行的战略性和战术性决策。它决定了企业如何有效利用资源、满足市场需求、降低成本、提高生产效率和保证产品质量。生产规划决策的目标是通过合理安排生产活动，确保生产任务按时完成，并达到预期的经济效益和市场需求。具体操作如下。

点击系统左侧导航栏中的"生产规划决策"，进入生产规划决策界面，选择右上角比赛，可以查看不同比赛的决策页面，选择右上角年份可以查看不同年份的决策数据，如图7-3所示。

	亚洲	欧洲	美洲	非洲
工厂厂房（万元）	自建	无	自建	无
新建产能（万件）	无	无	3000	无
产能升级（万件）	3000	无	无	无
关闭产能（万件）	0	0	0	0
原有产能（万件）	3000	0	0	0
厂房自建或租赁费用（租赁：万元/年）	0	0	1200	0
新建或产能升级费用（万元）	6000	0	6000	0
出售厂房收回残值（万元）	0	0	0	0
关闭产能收回残值（万元）	0	0	0	0
下一年总生产能力（万件）	6000	0	3000	0

请选择比赛：695-23KJ模拟经营第二轮   请选择年份：第 1 年 保存

保存

友情提醒：自建或租赁厂房、新建或产能升级、关闭产能都需要一年时间进行安排，所有决策下年生效。当年决策显示"保存"按钮，查看往年数据无"保存"按钮。

图 7-3　生产规划决策界面

1. 工厂厂房

进行新建产能和产能升级操作的时候必须要有工厂厂房，厂房可以自行建设或租赁。第一年公司在亚洲地区已经拥有一座厂房，其他地区需要自行建设或租赁。每个地区建设和租赁厂房的成本不同，实际教学过程中可能会根据教学需要进行调整。

2. 新建产能

第一年公司在亚洲地区已经拥有一条年产 3000 万件产品的生产线，其他地区是否需要新建产能，新建多大的产能，可根据公司的战略选择合适的方案。新建产能有"1000万件""2000 万件""3000 万件"三个选项进行选择，新建产能需要一年的时间才能完成。不同地区、不同数量的产能其新建成本都不相同，实际教学过程中可能会根据教学需要进行调整。

注意：当整个比赛中所有公司的产能、市场存货、工厂存货之和超过市场总需求150％的时候，就会触发系统宏观调控机制，所有公司都无法进行新建产能操作。

3. 产能升级

如果该地区已经拥有厂房和生产线，则可以进行产能升级操作，产能升级有"1000万件""2000 万件""3000 万件"三个选项进行选择，产能升级也需要一年时间才能完成，相同数量的产能升级和新建产能成本相同，实际教学过程中有可能会根据教学需要进行调整。

注意：当整个比赛中所有公司的产能、市场存货、工厂存货之和超过市场总需求150％的时候，就会触发系统宏观调控机制，所有公司都无法进行产能升级操作。

4. 关闭产能

公司可以根据战略需要关闭对应地区已经新建或升级完成的产能。在对应地区单元格中输入要关闭产能的数量即可完成该地区产能关闭决策。关闭产能需要一年时间，系统会自动计算出关闭后可以收回的残值和关闭以后的总产能。

注意：关闭产能、新建产能、产能升级不能同时操作。

5. 原有产能

指当年还未进行新建产能、产能升级、关闭产能操作之前的产能。

6. 厂房自建或租赁费用

指新建厂房或租赁厂房需要支付的建设或租赁费用。自建费用当年一次性扣除，后续无须再支付费用，租赁厂房每年扣除相应租赁费用。

7. 新建或产能升级费用

指新建或产能升级操作时需要支付的费用。

8. 出售厂房收回残值

指出售厂房可收回的残值金额。

9. 关闭产能收回残值

指关闭产能可收回的残值金额。

10. 下一年总生产能力

指新建产能加上产能升级再减去关闭产能后的生产能力。

完成所有决策后，需要点击页面中的"保存"按钮。成功保存以后，系统会有"数据保存成功"的提示,同时页面右上角的图片由"保存❌"变为"保存✅"。

第二节　物流决策

物流决策是指企业在物流活动中,为了达到优化成本、提高效率、保证服务质量等目标,依据市场需求、企业战略、资源状况以及外部环境等因素,对物流系统中的各个环节(如采购、运输、仓储、配送、库存管理等)进行科学的规划、选择和管理的决策。物流决策涉及从原材料采购到最终产品交付给消费者的全过程。本系统主要模拟的是生产完工后的最终产品交付到消费者市场的物流决策。

一、自主产品物流决策

自主产品物流决策操作如下:点击系统左侧导航栏中的"自主产品物流决策",进入自主产品物流配送界面。选择右上角比赛,可以查看不同比赛的决策数据,选择右上角年份可以查看不同年份的决策数据,如图 7-4 所示。

图 7-4　自主产品物流决策界面

进行自主产品物流决策时，需要考虑不同地区的市场需求以及不同地区之间的物流运输成本。

1. 亚洲工厂产品数量

括号内显示的数量是亚洲工厂当年生产的自主产品合格数量和上年该地区工厂未配送的产品数量之和。根据市场需要把亚洲工厂内的产品合理配送到不同地区，以满足各地区的市场需求。

2. 欧洲工厂产品数量

括号内显示的数量是欧洲工厂当年生产的自主产品合格数量和上年该地区工厂未配送的产品数量之和。根据市场需要可以把欧洲工厂内的产品合理配送到不同地区，以满足各地区的市场需求。

3. 美洲工厂产品数量

括号内显示的数量是美洲工厂当年生产的自主产品合格数量和上年该地区工厂未配送的产品数量之和。根据市场需要可以把美洲工厂内的产品合理配送到不同地区，以满足各地区的市场需求。

4. 非洲工厂产品数量

括号内显示的数量是非洲工厂当年生产的自主产品合格数量和上年该地区工厂未配送的产品数量之和。根据市场需要可以把非洲工厂内的产品合理配送到不同地区，以满足各地区的市场需求。

5. 配送产品数量合计

指当年从各洲工厂运送到该地区的所有产品数量之和。

6. 年初产品存货

指上一年该地区市场中没有卖出的产品数量。

7. 累计产品数量

指当年从各洲工厂运送到该地区的产品数量和上一年该地区市场中没有卖出的产品数量之和。

8. 累计加权产品质量

指当年各洲工厂配送到该地区的产品的质量分值（包含当年生产的产品和上年工厂未配送的存货加权后的质量分值）和年初存货产品的质量分值进行加权计算后的值。

9. 累计加权产品种类

指各洲工厂配送到该地区产品的种类（包含当年生产的产品和上年工厂未配送的存货加权后的种类）和年初存货产品的种类进行加权计算后的值。

10. 运输成本

指从各工厂运往该地区所有产品的运输成本之和。

11. 仓储成本

指从各工厂运送到该地区的产品存储在仓储中心所需要支付的费用之和。

12. 关税成本

本系统中的关税指的是出口关税，在物流配送环节中，非本地区工厂生产的产品均按照一定比例征收关税，关税记入利润表中的税金及附加。如果提高一个地区的关税，那么对在该地区的产品销量会产生不利影响。关税越高，不利影响就越大。

13. 总物流成本

指运输成本、仓储成本以及关税成本之和。

14. 单件物流成本

指总物流成本除以运往该地区所有产品的值。

完成所有决策后点击页面中的"保存"按钮。成功保存以后，系统会有"数据保存成功"的提示，同时页面右上角的图片由"**保存**❌"变为"**保存**✅"。

二、订单产品物流决策

订单产品物流决策具体操作如下：点击系统左侧导航栏中的"订单产品物流决策"，进入订单产品物流决策界面。选择右上角比赛，可以查看不同比赛的决策数据，选择右上角年份可以查看不同年份的决策数据，如图7-5所示。

1. 亚洲工厂产品数量

括号内显示的数量是亚洲工厂当年生产的合格订单产品数量和上年该地区工厂未配送的产品数量之和。根据中标订单的交货地区要求可以把亚洲工厂内的产品合理配送到亚洲或其他地区，以满足订单交货要求。

2. 欧洲工厂产品数量

括号内显示的数量是欧洲工厂当年生产的合格订单产品数量和上年该地区工厂未配送的产品数量之和。根据中标订单的交货地区要求可以把欧洲工厂内的产品合理配送到欧洲或其他地区，以满足订单交货要求。

3. 美洲工厂产品数量

括号内显示的数量是美洲工厂当年生产的合格订单产品数量和上年该地区工厂未配送的产品数量之和。根据中标订单的交货地区要求可以把美洲工厂内的产品合理配送到美洲或其他地区，以满足订单交货要求。

4. 非洲工厂产品数量

括号内显示的数量是非洲工厂当年生产的合格订单产品数量和上年该地区工厂未配送的产品数量之和。根据中标订单的交货地区要求可以把非洲工厂内的产品合理配送到非洲或其他地区，以满足订单交货要求。

5. 配送产品数量合计

指从各洲工厂运送到该地区的产品数量之和。

6. 年初产品存货

是指上一年该地区交付订单后剩余的产品数量和未交付订单留存的产品数量。

7. 累计产品数量

指年初产品存货以及从各地区工厂配送到该地区的所有产品数量之和。

8. 累计加权产品质量

指当年各洲工厂配送到该地区产品的质量分值（包含当年生产的产品和上年工厂未配送的存货加权后的质量分值）和年初存货产品的质量分值进行加权计算后的值。

❷帮助

请选择比赛：1061-2025年秋间大赛练习赛-168 ∨　请选择年份：第 4 ∨ 年　保存 ❤

	亚洲	欧洲	美洲	非洲
亚洲工厂产品数量 (0万件)	0	0	0	0
欧洲工厂产品数量 (0万件)	0	0	0	0
德洲工厂产品数量 (0万件)	0	0	0	0
非洲工厂产品数量 (0万件)	0	0	0	2775
订单产品库存盘	◉不满合 ○满合	◉不满合 ○满合	○不满合 ○满合	○不满合 ◉满合
配送产品数量合计 (万件)	0	0	0	2775
年初产品存盘 (万件)	0	3	0	0
累计产品数量 (万件)	0	3	0	2775
累计加配产品里程 (万)	0	68	0	73
累计加配产品件数 (件)	0	70	0	54
运输成本 (万元)	0	0	0	2775
关税成本 (万元)	0	0	0	0
总物流成本 (万元)	0	0	0	2775
单件物流成本 (元/件)	0	0	0	1

保存

❶ 友情提醒：调整物流配送决策后，调检查订单市场中的订单交付情况。当年决策需点击"保存"按钮，查看往年数据请无"保存"按钮。

图 7-5　订单产品物流决策界面

9. 累计加权产品种类

指各洲工厂配送到该地区产品的种类（包含当年生产的产品和上年工厂未配送的存货加权后的种类）和年初存货产品的种类进行加权计算后的值。

10. 运输成本

指从各工厂运往该地区所有产品的运输成本之和。

11. 关税成本

本系统中的关税指的是出口关税，在物流配送环节中，非本地区工厂生产的产品均按照一定比例征收关税，关税记入利润表中的税金及附加。如果提高一个地区的关税，那么对在该地区的产品销量会产生不利影响。关税越高，不利影响就越大。

12. 总物流成本

指运输成本、仓储成本以及关税成本之和。

13. 单件物流成本

指总物流成本除以运往该地区所有产品的值。

14. 订单产品存货清仓

选择清仓选项后，该地区所有存货都将以 10 元每件的价格全部处理掉。

完成所有决策后点击页面中的"保存"按钮。成功保存以后，系统会有"数据保存成功"的提示，同时页面右上角的图片由"保存❌"变为"保存✅"。

注意：订单物流配送需要根据中标订单的交货地区、产品数量、产品种类、产品质量要求进行物流决策。系统以订单物流决策界面中不同地区的"累计产品数量""累计加权产品质量""累计加权产品种类"作为判断标准，确定配送后的产品是否满足交货条件。

订单物流配送的产品在当年无存货或存货不足的情况下需要在生产产品决策中进行生产。

仿真练习

1. 在赛事中心申请加入仿真模拟比赛（图 7-6），由教师通过后进行管理决策仿真模拟。

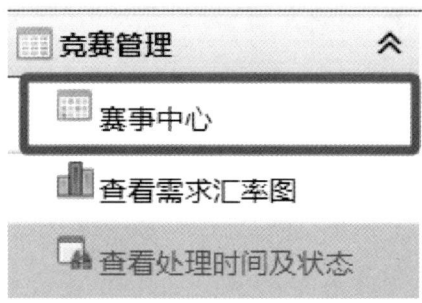

图 7-6　赛事中心添加比赛

2. 查看需求汇率图（图 7-7），了解各地区年度需求及汇率变化情况，制定企业管理决策仿真模拟的战略决策。

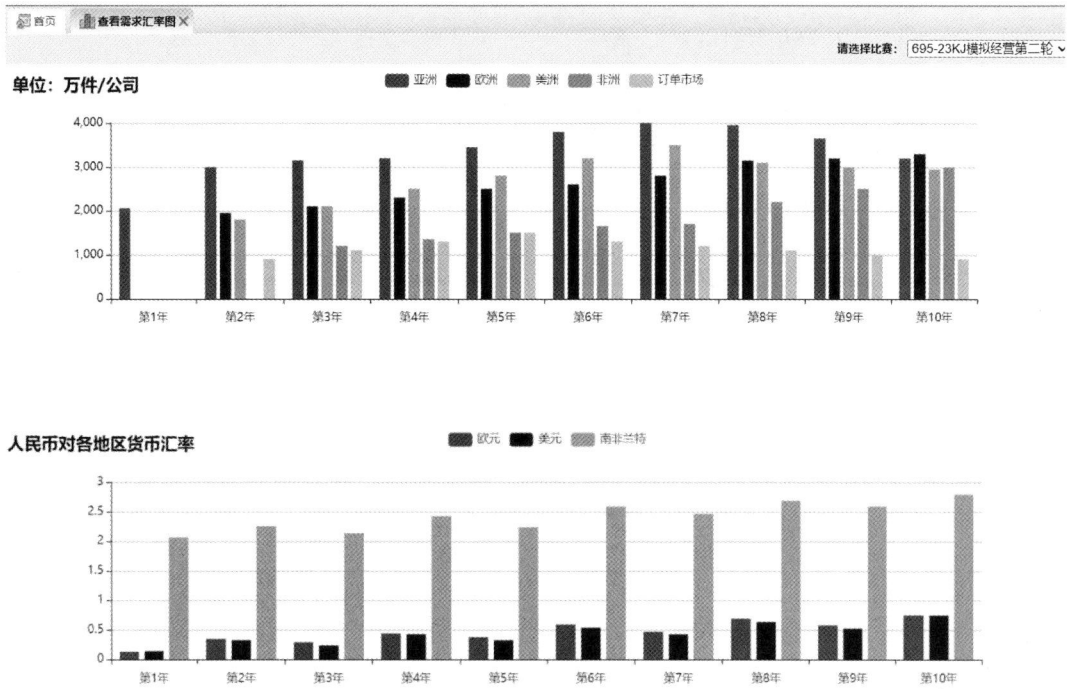

图 7-7　需求汇率（见彩图）

3. 查看仿真模拟练习决策处理时间（图 7-8），在规定时间内提交决策结果，否则视为未做决策。

第1年决策处理时间:	2024-09-18 10:55:50
第2年决策处理时间:	2024-09-18 13:00:21
第3年决策处理时间:	2024-09-18 21:01:56
第4年决策处理时间:	2024-09-25 10:40:07
第5年决策处理时间:	2024-09-25 11:40:00
第6年决策处理时间:	2024-09-25 19:46:50

图 7-8　查看决策处理时间

4. 点击生产部决策（图 7-9），分别完成企业管理决策仿真模拟的生产产品决策与生产规划决策。

5. 点击物流部决策（图 7-10），分别完成企业管理决策仿真模拟的自主产品物流决策和订单产品物流决策。

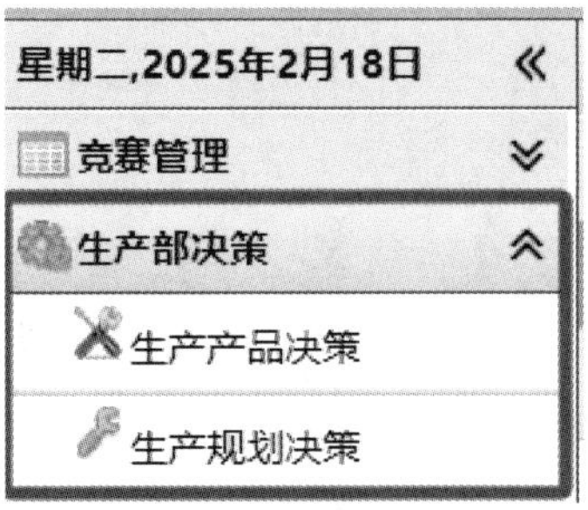

图 7-9 生产部决策

图 7-10 物流部决策

📝 笔记

第八章

企业市场与财务决策

📖 **学习目标** ··

知识目标：

　　掌握市场决策和财务决策制定过程中的各个要素。

能力目标：

　　① 能够根据公司战略进行订单市场、批发市场、电商市场和品牌代言人决策的制定；

　　② 能够根据市场预测进行债券市场、股票市场和短贷分红等财务决策的制定。

素质目标：

　　① 培养创新思维和国际化视野；

　　② 培养面对复杂多变环境、不怕困难迎难而上的意志品质。

···

第一节　市场决策

　　市场决策是指企业根据市场需求、竞争环境、消费者行为、企业资源等因素，制定和实施的各类营销活动的决策过程。其核心目的是通过合理的市场选择和战略规划，满足顾客需求，实现企业的长期发展和盈利目标。市场决策通常涉及市场定位、产品开发、定价策略、销售渠道选择、促销活动等内容，是企业营销战略的重要组成部分。有效的市场决策能够帮助企业在竞争激烈的市场中占据有利位置，提升品牌影响力和市场份额。

一、订单市场决策

　　订单市场决策操作如下：点击系统左侧导航栏中的"订单市场决策"，进入订单市场决策界面；选择右上角比赛，可以查看不同比赛的决策界面；选择右上角年份可以查看不同年份的决策数据，如图 8-1 所示。

　　订单市场决策界面包含交付订单和竞标订单两个模块的决策。

图 8-1　订单市场决策界面

1. 交付订单

如果公司上一年有中标的订单，中标的订单信息就会显示在"交付订单"目录下面，今年就需要按照订单中的产品数量、产品质量、产品种类生产订单产品并配送到中标订单中的交货地区，如果没有交付订单就要支付订单预算金额三倍的违约金。

首先，在生产产品决策界面按照中标订单中的产品数量、产品质量、产品种类的要求生产对应的产品。如果中标订单中要求的交货地区有工厂，可以优先在对应地区工厂生产订单产品，这样物流成本相对较低。如果中标订单中要求的交货地区没有工厂，也可以在其他地区工厂生产订单产品。

其次，在生产产品决策界面完成订单产品生产后，在订单产品物流决策界面按照中标订单的要求进行订单产品的配送。以订单产品物流决策界面中不同地区的"累计产品数量""累计加权产品质量""累计加权产品种类"作为判断标准，确定配送后的产品是否满足交货条件。如果一个地区有多个中标订单，产品质量和产品种类都需要满足所有中标订单中的最高值才能够完成所有订单的交货。

最后，在订单产品物流决策界面完成订单产品配送后，在订单市场决策界面中勾选中标订单后面的选项框进行交货操作。如果能够选中，表示交货成功；如果不能选中，则表示订单产品物流决策界面中配送的"累计产品数量""累计加权产品质量""累计加权产品种类"没有达到中标订单的要求，重新调整配送后再进行订单交付。

注意：如果交货完成后，在生产产品决策页面对已经生产的订单产品进行了调整或在订单产品物流配送页面对订单产品配送进行了调整，需要点击系统左侧导航栏中的"订单市场决策"，重新进入订单市场决策界面检查交货选项是否勾选。因为在调整订单产品生产或订单产品物流配送的过程中，当出现产品数量、产品质量、产品种类不能满足中标订单的要求时，系统就会自动取消该地区的订单交货选项，用户需要重新进行交货操作。

2. 竞标订单

系统每年会根据比赛组数从订单库随机选择不同产品质量、产品种类、产品数量、交货地区以及订单价值的订单。用户可根据订单预算金额和公司实际情况决定是否参与订单竞标。如果确定要参与订单竞标，可以先行计算对应订单生产、物流以及税费等综合成本，加上自己想要的利润空间得出最终竞标价格。竞标结果在下一年度查看，中标订单也在下一年度交付。

当比赛组数小于等于 10 组时，系统每年按照实际组数选择对应数量的订单，如果超过 10 组，每年只提供 10 个订单。每个用户每年最多可以参与 3 个订单的竞标，无论是否中标，都要按照每个订单 8 万元的金额支付竞标费用。

注意：每个订单系统都会计算出平均投标价和最低投标价，按照"平均投标价×0.7＋最低投标价×0.3"的公式计算出基准投标价，竞标金额和基准投标价最接近的公司中标。如果有多个公司竞标金额与基准投标价的差额绝对值都一样，则低于基准投标价的公司中标。如果有多个公司竞标金额与基准投标价差额绝对值相同且都低于基准投标价，则最先保存的公司中标。

竞标结果在下一年度查看，中标订单也在下一年度交付。

完成竞标决策以后点击页面中的"保存"按钮。成功保存以后，系统会有"数据保存成功"的提示，同时页面右上角的图片由"**保存**❌"变为"**保存**✅"。

二、批发市场决策

批发市场和电商市场是公司自主产品最主要的两个销售市场。批发市场是传统的交易场所，主要进行大宗商品的交易，通常是生产商和零售商之间的中间环节。批发商通过批量采购，再将商品以较低的价格卖给零售商、经销商或其他商家。批发市场通常以线下市场为主，往往不直接面对最终消费者。批发市场决策具体操作如下。

点击系统左侧导航栏中的"批发市场决策"，进入批发市场决策界面，选择右上角比赛，可以查看不同比赛的决策数据，选择右上角年份可以查看不同年份的决策数据，如图 8-2 所示。

注意：模拟第一年系统设定自主产品销量中批发市场占比 80%，电商市场占比 20%。随着电商市场的迅猛发展，电商市场占比逐年递增，批发市场占比逐年递减，电商市场每年占比可在产业报告中查看。

1. 可供销售数量

自主产品物流决策中配送到该地区的累计产品数量乘以当年批发市场占比所得的数据。

2. 市场总需求

需求图中每个地区当年平均需求乘以比赛组数，再乘以当年批发市场占比所得的数据。

3. 预测本年销量

默认数据是当年该地区批发市场中各公司的平均需求数量。可以预测本公司当年产品

星期四，2025年7月24日

竞赛管理
生产部决策
物流部决策
市场部决策
　订单市场决策
　批发市场决策
　电商市场决策
　品牌代言人决策

财务部决策
竞赛报告分析
财务报表分析
图表分析
系统管理

请选择比赛：605-23KJ模拟经营第二轮　请选择年份：第 7 年 保存

		亚洲	欧洲	美洲	非洲
仓库（批发市场）—	可供销售数量（万件/公司）	2040	680	1706	768
预测市场需求—	市场总需求（万件）	95200	66640	83300	40460
	预测本年销量（万件/公司）	2720	1904	2380	1156
价格—	产品批发价/件	81	85	83	80
渠道—	代理商数量（个）	1000	1000	1000	300
服务—	服务支持投入（万元）	100	100	100	100
推广（促销）—	折扣让利（元/件）	1	2	2	0
	广告投入（万元）	1000	1000	1000	1000
	展会投入（万元）	100	100	100	100
公共关系—	公共关系费用支出（万元）	3000	3000	3000	3000
政治力量—	地区政治、经济政策研究支出（万元）	1000	1000	1000	1000
清仓—	存货清仓	●不清仓 ○清仓	●不清仓 ○清仓	●不清仓 ○清仓	●不清仓 ○清仓
产品—	产品质量（分）	56	56	57	56
	产品种类（种）	60	60	75	60
	产品品牌（分）	39	37	39	39
	客户满意度（分）	39	39	39	18
收入(预测)—	营业收入（万元）	163200	56440	138186	61440
	汇率损益（万元）	0	2071	1627.22	0
成本—	生产成本（万元）	56528.4	18842.8	56605.08	21281.28
	运输成本（万元）	5760	2424	6171.9	2164.6
	仓储成本（万元）	3060	1700	3412	768
	营销成本（万元）	5500	5600	5700	5260
	管理成本（万元）	1000	1400	1500	600
应纳税额(预测)—	增值税&所得税（万元）	38749.9	15178.75	26970.01	14753.53
利润(预测)—	净利润（万元）	52601.7	13365.45	39454.23	16612.59
	单位净利润（元/件）	25.79	19.66	23.13	21.63

保存

友情提醒：此屏显示的量本利分析数据均是根据各地区"平均市场需求"和"可供销售数量"中的最低值为你公司的产品销量进行推算的结果，真实销售收入和利润以实际处理结果为准。

图 8-2　批发市场决策界面

的销量，并对"预测本年销量"数据进行调整。如果产品定位是中低端，产能较大，在决策合理的情况下，一般来说销量会比默认的"预测本年销量"要多。如果产品定位是中高端，产能较小，在决策合理的情况下，销量会比默认的"预测本年销量"要少。"预测本年销量"最多不能超过"可供销售数量"的值。本界面中预测营业收入的计算中产品销量数据来源于填写的"可供销售数量"。"可供销售数量"预测得越准确，在页面下半部分看到的预测营业收入、净利润等数据就越接近真实数据。

4.产品批发价

批发价是给批发商的价格，每件最高不能超过 100 元，批发商一般以批发价的两倍左右卖给终端消费者。产品批发价越低，越能促进产品的销售，但同时也会摊薄产品的利润，是一把双刃剑。如何进行产品定价呢？需要根据市场供需关系、产品定位、成本以及竞争环境等进行综合考虑。如果产品定位是中高端，由于中高端产品的质量、服务、品牌等一般都要高于市场平均值，成本一般也会高于市场平均值，因此，定价一般也会高于市场平均价格。模拟第一年，可以根据产品定位和单元格上限值预填一个价格，待该地区所有营销决策全部完成后，再根据页面下半部分显示的系统预测数据进行价格调整，确保利润空间可以接受。

5. 代理商数量

每个地区代理商数量最低可以输入 10 家，最高可以输入 1000 家。代理商数量越多，客户购买产品就越方便，客户满意度就会越高，就能够促进产品销量。但是代理商越多，总的代理商支持费用也就会越高，会摊薄利润，是一把双刃剑。

知识点

代理商是指在一方（委托方）与另一方（客户或消费者）之间代表委托方进行业务操作和交易的中介机构或个人。代理商通常有权以委托方的名义进行各种商业活动，如销售产品、提供服务或签订合同等。代理商根据其在市场中的角色和活动的不同，通常可以分为销售代理商、经销商代理商和服务代理商三种类型。

销售代理商代表生产商或供应商在特定地区或市场中销售产品或服务。他们通常不拥有产品的所有权，而是通过销售赚取佣金。

经销商代理商与生产商或供应商达成协议，购买产品后再转售给最终消费者。他们通常拥有产品的所有权。

服务代理商通常为某个品牌提供维修、客户服务或其他支持性服务。

6. 服务支持投入

为了提升客户购物体验，为客户提供更好的服务，需要服务支持投入（比如提供免费试用或样品、提供咨询服务等）。服务支持投入每年最多为 5000 万元。服务支持投入越多，售后保障就越完善，客户满意度就越高，购买产品的意愿也就越强。但是服务支持投入会增加营销成本，从而摊薄产品利润，是一把双刃剑。

7. 折扣让利

折扣让利是指为了提高产品的销量而采取的一种促销手段，折扣让利最多不超过 10 元每件。折扣让利越大，越能吸引更多的客户购买产品。同时，折扣让利也会摊薄产品利润。

注意：这里的折扣是指商业折扣。

8. 广告投入

广告每年最多可以投入 1 亿元。广告能够提高产品知名度和品牌影响力，从而促进产品的销售，但同时会增加成本费用，从而摊薄产品利润，是一把双刃剑。

9. 展会投入

展会每年最多可以投入 1000 万元。作为一家跨国企业，参加全球各地区的展会，让客户近距离感受产品的质量和魅力，有利于提高产品知名度和品牌影响力，从而促进产品销售，但同时也会增加成本费用，从而摊薄产品利润，是一把双刃剑。

10. 公共关系费用支出

公共关系费用支出每年最多可以投入 1 亿元。为了维护和当地部门的关系、支持当地的公益事业，从而提升公司产品的知名度和品牌影响力，确保地区市场的稳定，需要投入一定的公共关系费用。公共关系费用支出能够促进产品销售，但同时也会增加成本费用，从而摊薄产品利润，是一把双刃剑。

11. 地区政治、经济政策研究支出

作为一家跨国企业，进入一个陌生的地区市场，首先应该了解该地区的政治环境、经济政策、法律法规、人口以及消费水平等信息，从而制定出合理的营销政策。地区政治、经济政策研究支出，能够促进产品销售，但同时会增加成本费用，从而摊薄产品利润，是一把双刃剑。

12. 存货清仓

存货清仓一般在战略转型时使用，如果以前的产品定位是中低端，现在需要转型做中高端，存货会拉低产品质量分值，影响公司战略转型。选择清仓后，存货将以 10 元每件的价格全部处理掉。

13. 产品质量

指自主产品物流决策界面中配送到该地区所有产品的加权平均质量。

14. 产品种类

指自主产品物流决策界面中配送到该地区所有产品的加权平均种类。

15. 产品品牌

品牌得分由公共关系投入、广告投入、展会投入三项最近三年的平均值以及品牌代言人等因素共同决定。

16. 营业收入

营业收入等于预测本年销量和可供销售产品数量中的最低值乘以产品批发价格。此处营业收入是含税收入。

17. 客户满意度

客户满意度是影响产品销量的核心指标之一，客户满意度分值越高，越能促进产品的销售。客户满意度由产品性价比、服务支持投入、代理商数量三个因素决定。其中代理商数量和性价比取当年数值，服务支持投入取近三年平均值。

18. 汇率损益

汇率损益产生的两个必要条件是要有应收账款和汇率波动存在。系统初始设定上一年批发市场和订单市场上营业收入的 20％ 为应收账款，汇率波动指的是本年和上一年相比较，人民币兑换欧元（欧洲）、美元（美洲）、南非兰特（非洲）的差额。人民币贬值就会产生汇率收益，人民币升值就会产生汇率损失。汇率损益记入利润表中汇兑损益科目。

19. 生产成本

生产成本是指当年各地区工厂运送到该地区产品的生产成本和年初产品存货的生产成本进行加权平均处理后的值。

20. 运输成本

运输成本是指当年各地区工厂运送到该地区产品的运输成本之和。

21. 仓储成本

仓储成本是指各地区工厂运送到该地区产品的仓储成本之和加年初产品存货的仓储成本。

22. 营销成本

营销成本包含服务支持投入、地区政治、经济政策研究支出、公共关系费用支出、广告投入、展会投入等各项费用。

23. 管理成本

管理成本费用一般为默认固定值。由系统初始设定，在教学环节，可能会根据教学需要进行调整。

24. 增值税和所得税

包含企业缴纳的增值税和所得税。批发市场销售产品时需要缴纳增值税，企业盈利以后，盈利部分需要缴纳所得税。增值税税率，各地区有所不同，所得税默认统一按照25%征收。在教学环节，可能会根据教学需要进行调整。

25. 净利润

指批发市场营业收入减去各种成本和扣除税费后的所得。

26. 单位净利润

指批发市场销售产品产生的净利润除以预测本年销量后的值。

完成所有决策后，点击页面中的"保存"按钮。成功保存以后，系统会有"数据保存成功"的提示，同时页面右上角的图片由"**保存** ❌"变为"**保存** ✅"。

三、电商市场决策

电商市场是指通过互联网平台进行商品交易的市场，包括 B2C（商家对消费者）、B2B（商家对商家）、C2C（消费者对消费者）等模式，主要通过在线平台来完成商品交易。电商市场的交易方式线上化，能够接触到全球客户，商品种类繁多，直接面向消费者或企业。电商市场以平台为主，如淘宝、京东、拼多多等，是线上交易的主导力量。商家和消费者之间的交易往往不再依赖地域限制。电商市场决策操作如下。

点击系统左侧导航栏中的"电商市场决策"，进入电商市场决策界面，选择右上角比赛，可以查看不同比赛的决策数据，选择右上角年份可以查看不同年份的决策数据，如图8-3所示。

注意：电商市场和批发市场是公司自主产品最主要的两个销售市场。模拟第一年系统设定自主产品销量中电商市场占比20%，批发市场占比80%。随着电商市场的迅猛发展，电商市场占比逐年递增，批发市场占比逐年递减，电商市场每年占比可在产业报告中查看。

1. 可供销售数量

自主产品物流决策中配送到该地区的累计产品数量乘以当年电商市场占比所得的数据。

2. 市场总需求

需求图中每个地区当年平均需求乘以比赛组数，再乘以当年电商市场占比所得的数据。

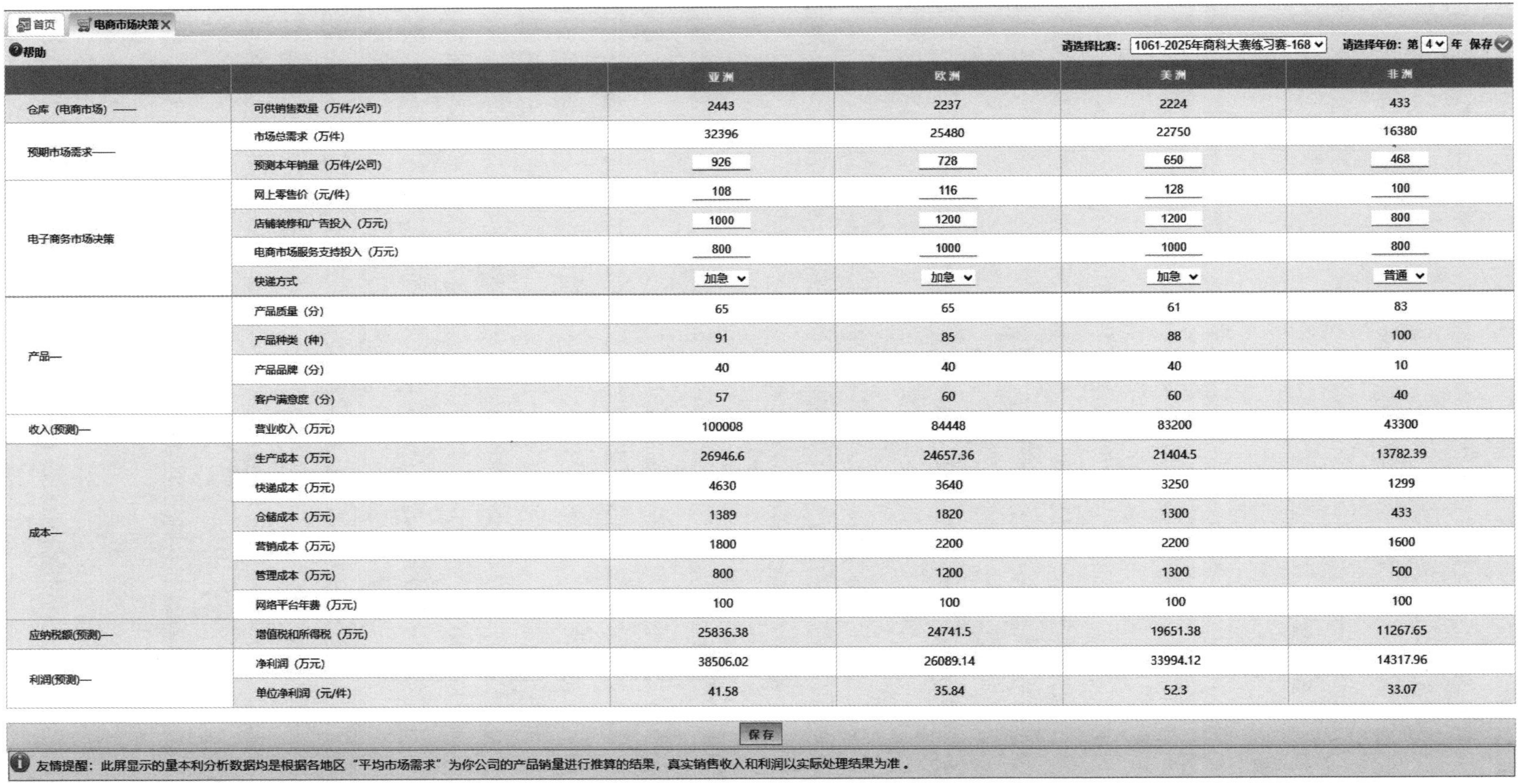

首页 | 电商市场决策 ✕

❓帮助

请选择班级: 1061-2025年商科大赛练习第168 ▾　　请选择年份: 第 4 ▾ 年　保存

		亚洲	欧洲	美洲	非洲
仓库 (电商市场)——	可供销售数量 (万件/公司)	2443	2237	2224	433
预测市场需求——	市场总需求 (万件)	32396	25480	22750	16380
	预测本年销量 (万件/公司)	926	728	650	468
	网上零售价 (元/件)	108	116	128	100
电子商务市场决策——	店铺装修和广告投入 (万元)	1000	1200	1200	800
	电商市场服务支持投入 (万元)	800	1000	1000	800
	快递方式	加急 ▾	加急 ▾	加急 ▾	普通 ▾
产品——	产品质量 (分)	65	65	61	83
	产品种类 (种)	91	85	88	100
	产品品牌 (分)	40	40	40	10
	客户满意度 (分)	57	60	60	40
收入(预测)——	营业收入 (万元)	100008	84448	83200	43300
成本——	生产成本 (万元)	26946.6	24657.36	21404.5	13782.39
	快递成本 (万元)	4630	3640	3250	1299
	仓储成本 (万元)	1389	1820	1300	433
	营销成本 (万元)	1800	2200	2200	1600
	管理成本 (万元)	800	1200	1300	500
	网络平台费 (万元)	100	100	100	100
应纳税额(预测)——	增值税和所得税 (万元)	25836.38	24741.5	19651.38	11267.65
利润(预测)——	净利润 (万元)	38506.02	26089.14	33994.12	14317.96
	单位净利润 (元/件)	41.58	35.84	52.3	33.07

保存

❶ 友情提醒: 此屏显示的量本利分析数据时是根据各地区"平均市场需求"为你公司的产品销量进行推算的结果，真实销售收入和利润以实际处理结果为准。

图 8-3　电商市场决策界面

3. 预测本年销量

默认数据是当年该地区电商市场中各公司的平均需求数量。可以预测本公司当年产品的销量，并对"预测本年销量"数据进行调整。如果产品定位是中低端，产能较大，在决策合理的情况下，一般来说销量会比默认的"预测本年销量"要多。如果产品定位是中高端，产能较小，在决策合理的情况下，销量会比默认的"预测本年销量"要少。"预测本年销量"最多不能超过"可供销售数量"的值。本界面中预测营业收入计算中的产品销量数据来源于填写的"可供销售数量"。"可供销售数量"预测得越准确，在界面下半部分看到的预测营业收入、净利润等数据就越接近真实数据。

4. 网上零售价

电商市场是指公司入驻各主流电商平台进行的 B2C 业务，公司直接面向终端消费者，因此，电商市场定价和批发市场中定价不同。批发市场中批发商一般会以两倍左右的批发价卖给终端消费者，为了平衡各渠道商的利益，网上零售价格需大于该地区批发价，且最高不超过 200 元。

5. 店铺装修和广告投入

由于电商市场是公司入驻主流电商平台销售产品，因此，每年需要投入一定的资金用于店铺装修和广告，以吸引客户购买产品。店铺装修和广告每年最多可以投入 5000 万元。店铺装修和广告投入能够促进产品销售，但同时也会增加成本费用，从而摊薄产品利润，是一把双刃剑。

6. 电商市场服务支持投入

网上销售售前咨询和售后退换货等服务支持相对较多。电商市场服务支持投入越多，服务配套就越完善，在一定程度上会促进电商市场的产品销售。电商市场服务支持投入能够促进产品销售，但同时也会增加成本费用，从而摊薄产品利润，是一把双刃剑。

7. 快递方式

客户在网上下单后，产品从各洲仓储中心就近发货，并提供包邮服务，快递方式有"普通快递"和"加急快递"两种方式。系统默认"普通快递"方式，如果选择"加急快递"，客户满意度会提高，能够促进产品的销售，但同时会增加成本费用，从而摊薄产品利润，是一把双刃剑。

8. 产品质量

指自主产品物流决策界面中配送到该地区所有产品的加权平均质量。

9. 产品种类

指自主产品物流决策界面中配送到该地区所有产品的加权平均种类。

10. 产品品牌

品牌得分由公共关系投入、广告投入、展会投入三项最近三年的平均值以及品牌代言人等因素共同决定。

11. 客户满意度

电商市场中客户满意度由产品性价比、服务支持投入、店铺装修和广告投入、快递方式四个因素决定。

12. 营业收入

营业收入等于预测本年销量和可供销售产品数量中的最低值乘以网上零售价。此处营业收入是含税收入。

13. 汇率损益

汇率损益产生的两个必要条件是要有应收账款和汇率波动存在。系统初始设定上一年批发市场和订单市场上营业收入的 20％为应收账款，汇率波动指的是本年和上一年相比较，人民币兑换欧元（欧洲）、美元（美洲）、南非兰特（非洲）的差额。人民币贬值就会产生汇率收益，人民币升值就会产生汇率损失。汇率损益记入"财务费用——汇兑损益"账户，列示在利润表中。

14. 生产成本

生产成本是指当年各地区工厂运送到该地区产品的生产成本和年初产品存货的生产成本进行加权平均处理后的值。

15. 快递成本

快递成本是指选择普通快递或加急快递的快递费用。

16. 仓储成本

仓储成本是指各地区工厂运送到该地区产品的仓储成本之和。

17. 营销成本

电商市场营销成本包含服务支持投入、店铺装修和广告投入两部分。

18. 管理成本

管理成本费用一般为默认固定值。由系统初始设定，在教学环节，可能会根据教学需要进行调整。

19. 网络平台年费

系统设定初始年费是每个地区每年 100 万元，实际教学中可能根据实际情况进行调整。

20. 增值税和所得税

包含企业缴纳的增值税和所得税。电商市场销售产品时需要缴纳增值税，企业盈利以后，盈利部分需要缴纳所得税。增值税税率，各地区有所不同，所得税默认统一按照25％征收。在教学环节，指导教师可能会根据教学需要进行调整。

21. 净利润

指电商市场营业收入减去各种成本和扣除税费后的所得。

22. 单位净利润

指电商市场销售产品产生的净利润除以预测本年销量后的值。

完成所有决策后，点击页面中的"保存"按钮。成功保存以后，系统会有"数据保存成功"的提示，同时页面右上角的图片由"保存❌"变为"保存✅"。

四、品牌代言人决策

品牌代言人决策是品牌营销战略中非常重要的一部分，选择合适的代言人能够显著提升品牌的知名度、形象和销售业绩。然而，品牌代言人选择不仅仅是基于名气和"粉丝"数，还需要综合考虑品牌的定位、目标受众、代言人的形象与价值观等多方面因素。另外，选择代言人时，品牌需要评估代言费用与预期回报之间的关系。大牌明星的代言费用往往非常高，品牌需要确保投资回报的合理性。品牌代言人决策具体操作如下。

点击系统左侧导航栏中的"品牌代言人决策"，进入品牌代言人决策界面。选择右上角比赛，可以查看不同比赛的决策数据，选择右上角年份可以查看不同年份的决策数据，如图 8-4 所示。

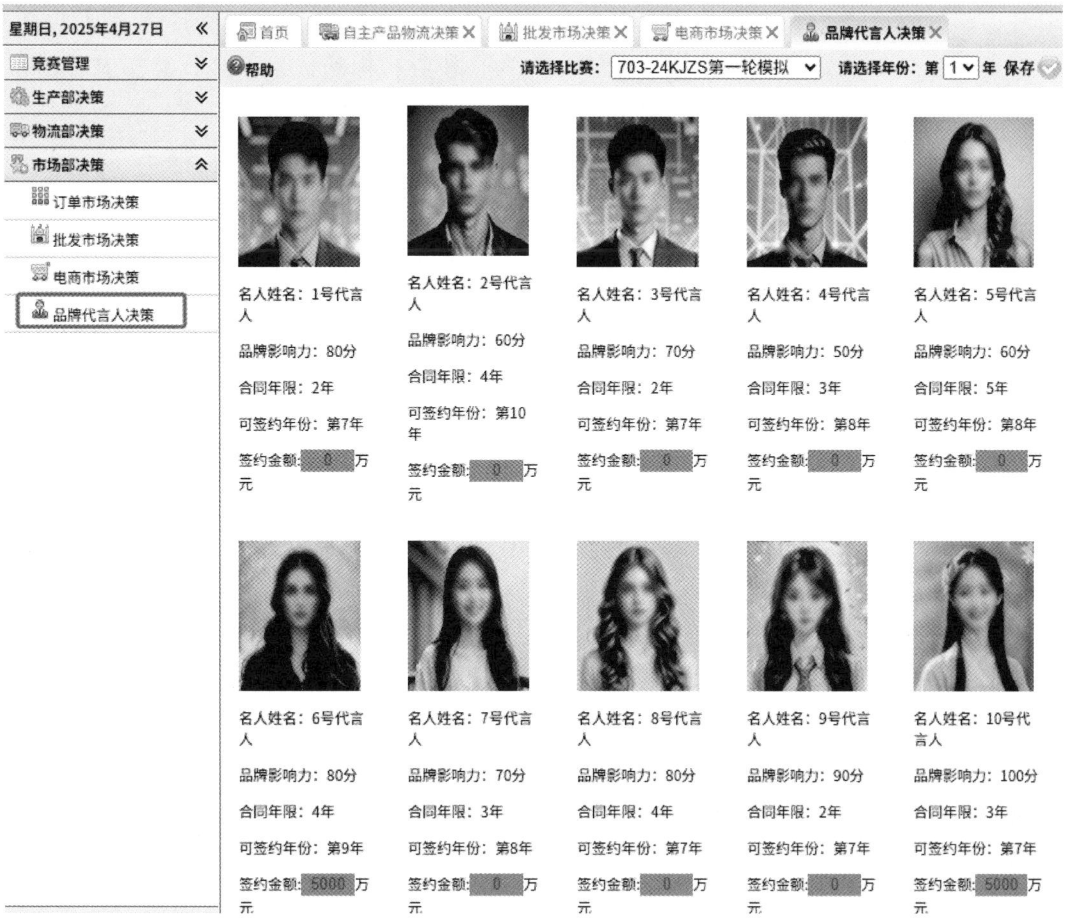

图 8-4　品牌代言人决策界面

签约代言人可以提高产品品牌分值，每个代言人的品牌影响力不尽相同，品牌影响力分值越高的代言人对提高产品品牌效果越好。

每年都有不同的代言人可以竞标签约，所有公司都可参与竞标，竞标金额最低 100 万元，出价最高者中标。如出现多个最高价，则按照自主产品批发市场四个地区产品质量分值和客户满意度分值之和最高的公司中标。如果有多个最高价，且四个地区产品质量分值和客户满意度分值之和相同，则最先出价并成功保存的公司中标。

代言人竞标时需要重点关注代言人的品牌影响力、合同年限、可签约年份。如果产品战略是中低端，产品品牌要求不高，就可以不参与代言人竞标活动。

注意：无论是否中标，参与的每个代言人竞标都需要支付 8 万元竞标费用。成功签约品牌代言人的企业下一年开始计算代言人的品牌影响力。如果签约多个品牌代言人，品牌影响力分值会累加，但遵循边际效用递减原则。

五、影响销量的关键指标

在批发市场中系统会根据产品价格、产品种类、产品质量、产品品牌、客户满意度、产品促销，以及地区政治、经济政策研究七个核心指标的优劣综合计算所获得的市场份额。在电商市场中，系统会根据产品价格、产品种类、产品质量、产品品牌、客户满意度，以及地区政治、经济政策研究六个核心指标的优劣综合计算所获得的市场份额。

1. 产品价格

系统会根据产品价格和当年行业算术平均值进行比较，如果产品价格低于当年行业算术平均值，则具有价格优势，所获得的市场份额就会相对较多；反之，则相对较少。

2. 产品种类

系统会根据产品种类和当年行业算术平均值进行比较，如果产品种类高于当年行业算术平均值，则具有产品种类优势，所获得的市场份额就会相对较多；反之，则相对较少。

3. 产品质量

系统会根据产品质量和当年行业算术平均值进行比较，如果产品质量高于当年行业算术平均值，则具有质量优势，所获得的市场份额就会相对较多；反之，则相对较少。

4. 产品品牌

系统会根据产品品牌分值和当年行业算术平均值进行比较，如果产品品牌分值高于当年行业算术平均值，则具有品牌优势，所获得的市场份额就会相对较少。

5. 客户满意度

系统会根据客户满意度分值和当年行业算术平均值进行比较，如果客户满意度分值高于当年行业算术平均值，则具有客户满意度优势，所获得的市场份额就会相对较多；反之，则相对较少。

6. 产品促销

系统会根据产品促销价格和当年行业算术平均值进行比较，如果产品促销价格高于当年行业算术平均值，则具有促销方面的优势，所获得的市场份额就会相对较多；反之，则相对较少。影响电商市场销量的 KPI 指标中没有产品促销指标。

7. 地区政治、经济政策研究

系统会根据地区政治、经济政策研究投入金额和当年行业算术平均值进行比较，如果地区政治、经济政策研究投入高于当年行业算术平均值，则具有政策研究方面的优势，能够提前把握一些机会以及规避一些风险，系统判定所获得的市场份额就会相对较多；反之，则相对较少。

影响批发市场销售量的关键指标如图 8-5 所示。影响电商市场销量的关键指标如图 8-6 所示。

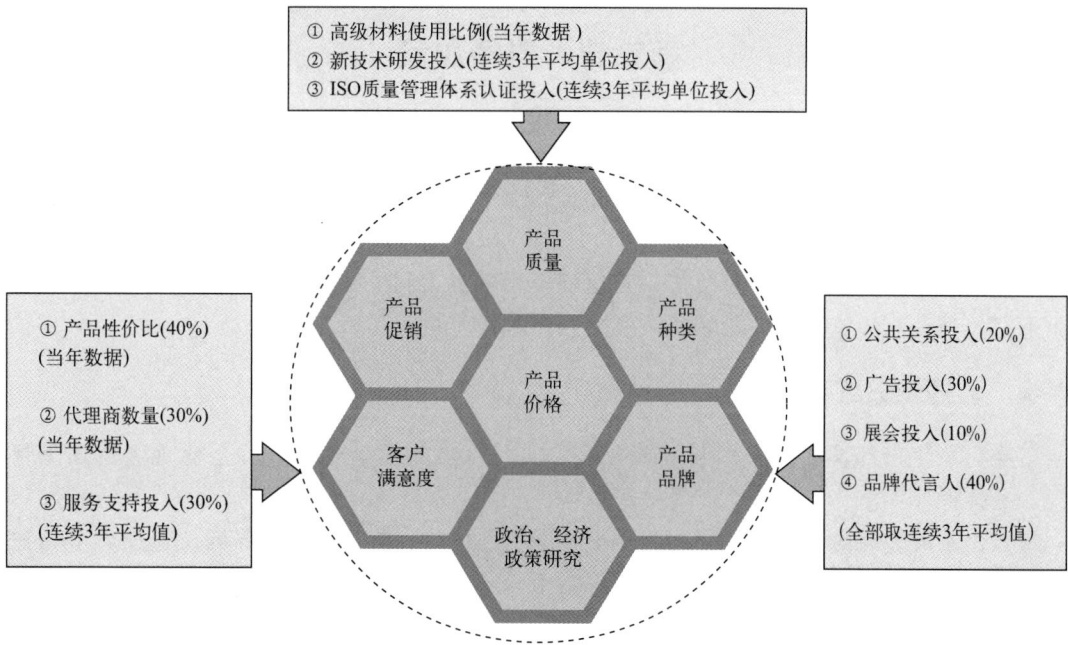

① 高级材料使用比例(当年数据)
② 新技术研发投入(连续3年平均单位投入)
③ ISO质量管理体系认证投入(连续3年平均单位投入)

产品质量

产品促销   产品种类

产品价格

客户满意度   产品品牌

政治、经济政策研究

① 产品性价比(40%)(当年数据)
② 代理商数量(30%)(当年数据)
③ 服务支持投入(30%)(连续3年平均值)

① 公共关系投入(20%)
② 广告投入(30%)
③ 展会投入(10%)
④ 品牌代言人(40%)
(全部取连续3年平均值)

图 8-5　影响批发市场销量的关键指标

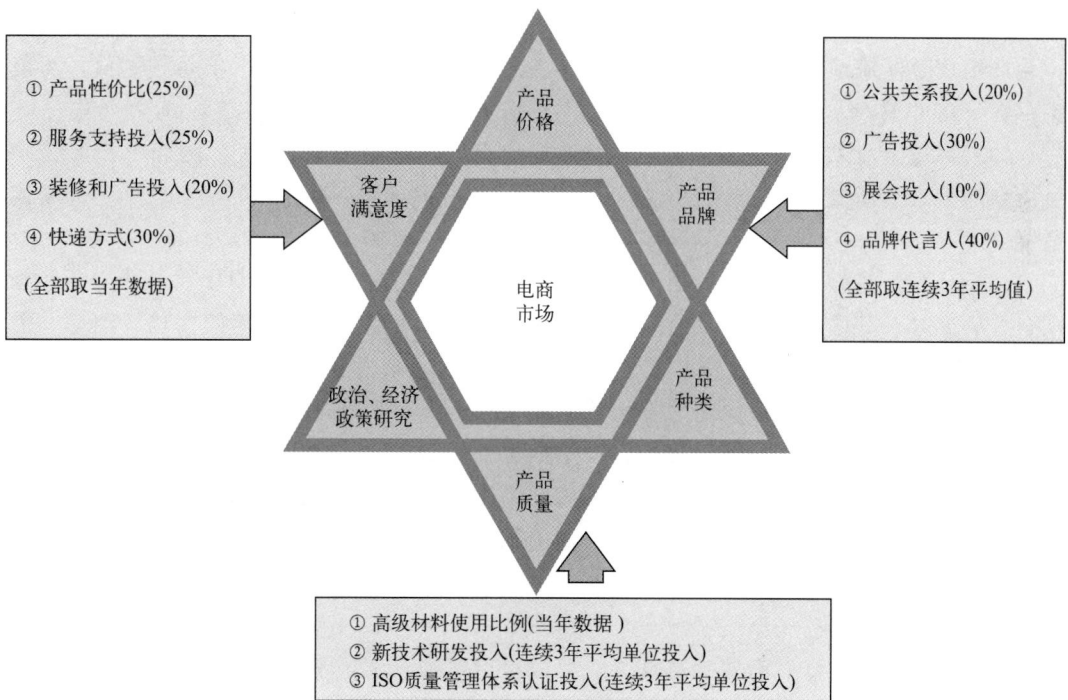

① 产品性价比(25%)
② 服务支持投入(25%)
③ 装修和广告投入(20%)
④ 快递方式(30%)
(全部取当年数据)

① 公共关系投入(20%)
② 广告投入(30%)
③ 展会投入(10%)
④ 品牌代言人(40%)
(全部取连续3年平均值)

产品价格

客户满意度   产品品牌

电商市场

政治、经济政策研究   产品种类

产品质量

① 高级材料使用比例(当年数据)
② 新技术研发投入(连续3年平均单位投入)
③ ISO质量管理体系认证投入(连续3年平均单位投入)

图 8-6　影响电商市场销量的关键指标

第二节　财务决策

财务决策是指在企业经营过程中，基于对财务信息的分析与判断，做出的与资金使用、资源配置、盈利目标和风险管理等相关的决策。良好的财务决策能够帮助企业优化资源配置，提高资本使用效率，控制风险，最终推动企业长期发展。财务决策涉及多个方面，主要包括投资决策、融资决策、营运资本管理决策和分配决策等。在系统中，财务决策通过短贷分红决策、债券市场决策和股票市场决策进行仿真模拟。

一、短贷分红决策

在完成生产部、物流部、市场部决策后，需要在此决策界面查看企业现金流预测情况，具体操作如下。

点击系统左侧导航栏中的"短贷分红决策"，进入短贷分红决策界面，选择右上角比赛，可以查看不同比赛的决策数据，选择右上角年份可以查看不同年份的决策数据，如图8-7所示。

1. 短期贷款

用户可以根据"短贷分红决策"界面中的"现金流入合计"加"年初余额"之和与"现金流出合计"进行比较，判断公司当年的现金流状况。

如果"现金流入合计"加"年初余额"之和大于"现金流出合计"，则表示当年公司不会产生现金断流情况，但是需要注意其中"当年预测含税营业收入"值是预测值，可能会存在一定的偏差。

如果"现金流入合计"加"年初余额"之和小于"现金流出合计"，则表示当年公司可能会产生现金断流情况，因此企业就需要进行融资操作，确保公司不会产生现金断流情况。

如果公司没有融资或者融资后现金依然不足，系统会自动给予短期贷款，贷款金额为现金差额部分。其中，系统自动贷款部分利息率是正常短期贷款利息率的2倍。因此，需要合理规划融资方案和融资金额。

如果需要融资，系统提供了债券融资、股票融资、短期贷款三种融资方式。在本界面中可以进行"一年期短期贷款"操作，一年期短期贷款每年最多可以借款1亿元，下一年系统会连本带息从公司账户中自动扣除，无须手动还款。一年期借款利息率受公司的债券评级影响，债券评级越高，表示信用越好，借款利息率就越低；反之，债券评级越低，借款利息率就越高。

2. 现金分红

如果公司盈利且账户有富余的现金，可以进行适当分红，本系统采取的是现金分红方式。如果每年都进行分红，且分红金额都在增加，则对提高公司股票价格有一定的积极作用。

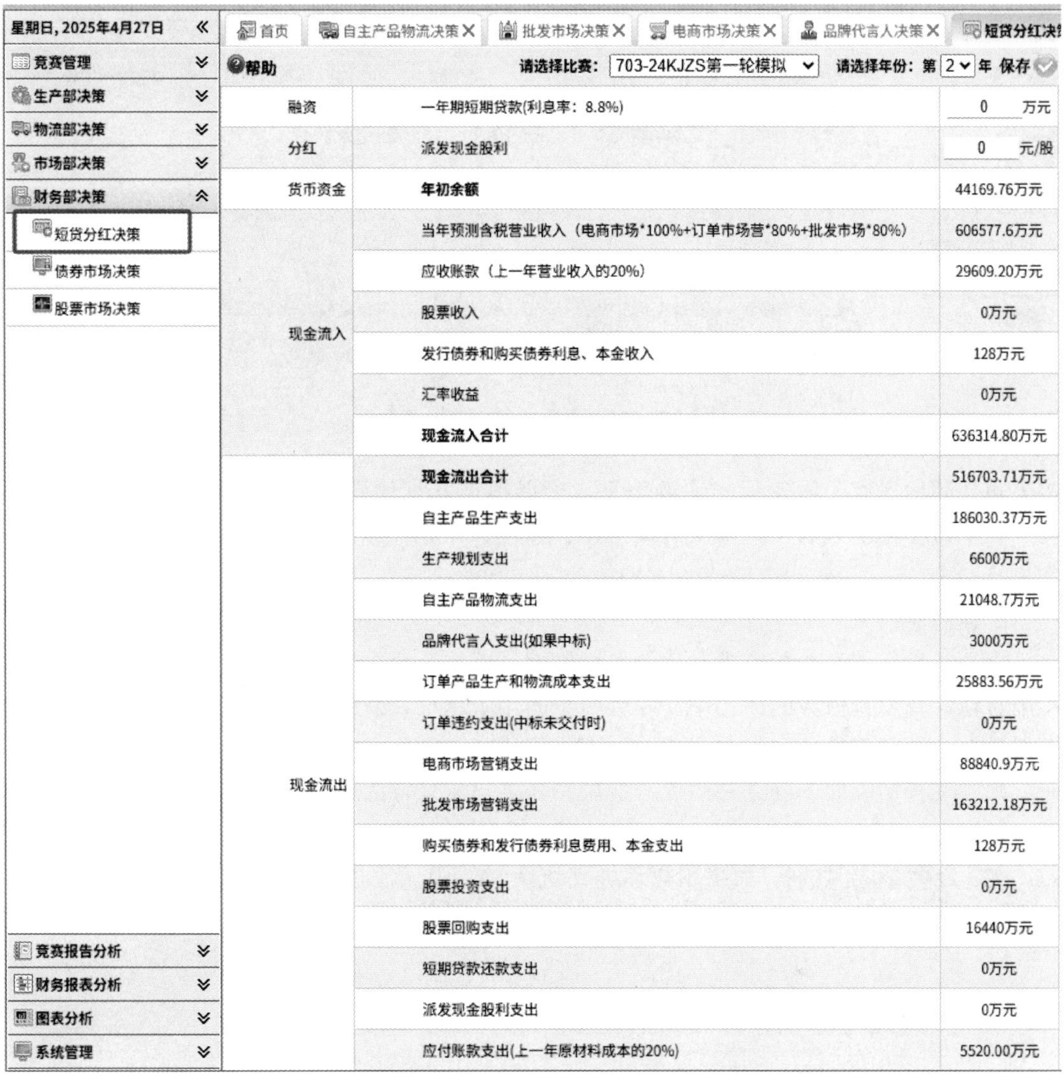

图 8-7　短贷分红决策界面

二、债券市场决策

债券市场决策是指在债券市场上进行投资、融资或其他金融活动时所做的决策。这些决策涉及多个方面，包括债券的选择、债券的发行、债券的认购等，通常需要根据市场环境、资金需求、信用状况以及宏观经济情况来做出。债券市场决策操作如下。

点击系统左侧导航栏中的"债券市场决策"，进入债券市场决策界面，选择右上角比赛，可以查看不同比赛的债券市场决策数据，选择右上角年份可以查看不同年份的决策数据，如图 8-8 所示。

1. 债券交易中心

债券融资作为现代企业一种重要的融资手段，是指向投资者发行，同时承诺按一定利率支付利息并按约定条件偿还本金的债权债务凭证。"债券交易中心"标签界面显示了除

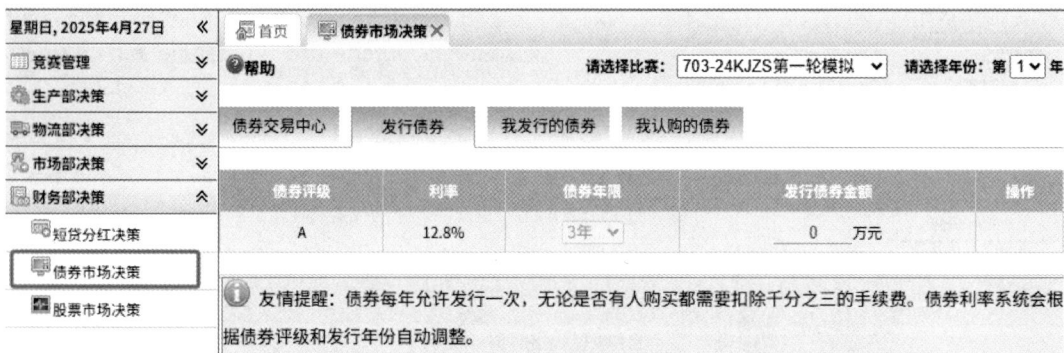

图 8-8 债券市场决策界面

本公司外其他所有公司发行的债券信息，可以根据发行债券的利率和年限进行选择性投资。如果债券被别人购买，则从购买当年开始进行计算，合约期内每年支付利息，到期还本付息。

2. 发行债券

点击"发行债券"标签进入债券发行界面，系统会根据公司的债券评级和发行债券的年限自动计算发行债券的利息率。发行债券的年限越长，发行债券的利息率就越高；债券评级越低，发行债券的利息率就越高。债券融资每次至少100万元，最多不能超过1亿元，每次发行会收取千分之三的发行费用。如果当年发行的债券无人购买，则表示发行失败，千分之三的手续费不予退还。债券评级分为AAA、AA、A、BBB、BB、B、CCC、CC、C、D共10个级别，如果用户债券评级为D，则无法进行债券融资。债券评级由利息保障倍数、资产负债率和流动比率三个因素决定。

⋁ 知识点

债券评级是衡量债券信用质量的一种方式，通常由专门的债券评信机构对不同公司债券的质量进行评判。这些评级机构，如标准普尔、穆迪投资者服务和惠誉评级等，会根据债券发行人的财务实力、支付债券本金和利息的能力等因素，给债券分配一个表示其信用质量的字母等级，如"AAA""AA""A""BBB"到"D"等级。其中，"AAA"级债券信用质量最高，而"D"级则表示债券已违约。

债券评级直接影响债券的利率水平。一般来说，债券评级越高，意味着债券的信用风险越低，因此债券的利率也相对较低。反之，评级较低的债券则需要提供更高的利率以吸引投资者。债券评级为投资者提供一个重要的参考依据。许多机构投资者和个人投资者会根据债券的评级来决定是否投资该债券，以及投资的规模。

---

3. 我发行的债券

点击"我发行的债券"标签可以查看所有发行过的债券信息、认购状态以及认购公司的信息。

4. 我认购的债券

点击"我认购的债券"标签可以查看所有已经认购的债券信息。

5. 影响债券评级的因素

（1）利息保障倍数

$$利息保障倍数 = \frac{净利润}{利息费用}$$

利息保障倍数越高，越有利于提高债券评级。

（2）资产负债率

$$资产负债率 = \frac{负债合计}{资产总计}$$

资产负债率越低，债券评级越高。

（3）流动比率

$$流动比率 = \frac{流动资产}{流动负债}$$

流动比率越高，债券评级越高。

三、股票市场决策

股票市场决策是指投资者、机构或公司在股票市场中进行投资、交易、融资等活动时所做的决策。这些决策涉及股票的选择、时机把握、资金配置、风险管理等多个方面，通常需要根据市场环境、公司基本面、宏观经济状况以及投资者的风险偏好等因素来做出。股票市场决策操作如下。

点击系统左侧导航栏中的"股票市场决策"，进入股票市场决策界面，选择右上角比赛，可以查看不同比赛股票市场决策数据，选择右上角年份可以查看不同年份的决策数据，如图 8-9 所示。

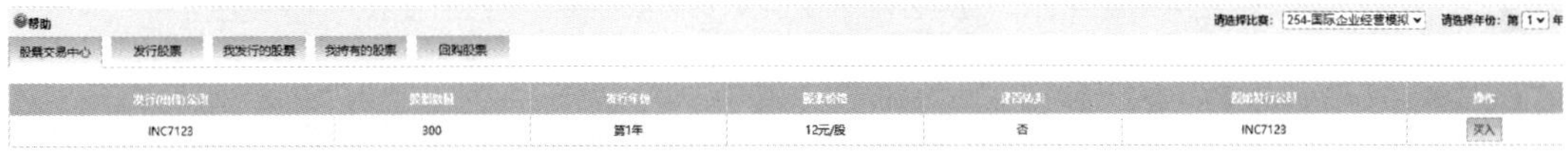

图 8-9　股票市场决策界面

如果企业在经营过程中需要资金，发行股票是一种较好的融资方式。投资者购买公司股票以后，就自动成为公司的股东，公司无须偿还股票融资部分的金额。

本系统中把股票市场分为一级市场和二级市场，一级市场由各公司组成，二级市场默认由"经济人"组成。一般二级市场容量足够大，发行的股票都会被购买。

1. 股票交易中心

"股票交易中心"显示的是一级市场中除本公司外其他所有公司发行的股票信息，可以根据系统提供的报告数据进行分析判断，确定是否购买有成长潜力公司的股票。如果购买公司的股票价格在后期的企业经营中上涨或下跌，那么因股票价格上涨或下跌带来的收益或损失都会记录在财务报表中，从而影响公司的排名（图 8-10）。

图 8-10　股票交易中心界面

2. 发行股票

每年有一次发行股票进行融资的机会，当股价较高时，发行股票融资较为划算（图 8-11）。系统规定每个公司累计可以发行股票数量不能超过 2 亿股。发行股票的 70% 会自动进入二级市场，30% 进入一级市场的"股票交易中心"。发行股票每次收取千分之三的发行费用。如果没有撤回当年发行的股票，即使一级市场中 30% 的股票当年没有被其他公司购买，二级市场依然默认发行成功，发行费不予退还。

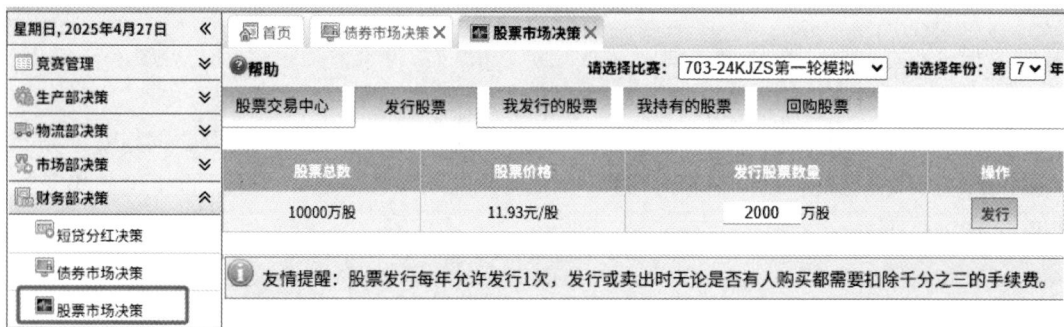

图 8-11　发行股票界面

影响股票价格的因素如下。

① 每股收益增长率：每股收益增长率越高，得分越高。

② 净利润增长率：净利润增长率越高，得分越高。

③ 分红比例：分红占净利润的比例越高，得分越高。

在影响股票价格的 3 个因素，中每股收益增长率影响最大，净利润增长率次之，分红比例最低。

3. 我发行的股票

点击"我发行的股票"标签可以查看本公司在一级市场上发行的股票信息、认购状态以及购买公司的信息。当年发行的股票如果没人购买，可以点击对应股票后的"撤销"按钮进行撤销操作。

4. 我认购的股票

点击"我认购的股票"标签可以查看用户在一级市场上已经购买的股票信息。如果购买的股票价格上涨则显示红色，如果购买的股票价格下跌则显示绿色。在此界面也可以"卖出"已经购买的股票，卖出后的股票自动进入股票交易中心。

5. 回购股票

点击"回购股票"标签可以查看用户已经发行的股票数量和股票价格信息。如果需要回购本公司股票，可以在回购股票数量单元格中输入要回购股票的数量，并点击"回购"按钮完成股票回购操作。

注意：现实中回购股票需要到证监会备案并说明回购股票的原因和用途。本系统中默认回购1000万股以内的股票都是合法合规用途，系统默认可以回购。回购的股票是二级市场上流通股票，每年最多可以回购1000万股，系统规定且至少保留5000万股的流通股票不能赎回。

✎ 仿真练习

1. 点击市场部决策（图8-12），分别完成企业管理决策仿真模拟的订单市场、批发市场、电商市场和品牌代言人决策。

2. 点击财务部决策（图8-13），分别完成企业管理决策仿真模拟的短贷分红、股票市场和债券市场决策。

图 8-12　市场部决策　　　　　　　　图 8-13　财务部决策

第九章

仿真模拟报告分析

知识目标：

① 了解成绩报告的积分规则；

② 学会阅读产业报告以及生产部、物流部、市场部和财务部报告。

能力目标：

能够根据仿真模拟经营的报告进行分析，确定企业的优势和劣势并据此做出下一年度的决策。

素质目标：

培养团队合作精神和沟通能力，培养胜不骄败不馁的意志品质。

第一节　成绩报告

系统在设置的处理时间将行业内所有公司的生产决策、物流决策、市场决策、财务决策进行数据处理并给出各家公司的成绩报告。具体操作如下：点击系统左侧导航栏中的"成绩报告"，可以查看历年平均成绩、当年成绩明细、成绩数据分析；选择右上角比赛和年份，可以查看不同比赛、不同年份的成绩报告。

1. 历年平均成绩

"历年平均成绩"界面显示了各公司历年的平均成绩，并按照由高到低的方式进行排序，成绩精确到小数点后 2 位数。系统以突出的颜色显示用户自己公司的成绩，以方便用户快速定位自己公司的数据，如图 9-1 所示。

2. 当年成绩明细

"当年成绩明细"显示了详细考核指标的数据和得分情况，系统以突出的颜色显示用户自己公司的成绩，以方便用户快速定位自己公司的数据，如图 9-2 所示。

系统按照营业收入、净利润、每股收益、债券评级、流动比率、净资产收益率、成长潜力七个关键指标（KPI）对公司过去一年的经营情况进行考核，采用百分制记录最终成

图 9-1 历年平均成绩

绩。每个考核指标的权重系统默认设置，教学过程中可能根据教学需要对考核指标权重进行调整。单击每个指标的表头可以按照该项指标成绩进行升序或降序排列。

每个考核指标的计分规则：除债权评级外，每个指标数据最高的公司得该项指标的满分，其他公司以自己的数据除以单项指标最高公司的数据并乘以该项指标的最高分数，四舍五入取整后为最终分值。

债券评级的计分方法如表 9-1 所示。

表 9-1　债券评级的计分方法

债券评级	计分	债券评级	计分
AAA	单项指标满分	B	AAA 分值的 0.5 倍，取整数
AA	AAA 分值的 0.9 倍，取整数	CCC	AAA 分值的 0.4 倍，取整数
A	AAA 分值的 0.8 倍，取整数	CC	AAA 分值的 0.3 倍，取整数
BBB	AAA 分值的 0.7 倍，取整数	C	AAA 分值的 0.2 倍，取整数
BB	AAA 分值的 0.6 倍，取整数	D	0 分

成长潜力得分由亚洲、欧洲、美洲、非洲四个地区产品的质量、种类、品牌、客户满意度、促销、地区政治、经济政策研究支出、市场份额、公司产能等指标与各自的均值进行比值计算出对应分数后并累加得出。比值越大，成长潜力得分越高，各指标权重一致。

3. 成绩数据分析

在"成绩数据分析"页面可以对所有公司或其中某一个公司的历年平均成绩、当年成绩、营业收入、净利润、每股收益、债券评级、流动比率、净资产收益率、成长潜力等各项指标进行图表分析，如图 9-3 所示。

序号	公司代码	总分	营业收入(排分)(单位:万元)	净利润(排分)(单位:万元)	每股收益(排分)(单位:元/股)	债券评级(排分)(单位:等级)	流动比率(排分)(单位:次)	净资产收益率(排分)(单位:%)	成长潜力(排分)(单位:分)
1	INC17629	91	223194.69｜10	67315.15｜19	6.73｜10	A｜12	2.78｜12	0.87｜13	19.80｜15
2	INC17628	88	188449.55｜8	71125.76｜20	6.47｜10	A｜12	3.35｜15	0.76｜11	15.20｜12
3	INC17631	87	206116.82｜9	66891.54｜19	6.25｜9	A｜12	2.78｜12	0.78｜12	19.00｜14
4	INC17625	81	181646.90｜8	56290.76｜16	5.63｜8	BBB｜10	2.59｜12	0.85｜13	18.70｜14
5	INC17627	78	160970.80｜7	52204.72｜15	5.22｜8	A｜12	2.80｜13	0.84｜13	13.40｜10
6	INC17630	77	160465.49｜7	57830.21｜16	5.26｜8	A｜12	3.29｜15	0.72｜11	10.80｜8
7	INC17621	71	138545.13｜6	49495.25｜14	4.95｜7	A｜12	2.81｜13	0.83｜12	9.20｜7
8	INC17626	65	126470.80｜6	44441.10｜12	4.44｜7	BBB｜10	2.61｜12	0.82｜12	7.40｜6
9	INC17623	56	102229.20｜5	31562.21｜9	3.16｜5	BB｜9	1.70｜8	1.00｜15	7.20｜5
10	INC17624	46	109071.68｜5	25401.33｜7	2.54｜4	BB｜9	1.40｜6	0.72｜11	5.20｜4
11	INC17622	43	100410.62｜4	10923.57｜3	1.09｜2	BBB｜10	2.33｜10	0.52｜8	8.10｜6

图 9-2　当年成绩明细

请选择公司: 全部公司 ▼　　请选择分析指标: 当年成绩(分) ▼

当年成绩(分)
历年平均成绩(分)
营业收入(万元)
净利润(万元)
每股收益(元/股)
流动比率(%)
净资产收益率(%)
成长潜力(分)

—○— 当年成绩(分)

图 9-3　成绩数据分析

第二节　产业报告

点击系统左侧导航栏中的"产业报告",可以查看各公司上年在订单市场、电商市场、批发市场的销量和存货,下一年各公司的产能以及市场需求等信息。选择右上角比赛和年份,可以查看不同比赛、不同年份的产业报告。

1. 订单电商市场

"订单电商市场"界面显示了各公司订单含税收入、违约罚金、电商销量、电商含税收入等数据,如图 9-4 所示。

2. 批发市场报告

"批发市场报告"界面显示了各公司批发市场销量、存货、清仓数量、营业收入、汇率损益、因为竞争对手缺货而售出的产品数量等数据。其中,批发市场产生的存货下一年质量分值会减 6 分,如图 9-5 所示。

3. 产能综合报告

"产能综合报告"界面显示了所有公司各地区的原有产能、新建产能、产能升级、关闭产能、下一年总产能等数据,如图 9-6 所示。

4. 产业需求报告

"产业需求报告"界面显示了批发市场、电商市场、订单市场所有年份的市场需求情况,如图 9-7 所示。

关于订单市场需求,如果参与竞赛组数小于等于 10 组,则按照实际组数计算总需求;超过 10 组,按照 10 组进行计算总需求。

"产业报告分析"界面中重点要利用报告中提供的数据,计算出下一年各地区市场以及全球市场上的产品供给数量和市场需求数量。供给数量是指各公司"下一年总产能"加"自主产品批发市场存货",加物流部报告中的"自主产品工厂存货",加物流部报告中的"订单产品市场存货",加物流部报告中的"订单产品工厂存货"。需求数量主要是"产业需求报告"中的需求数量。同时,还要考虑因汇率变动或关税变动对市场需求的影响。

分析供给和需求关系时,不仅要考虑全球总的供需关系,还要考虑各地区市场、电商市场、订单市场等细分市场中的供给和需求关系。分析供需关系的目的是判断未来整个市场竞争状况,从而制定合适的公司战略和产品战略。

系统默认汇率变动对市场需求的影响如表 9-2 所示。

表 9-2　系统默认汇率变动对市场需求的影响

变动值	0.2	0.16	0.11	0.06	0.01	0	−0.01	−0.06	−0.11	−0.16	−0.2
倍　数	0.9	0.91	0.93	0.95	0.97	1	1.03	1.05	1.07	1.09	1.1

系统默认关税变动对市场需求的影响如表 9-3 所示。

订单电商市场 | 批发市场报告 | 产能综合报告 | 产业需求报告

图 9-4 订单电商市场报告

公司代码	订单含税收入(万元)	退价配送	电商销量-亚洲	电商销量-欧洲	电商销量-非洲	电商销量-美洲	电商含税收入-亚洲	电商含税收入-欧洲	电商含税收入-非洲	电商含税收入-美洲
INC17621	80000	0	527	536	271	539	44795.00	45560.00	23035.00	45815.00
INC17622	0	0	981	770	426	975	50031.00	43120.00	21726.00	49725.00
INC17623	0	0	695	563	437	811	104250.00	73190.00	43700.00	97320.00
INC17624	36800	0	771	577	333	661	73245.00	57700.00	33300.00	69405.00
INC17625	115001	0	1323	971	629	1191	112455.00	86419.00	54094.00	104808.00
INC17626	80000	0	1049	742	465	891	112243.00	81620.00	48825.00	99792.00
INC17627	74800	0	1056	827	460	1045	110880.00	86835.00	48300.00	109725.00
INC17628	0	0	656	514	293	607	78064.00	61166.00	34574.00	72233.00
INC17629	81000	0	1457	1539	931	1171	123845.00	129276.00	74480.00	87825.00
INC17630	0	0	0	0	0	0	0.00	0.00	0.00	0.00
INC17631	210000	0	3054	1931	918	2011	183240.00	138066.50	69768.00	120660.00
INC17677	31111	0	313	207	103	275	34430.00	26910.00	12360.00	33000.00
总和	708712.00	0.00	11882	9177	5266	10177	1027478.00	829862.50	464162.00	890308.00

(澳洲列均为 0)

订单电商市场 | 批发市场报告 | 产能综合报告 | 产业需求报告

图 9-5 批发市场报告

公司代码	批发销量-亚洲	批发销量-欧洲	批发销量-非洲	批发满合数量-亚洲	批发满合数量-欧洲	批发满合数量-非洲	批发含税收入-亚洲	批发含税收入-欧洲	批发含税收入-非洲	批发汇率场价-欧洲	批发汇率场价-非洲	批发汇率场价-美洲	批发存销比-亚洲	批发存销比-欧洲	批发存销比-非洲	对手缺货销量-亚洲	对手缺货销量-欧洲	对手缺货销量-非洲	对手缺货销量-美洲
INC17621	1231	1252	625	1259	1252	625	94171.50	97030.00	47812.50	156.41	236.00	1632.96	0	0	0	0	0	137	8
INC17622	2320	1934	1050	2556	1934	1050	113680.00	106370.00	52500.00	383.28	417.49	1307.86	5924	283	180	239	27	184	7500
INC17623	3111	2161	1161	2901	2161	1161	276879.00	170719.00	91719.00	324.12	433.56	1711.18	2640	1072	0	241	30	159	1429
INC17624	2685	1994	1125	2621	1994	1125	214800.00	169990.00	95625.00	332.29	426.00	1995.10	1653	569	956	245	28	172	5783
INC17625	2902	2266	1258	2779	2266	1258	223454.00	174482.00	96866.00	367.41	440.08	1926.36	184	0	0	69	21	170	407
INC17626	2871	2016	1186	2673	2016	1186	225373.50	166320.00	100217.00	347.62	432.75	1761.40	6173	5562	5275	250	28	176	3932
INC17627	2976	2193	1222	3240	2193	1222	226176.00	177633.00	98982.00	343.92	465.01	1437.10	3149	3640	1572	303	31	130	2736
INC17628	2198	1690	915	2326	1690	915	182434.00	148720.00	80520.00	350.89	479.28	1516.46	1394	979	1283	218	24	0	2071
INC17629	3398	2824	1796	2732	2824	1796	234462.00	223096.00	132904.00	436.38	848.08	2374.80	0	2218	0	0	40	391	1549
INC17630	0	0	0	0	0	0	0.00	0.00	0.00	0.00	0.00	0.00	0	0	0	0	0	0	0
INC17631	6604	3532	1903	4694	3532	1903	336804.00	227814.00	132258.50	413.43	501.85	2099.91	1818	2363	0	0	50	71	3214
INC17677	1207	603	344	1137	603	344	70006.00	41908.50	22084.80	47.59	136.89	339.76	2494	0	154	106	0	0	1988
总和	31503	22465	12585	28918	22465	12585	2198240.00	1703582.50	951488.80	3503.54	4816.99	18102.89	25429	16686	9420	1671	279	1590	30617

(批发汇率场价-亚洲、-澳洲列及批发含税收入-美洲、-澳洲列均为 0；对手缺货销量-澳洲列为 0)

公司代码	厂房状态				原有产能(万件)				新建产能(万件)				产能升级(万件)				关闭产能(万件)				下一年总产能(万件)			
	亚洲	欧洲	美洲	非洲	亚洲	欧洲	美洲	非洲	亚洲	欧洲	美洲	非洲	亚洲	欧洲	美洲	非洲	亚洲	欧洲	美洲	非洲	亚洲	欧洲	美洲	非洲
INC17621	自建	自建	自建	自建	4000	2000	2000	1000	0	0	0	0	0	0	0	0	0	0	0	0	4000	2000	2000	1000
INC17622	自建	自建	自建	自建	5000	3500	4000	2500	0	0	0	0	0	0	0	0	2000	1500	2000	1500	3000	2000	2000	1000
INC17623	自建	自建	自建	自建	7000	3000	4000	3000	0	0	0	0	0	0	0	0	2000	2000	2000	1000	5000	1000	2000	2000
INC17624	自建	自建	自建	自建	6000	4000	4000	4000	0	0	0	0	0	0	0	0	0	0	0	0	6000	4000	4000	4000
INC17625	自建	自建	自建	自建	5000	4000	4000	3000	0	0	0	0	0	0	0	0	0	0	0	0	5000	4000	4000	3000
INC17626	自建	租赁	自建	租赁	7000	3000	3000	1500	0	0	0	0	0	0	0	0	2500	500	0	0	4500	2500	3000	1500
INC17627	自建	租赁	自建	租赁	9000	3000	3000	2000	0	0	0	0	0	0	0	0	0	0	0	0	9000	3000	3000	2000
INC17628	自建	租赁	自建	自建	8000	5000	5500	2500	0	0	0	0	0	0	0	0	1000	1000	1000	0	7000	4000	4500	2500
INC17629	自建	租赁	自建	自建	7000	6000	6000	3000	0	0	0	0	0	0	0	0	2000	1000	1000	0	5000	5000	5000	3000
INC17630	自建	无	自建	自建	6000	0	3000	3000	0	0	0	0	0	0	0	0	0	0	0	0	6000	0	3000	3000
INC17631	自建	自建	自建	自建	7000	4000	7000	3000	0	0	0	0	0	0	0	0	4000	3000	6000	2000	3000	1000	1000	1000
INC17677	自建	无	自建	-	3000	0	1000	1000	0	0	0	0	0	0	0	0	0	0	0	0	3000	0	1000	1000
总和	-	-	-	-	74000	37500	46500	29500	0	0	0	0	0	0	0	0	13500	9000	12000	4500	60500	28500	34500	25000

图 9-6 产能综合报告

年份	批发市场需求（万件）				电商市场需求（万件）				订单市场需求（万件）	总需求（万件）
	亚洲	欧洲	美洲	非洲	亚洲	欧洲	美洲	非洲		
1	19360	0	0	0	4840	0	0	0	0	24200
2	29952	16848	16848	0	8448	4752	4752	0	10000	91600
3	32832	18240	20064	9120	10368	5760	6336	2880	12000	117600
4	33744	19536	23088	9768	11856	6864	8112	3432	14000	130400
5	34560	20736	25920	10368	13440	8064	10080	4032	18000	145200
6	31920	21839	29400	11759	13680	9360	12600	5040	20000	155600
7	29376	24480	31008	16320	13824	11520	14592	7680	16000	164800
8	27324	22176	22176	23760	14076	11424	11424	12240	14000	158600
9	23808	20352	19968	26112	13392	11448	11232	14688	12000	153000
10	22320	18600	14880	26784	13680	11400	9120	16416	11000	144200

图 9-7 产业需求报告

表 9-3　系统默认关税变动对市场需求的影响

变动值	9.5	9	8.5	8	7.6	7	6.4	6	5.3	5	4.6
倍数	0.76	0.77	0.78	0.79	0.8	0.81	0.82	0.83	0.84	0.86	0.88
变动值	4	3.4	3	2.7	2	1.6	1	0.5	0	−0.2	−0.5
倍数	0.9	0.91	0.93	0.94	0.95	0.96	0.98	0.99	1	1.01	1.05
变动值	−1	−2	−3	−4	−5	−6	−7	−8	−10		
倍数	1.08	1.12	1.14	1.16	1.18	1.2	1.21	1.22	1.25		

第三节　生产部和物流部报告

一、生产部报告

点击系统左侧导航栏中的"生产部报告",可以查看各公司的生产部报告。选择右上角比赛和年份,可以查看不同比赛、不同年份的生产部报告。

1. 自主产品报告

"自主产品报告"界面显示了所有公司在生产产品决策中自主产品的合格产品数量、产品质量、产品种类、工资、奖金等信息,如图 9-8 所示。

2. 订单产品报告

"订单产品报告"界面显示了所有公司在生产产品决策中订单产品的合格产品数量、产品质量、产品种类等信息,如图 9-9 所示。

在生产部报告中要重点关注产品的质量分值和种类,并结合"产业报告"中的产能状况,初步判断各公司的产品定位,尤其要重点分析和自己有相似战略定位的公司。一般来说,产品战略定位中低端的公司产能相对偏多、产品质量分值相对偏低、产品种类相对偏多;产品战略定位中高端的公司产能相对偏少、产品质量分值相对偏高、产品种类相对偏少。

二、物流部报告

点击系统左侧导航栏中的"物流部报告",可以查看各公司的自主产品和订单产品的物流部报告。选择右上角比赛和年份,可以查看不同比赛、不同年份的物流部报告。

1. 自主产品物流部报告

"自主产品报告"页面显示了各公司自主产品物流配送完成后各地区的累计产品数量、累计加权产品质量、累计加权产品种类以及自主产品工厂存货等信息,如图 9-10 所示。

自主产品物流部报告显示的数据是最终计算销量时的参考数据,页面显示的自主产品工厂存货数据可以帮助人们更加精准地判断下一年市场的供需关系和市场竞争状况。其中,自主产品工厂存货的质量分值下一年会减 6 分。

2. 订单产品物流部报告

"订单产品报告"页面显示了订单产品物流配送完成后各公司在各地区的累计产品数量、累计加权产品质量、累计加权产品种类、订单市场存货以及订单工厂存货等信息,如图 9-11 所示。

公司代码	自主产品合格数量(万件)				自主产品质量(分)				自主产品系数(种)				工费(万元/次)				合格产品实验值(件)			
	亚洲	欧洲	美洲	非洲	亚洲	欧洲	美洲	非洲	亚洲	欧洲	美洲	非洲	亚洲	欧洲	美洲	非洲	亚洲	欧洲	美洲	非洲
INC17621	2672	904	904	0	77	80	80	0	70	60	60	1	5	6	5	0	0.52	0.52	0.52	0
INC17622	1734	0	0	0	79	0	0	0	60	1	1	1	5	0	0	0	0.51	0.51	0	0
INC17623	3534	0	0	0	50	0	0	0	50	1	1	1	6	0	0	0	0.5	0.5	0	0
INC17624	3538	2635	2635	0	54	61	61	0	60	60	60	1	6	6	6	0	0.2	0.2	0.2	0
INC17625	4237	871	1776	0	62	69	77	0	90	80	80	1	6	6	6	0	0.46	0.46	0.46	0
INC17626	5019	0	1473	0	47	0	47	0	95	1	85	1	5	0	5	0	0.5	0.5	0.5	0
INC17627	5031	880	0	0	52	76	0	0	90	90	1	1	5	6	0	0	0.5	0.5	0	0
INC17628	5124	623	2563	0	40	70	49	0	95	95	95	1	5	6	5	0	3	3	3	0
INC17629	4395	888	887	0	77	85	85	0	85	85	85	1	5	6	5	0	1	1.7	1	0
INC17630	4293	0	2605	0	56	0	41	0	55	1	55	1	5	0	5	0	0.51	0	1	0
INC17631	5293	734	0	0	80	83	0	0	90	100	1	1	6	6	6	0	0.5	0.5	0.5	0
INC17677	2745	0	0	0	34	0	0	0	20	1	1	1	6	0	6	0	2	0	0	0
平均值	3967	627	1070	0	59	43	36	0	47	47	43	1	5.42	3.50	3.58	0.00	0.85	0.57	0.60	0.00

图 9-8　自主产品报告

公司代码	订单产品合格数量(万件)				订单产品质量(分)				订单产品种类(种)			
	亚洲	欧洲	美洲	非洲	亚洲	欧洲	美洲	非洲	亚洲	欧洲	美洲	非洲
INC17621	0	0	0	0	0	0	0	0	1	0	1	1
INC17622	1000	0	0	0	75	0	0	0	1	0	45	1
INC17623	0	0	0	0	0	0	0	0	1	0	1	1
INC17624	0	0	0	0	0	0	0	0	1	0	1	1
INC17625	1000	0	0	0	50	0	0	0	1	0	60	1
INC17626	0	0	1045	0	0	0	0	49	1	0	95	1
INC17627	0	0	0	0	0	0	0	0	1	0	1	1
INC17628	0	1000	0	0	0	0	33	0	95	33	1	1
INC17629	0	0	0	0	0	0	0	0	1	0	1	1
INC17630	1000	141	859	0	58	0	0	67	1	0	25	1
INC17631	0	0	0	0	0	0	60	0	100	60	100	1
INC17677	0	0	0	0	0	0	0	0	1	0	1	1
平均值	250	95	158	0	15	0	7	9	17	7	17	1

图 9-9　订单产品报告

公司代码	累计产品数量(万件)				累计加权产品质量(分)				累计加权产品种类(种)				自主产品工厂存货			
	亚洲	欧洲	美洲	非洲	亚洲	欧洲	美洲	非洲	亚洲	欧洲	美洲	非洲	亚洲	欧洲	美洲	非洲
INC17621	1758	1788	1798	904	91	82	77	85	60	65	60	60	0	0	0	0
INC17622	9225	2987	3711	8976	57	72	65	59	59	64	61	53	0	0	0	0
INC17623	6446	3796	3712	3027	85	76	77	71	97	100	100	100	0	0	0	0
INC17624	5109	3140	4238	7241	40	50	44	42	60	60	60	60	0	0	0	0
INC17625	4409	3237	3970	2294	70	75	71	65	100	100	100	100	0	0	0	0
INC17626	10093	8320	8839	5583	69	70	70	67	99	99	99	99	0	0	0	0
INC17627	7181	6660	5857	4418	62	71	73	64	100	100	100	100	0	0	0	0
INC17628	4248	3183	4216	3279	59	68	65	61	99	99	99	100	0	0	0	0
INC17629	4855	6581	3903	4276	87	66	84	74	100	99	100	98	0	0	0	0
INC17630	0	0	0	0	0	0	0	0	0	0	0	0	0	0	0	0
INC17631	11476	7826	6705	6035	72	72	72	73	99	100	100	100	0	0	0	0
INC17677	4014	810	1566	2435	27	56	45	36	51	80	69	55	22	0	0	0
平均值/总和	68814	48328	48515	48468	59	63	61	58	77	80	79	77	22	0	0	0

图 9-10　自主产品物流部报告

公司代码	累计产品数量(万件)				累计加权产品质量(分)				累计加权产品种类(种)				自主产品工厂存货			
	亚洲	欧洲	美洲	非洲	亚洲	欧洲	美洲	非洲	亚洲	欧洲	美洲	非洲	亚洲	欧洲	美洲	非洲
INC17621	3573	904	904	0	67	80	80	0	67	60	60	0	0	0	0	0
INC17622	2218	0	0	0	74	0	0	0	57	0	0	0	0	0	0	0
INC17623	4476	543	0	0	49	49	0	0	50	50	0	0	0	0	0	0
INC17624	4630	2553	2553	0	53	61	61	0	50	60	60	0	0	82	82	0
INC17625	3200	1908	1776	0	62	65	77	0	90	85	80	0	0	0	0	0
INC17626	4200	1819	1473	0	41	47	47	0	84	95	85	0	0	0	0	0
INC17627	2767	1680	1599	0	52	64	52	0	88	90	90	0	0	0	0	0
INC17628	3200	1823	1800	0	40	50	49	0	95	95	95	0	724	0	763	0
INC17629	3500	1788	955	0	76	80	84	0	85	85	85	0	0	0	0	0
INC17630	3487	1293	2605	0	53	56	41	0	54	55	55	0	0	0	0	0
INC17631	5293	734	0	0	80	83	0	0	90	100	0	0	0	0	0	0
INC17677	2745	0	0	0	34	0	0	0	20	0	0	0	0	0	82	0
平均值/总和	43289	15045	13665	0	56	52	40	0	69	64	50	0	724	82	845	0

图 9-11　订单产品物流部报告

订单产品物流部报告显示的数据是系统判断能否交货的参考数据，页面显示的订单市场存货和订单工厂存货数据可以帮助人们更加精准地判断下一年市场的供需关系和市场竞争状况。其中，订单市场存货和订单工厂存货的质量分值下一年会减 6 分。

第四节　市场部和财务部报告

一、市场部报告

点击系统左侧导航栏中的"市场部报告"，可以查看各公司的市场部报告。选择右上角比赛和年份，可以查看不同比赛、不同年份的市场部报告。

1. 批发市场报告

"批发市场-1"界页面显示了各公司在批发市场中的批发价、产品种类、产品质量、产品品牌等影响产品销量的关键指标数据，如图 9-12 所示。

公司代码	批发价(元/件)				产品种类(种)				产品质量(分)				产品品牌(分)			
	亚洲	欧洲	美洲	非洲	亚洲	欧洲	美洲	非洲	亚洲	欧洲	美洲	非洲	亚洲	欧洲	美洲	非洲
INC17621	77	78	77	77	60	65	60	60	91	82	77	85	45	40	38	31
INC17622	50	55	50	50	59	64	61	53	57	72	65	59	43	43	43	43
INC17623	90	80	80	80	97	100	100	100	85	76	77	71	86	79	79	76
INC17624	90	95	95	95	60	60	60	60	40	50	44	42	40	40	40	40
INC17625	78	78	78	78	100	100	100	100	70	75	71	65	46	46	46	46
INC17626	79	83	85	85	99	99	99	99	69	70	70	67	48	47	47	43
INC17627	78	83	78	83	100	100	100	100	62	71	73	64	56	54	56	49
INC17628	85	90	85	90	99	99	99	100	59	68	65	61	39	38	39	37
INC17629	70	80	70	75	100	100	100	98	87	66	84	74	100	100	100	94
INC17630	0	0	0	0	0	0	0	0	0	0	0	0	0	0	0	0
INC17631	51.5	65	56	70	99	100	100	100	72	72	72	73	73	73	74	72
INC17677	59	70	65	65	51	80	69	55	27	56	45	36	41	23	30	25
平均值	67.29	71.42	68.25	70.67	77	80	79	77	59	63	61	58	51.00	48.00	49.00	46.00

图 9-12　批发市场-1 报告

"批发市场-2"界面显示了各公司在批发市场中客户满意度、促销让利和地区政治、经济政策研究支出等影响产品销量的关键指标数据，如图 9-13 所示。

通过系统提供的批发市场核心竞争数据，用户可以快速查找在批发市场中产品定位相同或相似的竞争对手。

2. 电商市场报告

"电商市场"界面显示了各公司在电商市场中网上零售价、客户满意度、快递方式等

公司代码	客户满意度(分)				促销让利(元/件)				地区政治、经济政策研究支出(万元)			
	亚洲	欧洲	美洲	非洲	亚洲	欧洲	美洲	非洲	亚洲	欧洲	美洲	非洲
INC17621	48	38	41	27	0.5	0.5	0.5	0.5	10000	8000	10000	5000
INC17622	42	42	44	41	1	0	0	0	0	0	0	0
INC17623	72	73	73	71	1	1	1	1	10000	5000	5000	3500
INC17624	16	16	16	16	10	10	10	10	10000	10000	10000	10000
INC17625	69	69	69	67	1	1	1	1	10000	10000	10000	10000
INC17626	68	67	65	65	0.5	0.5	0.5	0.5	10000	10000	10000	10000
INC17627	71	70	72	63	2	2	2	2	10000	10000	10000	10000
INC17628	44	42	45	38	2	2	2	2	10000	10000	10000	10000
INC17629	80	76	80	78	1	1	1	1	10000	10000	10000	10000
INC17630	0	0	0	0	0	0	0	0	0	0	0	0
INC17631	85	80	82	78	0.5	0.5	0.5	0.5	10000	10000	10000	10000
INC17677	39	19	29	27	1	0.5	0.8	0.8	1000	200	800	800
平均值	52	49	51	47	1.71	1.58	1.61	1.61	7583	6933	7150	6608

图 9-13　批发市场-2 报告

电商市场中影响产品销量的关键指标数据，如图 9-14 所示。

公司代码	网上零售价(元/件)				客户满意度(分)				快递方式			
	亚洲	欧洲	美洲	非洲	亚洲	欧洲	美洲	非洲	亚洲	欧洲	美洲	非洲
INC17621	85	85	85	85	72	67	67	67	加急	加急	加急	加急
INC17622	51	56	51	51	38	27	40	38	加急	普通	加急	加急
INC17623	150	130	120	100	77	75	77	73	加急	加急	加急	加急
INC17624	95	100	105	100	67	67	67	67	加急	加急	加急	加急
INC17625	85	89	88	86	80	80	80	79	加急	加急	加急	加急
INC17626	107	110	112	105	77	77	77	77	加急	加急	加急	加急
INC17627	105	105	105	105	77	78	78	77	加急	加急	加急	加急
INC17628	119	119	119	118	20	20	20	20	普通	普通	普通	普通
INC17629	85	84	75	80	85	84	87	85	加急	加急	加急	加急
INC17630	0	0	0	0	0	0	0	0	普通	普通	普通	普通
INC17631	60	71.5	60	76	88	85	88	84	加急	加急	加急	加急
INC17677	110	130	120	120	52	46	48	50	加急	加急	加急	加急
平均值	87.67	89.96	86.67	85.50	61	58	60	59	-	-	-	-

图 9-14　电商市场报告

通过系统提供的电商市场核心竞争数据，用户可以查找在电商市场中产品定位相同或相似的竞争对手。

3. 订单市场报告

"订单市场"界面显示了上一年中标订单的交货信息以及当年所有订单中标的公司信息，如图 9-15 所示。

| 批发市场-1 | 批发市场-2 | 电商市场 | 订单市场 | 品牌代言人 | 下载数据 |

中标订单

交货地区	产品质量(分)	产品种类(种)	产品数量(万件)	订单预算(万元)	中标金额(万元)	中标公司
欧洲	40	50	2000	76000	39500	INC17624
美洲	30	45	2000	36000	19600	INC17624
亚洲	40	20	2000	68000	49996	INC17628
美洲	80	60	2000	136000	89998	INC17628
非洲	95	55	2000	136000	89998	INC17628
美洲	20	30	2000	34000	29998	INC17677

交付订单

交货地区	产品质量(分)	产品种类(种)	产品数量(万件)	订单预算(万元)	中标金额(万元)	中标公司	是否交货
亚洲	75	95	1800	91800	80000	INC17621	是
欧洲	50	40	1800	64800	36800	INC17624	是
欧洲	55	65	1800	64800	60001	INC17625	是
欧洲	55	50	1800	57600	55000	INC17625	是
美洲	70	75	1800	97200	80000	INC17626	是
非洲	60	80	1800	91800	74800	INC17627	是
欧洲	75	90	1800	97200	81000	INC17629	是
美洲	90	60	1800	136800	110000	INC17631	是
非洲	85	75	1800	122400	100000	INC17631	是
亚洲	45	65	1800	57600	31111	INC17677	是

图 9-15　订单市场报告

如果用户要参加当年的订单竞标，可以参考此界面中类似订单的中标金额。

4. 品牌代言人报告

"品牌代言人"界面显示了已经成功签约的代言人竞标相关信息，如果用户也想通过签约代言人快速提升品牌影响力，可以参考上一年相似"品牌影响力"代言人的签约金额，如图 9-16 所示。

| 批发市场-1 | 批发市场-2 | 电商市场 | 订单市场 | 品牌代言人 | ☑下载数据 |

代言人姓名	品牌影响力(分)	合同年限(年)	签约金额(万元)	签约公司
7号代言人	70	3	15000	INC17623
2号代言人	60	4	18000	INC17629
4号代言人	50	3	17000	INC17629

图 9-16　品牌代言人报告

二、财务部报告

点击系统左侧导航栏中的"财务部报告",可以查看各公司财务部决策数据以及简化版的资产负债和利润表。选择右上角比赛和年份,可以查看不同比赛、不同年份的财务部报告。

1. 决策数据报告

"财务决策"界面显示了各公司短期贷款金额、短期贷款中系统自动贷款金额、主动进行短期贷款的利息率、派发现金股利、股票总股数、股票价格、债券评级、发行债券金额等上一年各公司的决策数据信息,如图 9-17 所示。

系统中关于股票价格涨跌设有熔断机制,当每年股票上涨达到原来价格的 2 倍时,触发熔断机制,股票价格按照原价格的 2 倍计算。当股票下跌超过原股票价格一半时,触发熔断机制,按照原价格的一半计算股票价格,股票最低价格为 1 元/股。

自动贷款金额是指用户通过短期贷款、发行债券、发行股票等融资方式后货币资金仍为负数,系统强制补齐货币资金为 0 时的短期贷款金额。系统强制补齐贷款的利息率是当年正常短期贷款的 2 倍。

2. 资产负债表报告

"资产负债表"界面显示了各公司资产负债表中流动资产、非流动资产、流动负债、非流动负债以及所有者权益等重要参考数据,如图 9-18 所示。

报告中各项数据满足会计等式:

$$资产＝负债＋所有者权益$$

其中:

$$资产＝流动资产＋非流动资产$$
$$负债＝流动负债＋非流动负债$$

展开后对应报告中的数据公式为:

$$流动资产＋非流动资产＝流动负债＋非流动负债＋所有者权益$$

3. 利润表报告

"利润表"界面显示了各公司的营业收入、利润总额、所得税费用、净利润等利润表的重要数据,如图 9-19 所示。

利润表报告中利润总额等于营业收入减各种费用加营业外收入,再减营业外支出;净利润等于利润总额减所得税费用。分析各公司的利润表数据有助于判断企业的盈利能力、发展潜力、股票投资价值等。

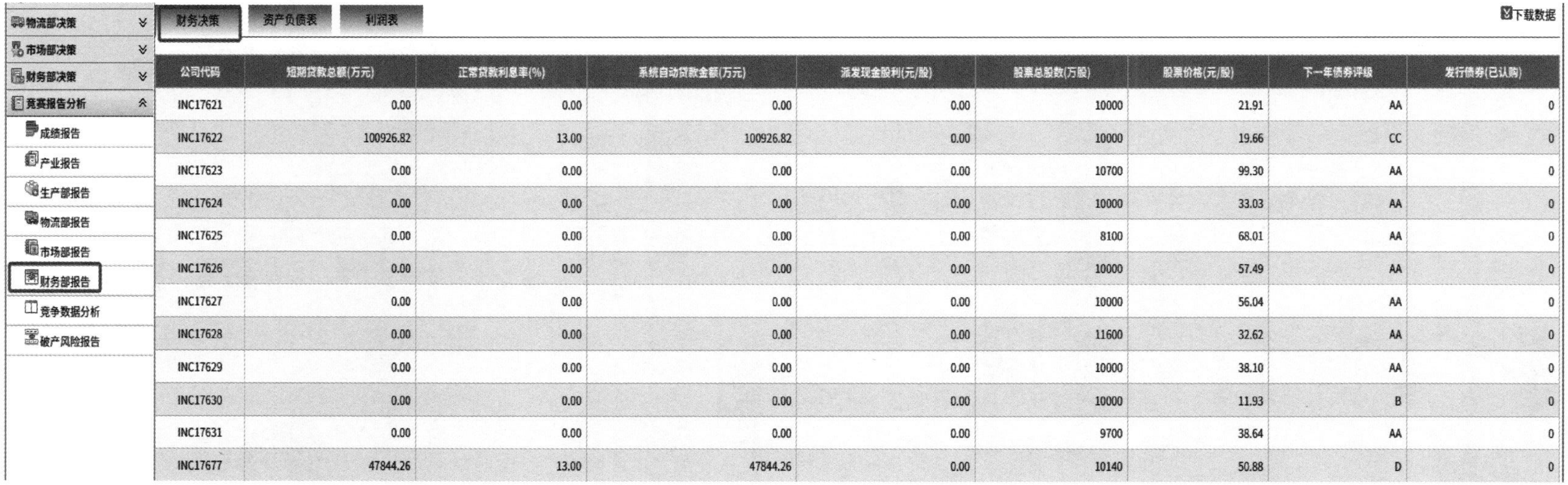

公司代码	短期流炭总额(万元)	正常贷款利息率(%)	系统自动扣除金额(万元)	逾期贷款金额(元/股)	股票总股数(万股)	股票价格(元/股)	下一年信誉评级	发行债券(已认购)
INC17621	0.00	0.00	0.00	0.00	10000	21.91	AA	0
INC17622	100926.82	13.00	100926.82	0.00	10000	19.66	CC	0
INC17623	0.00	0.00	0.00	0.00	10700	99.30	AA	0
INC17624	0.00	0.00	0.00	0.00	10000	33.03	AA	0
INC17625	0.00	0.00	0.00	0.00	8100	68.01	AA	0
INC17626	0.00	0.00	0.00	0.00	10000	57.49	AA	0
INC17627	0.00	0.00	0.00	0.00	10000	56.04	AA	0
INC17628	0.00	0.00	0.00	0.00	11600	32.62	AA	0
INC17629	0.00	0.00	0.00	0.00	10000	38.10	AA	0
INC17630	0.00	0.00	0.00	0.00	10000	11.93	B	0
INC17631	0.00	0.00	0.00	0.00	9700	38.64	AA	0
INC17677	47844.26	13.00	47844.26	0.00	10140	50.88	D	0

图 9-17 决策数据报告

公司代码	流动资产(万元)	非流动资产(万元)	流动负债(万元)	非流动负债(万元)	所有者权益(万元)
INC17621	258650.67	13870.00	71331.89	1000.00	200188.78
INC17622	87614.80	33000.00	29953.84	10000.00	80660.96
INC17623	99991.52	23700.00	48779.57	2000.00	72911.95
INC17624	374550.02	26870.00	117829.42	0.00	283590.60
INC17625	284591.60	43180.00	97630.06	0.00	230141.54
INC17626	310064.10	27480.00	100218.07	0.00	237326.03
INC17627	280942.59	32800.00	84563.79	0.00	229178.80
INC17628	386606.62	30080.00	106845.89	5000.00	304840.73
INC17629	272149.05	40480.00	96696.00	0.00	215933.05
INC17630	319830.98	25080.00	93516.47	1000.00	250394.51
INC17631	239131.63	52500.00	74323.73	0.00	217307.90
INC17677	64353.04	6900.00	58564.26	500.00	12188.78

图 9-18　资产负债表报告

公司代码	营业收入(万元)	利润总额(万元)	所得税费用(万元)	净利润(万元)
INC17621	454960.11	187591.37	46897.84	140693.53
INC17622	188687.79	79649.85	19912.46	59737.39
INC17623	222220.43	81799.65	20449.91	61349.74
INC17624	731329.58	330919.03	82729.76	248189.27
INC17625	572974.00	216314.18	54078.54	162235.64
INC17626	586766.93	243866.31	60966.58	182899.73
INC17627	511806.21	222632.11	55658.03	166974.08
INC17628	622830.11	271407.51	67851.88	203555.63
INC17629	579988.00	184823.86	46205.96	138617.90
INC17630	577559.81	249387.06	62346.76	187040.30
INC17631	435212.59	198029.82	49507.46	148522.36
INC17677	27362.83	2918.37	729.59	2188.78

图 9-19　利润表报告

第五节　竞争数据分析和破产风险报告

一、竞争数据分析

点击系统左侧导航栏中的"竞争数据分析"进入竞争数据分析界面。

1. 按公司对比分析决策数据

在"按公司对比"界面中，用户可以选择和自己战略相似的公司或所有公司的决策数据进行比较分析，如图 9-20 所示。

全选 确定对比	☑INC176□INC176□INC176☑INC176□INC176□INC17626 □INC176□INC176☑INC176□INC176□INC176□INC17677		
公司代码	INC17629	INC17624	INC17621
电商市场-亚洲-网上零售价	85	95	85
电商市场-欧洲-网上零售价	84	100	85
电商市场-美洲-网上零售价	75	105	85
电商市场-非洲-网上零售价	80	100	85
电商市场-亚洲-店铺装修和广告投入	5000	1000	3000
电商市场-欧洲-店铺装修和广告投入	5000	1000	3000
电商市场-美洲-店铺装修和广告投入	5000	1000	3000
电商市场-非洲-店铺装修和广告投入	5000	1000	3000
电商市场-亚洲-服务支持投入	5000	2000	3000
电商市场-欧洲-服务支持投入	5000	2000	2000
电商市场-美洲-服务支持投入	5000	2000	2000
电商市场-非洲-服务支持投入	5000	2000	2000
电商市场-亚洲-快递方式	加急	加急	加急
电商市场-欧洲-快递方式	加急	加急	加急
电商市场-美洲-快递方式	加急	加急	加急
电商市场-非洲-快递方式	加急	加急	加急
电商市场-亚洲-客户满意度	85	67	72
电商市场-欧洲-客户满意度	84	67	67
电商市场-美洲-客户满意度	87	67	67
电商市场-非洲-客户满意度	85	67	67
批发市场-亚洲-批发价	70	90	77

图 9-20　按公司对比分析决策数据

2. 按年份对比分析决策数据

在"按年份对比"界面，用户可以选择指定公司的所有年份决策数据进行比较分析，如图 9-21 所示。

按公司对比	**按年份对比**	数据图表

请选择公司：INC17622 ▾

年份	1	2	5	4	3	6
电商市场-亚洲-网上零售价	75	123.9	100	110	125.9	51
电商市场-欧洲-网上零售价	0	0	100	110	145.9	56
电商市场-美洲-网上零售价	0	0	100	110	130.9	51
电商市场-非洲-网上零售价	0	0	100	110	105.9	51
电商市场-亚洲-店铺装修和广告投入	500	500	5000	5000	1000	0
电商市场-欧洲-店铺装修和广告投入	0	0	5000	5000	2000	0
电商市场-美洲-店铺装修和广告投入	0	0	5000	5000	1200	0
电商市场-非洲-店铺装修和广告投入	0	0	5000	5000	600	0
电商市场-亚洲-服务支持投入	500	500	5000	5000	1000	0
电商市场-欧洲-服务支持投入	0	0	5000	5000	2000	0
电商市场-美洲-服务支持投入	0	0	5000	5000	1200	0
电商市场-非洲-服务支持投入	0	0	5000	5000	600	0
电商市场-亚洲-快递方式	加急	加急	加急	加急	加急	加急
电商市场-欧洲-快递方式	普通	普通	加急	加急	加急	普通
电商市场-美洲-快递方式	普通	普通	加急	加急	加急	加急
电商市场-非洲-快递方式	普通	普通	加急	加急	普通	加急
电商市场-亚洲-客户满意度	47	47	77	77	60	38
电商市场-欧洲-客户满意度	0	0	77	77	67	27
电商市场-美洲-客户满意度	0	0	77	77	60	40
电商市场-非洲-客户满意度	0	0	77	77	37	38

图 9-21　按年份对比分析决策数据

3. 数据图表分析

在"数据图表"界面，用户可以对全部公司或指定公司的自主产品质量、自主产品种类、自主产品品牌、批发市场批发价、电商市场网上零售价等决策数据进行图表分析，如

图 9-22 所示。

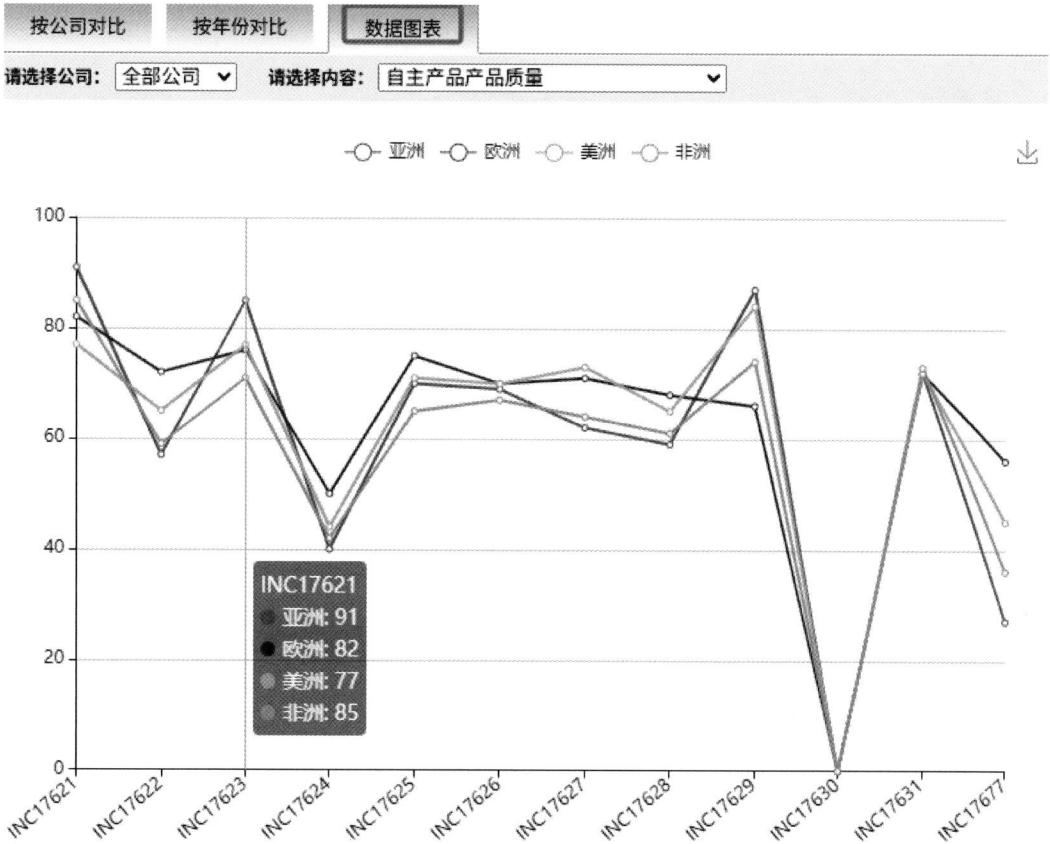

图 9-22　数据图表分析（见彩图）

二、破产风险报告

点击系统左侧导航栏中的"破产风险报告"，可以查看各公司的破产风险报告。选择右上角比赛和年份，可以查看不同比赛、不同年份的破产风险报告，如图 9-23 所示。

系统提供了 Z 模型中的 A 模型（上市公司模型）和 F 模型计算出的指数报告。可以根据教学需要选择一种模型作为公司破产的参考依据。

Z 模型计算结果得分小于 1.8 即显示"破产区"，面临较大破产风险；阿特曼 Z-score 得分大于等于 1.8 小于 2.99 时显示"灰色区"，面临一定的破产风险；当阿特曼 Z-score 得分大于等于 2.99 时显示"安全区"，无破产风险。

F 模型临界点为 0.0274；若 F 模型分数低于 0.0274，则公司将被预测为"破产区"；反之，若 F 模型分数高于 0.0274，则公司将被预测为"安全区"，无破产风险。

	F模型	Z模型									
公司代码	第1年	第2年	第3年	第4年	第5年	第6年	第7年	第8年	第9年	第10年	公司状态
INC17621	安全区	安全区	安全区	安全区	安全区	安全区	-	-	-	-	正常运营
INC17622	安全区	安全区	安全区	安全区	安全区	安全区	-	-	-	-	正常运营
INC17623	安全区	安全区	安全区	安全区	安全区	安全区	-	-	-	-	正常运营
INC17624	安全区	安全区	安全区	安全区	安全区	安全区	-	-	-	-	正常运营
INC17625	安全区	安全区	安全区	安全区	安全区	安全区	-	-	-	-	正常运营
INC17626	安全区	安全区	安全区	安全区	安全区	安全区	-	-	-	-	正常运营
INC17627	安全区	安全区	安全区	安全区	安全区	安全区	-	-	-	-	正常运营
INC17628	安全区	安全区	安全区	安全区	安全区	安全区	-	-	-	-	正常运营
INC17629	安全区	安全区	安全区	安全区	安全区	安全区	-	-	-	-	正常运营
INC17630	安全区	安全区	安全区	破产区	安全区	安全区	-	-	-	-	正常运营
INC17631	安全区	安全区	安全区	安全区	安全区	安全区	-	-	-	-	正常运营
INC17677	-	安全区	安全区	破产区	安全区	安全区	-	-	-	-	正常运营

图 9-23　破产风险报告

仿真练习

1. 点击竞赛报告分析（图 9-24），分别对仿真模拟经营的成绩报告、产业报告、生产部报告、物流部报告、市场部报告、财务部报告进行分析，结合竞争数据分析找出优势与劣势，并据此做出下一年度的决策。

图 9-24　竞赛报告分析

2. 查看破产风险报告，识别潜在的财务危机。

第十章

企业财务报表分析

学习目标 ···

知识目标：

　　① 掌握资产负债表、利润表、现金流量表的内容及分析；

　　② 掌握财务报表分析方法。

能力目标：

　　能够根据仿真模拟经营的年度财务报表进行分析，确定企业管理中存在的问题。

素质目标：

　　培养团队合作精神和沟通能力，关注企业的可持续发展能力。

···

第一节　资产负债表

一、资产负债表的概念

　　资产负债表是企业财务报表之一，是反映企业在某一特定日期的财务状况的财务报表，也称财务状况表。财务状况是指企业资产、负债和所有者权益的构成以及各自的结构。由于其所列报的是时点数据，因此又称为"静态报表"。

二、资产负债表的作用

　　资产负债表可以提供某一日期资产的总额及其结构，表明企业拥有或控制的资源及其分布情况。

　　资产负债表可以提供某一日期的负债总额及其结构，表明企业未来需要用多少资产或劳务清偿债务以及清偿时间。

　　资产负债表可以反映所有者所拥有的权益，据以判断资本保值增值的情况以及对负债的保障程度。

三、资产负债表的内容

1. 资产

资产是指企业过去的交易或事项形成的、由企业拥有或控制的、预期会给企业带来经济利益的资源。具体来说，资产具有以下特征。

第一，资产必须是企业拥有或控制的。拥有是指拥有产权；控制是指虽然没有产权，但有支配使用权。如融资租入的固定资产，其所有权虽不为承租方拥有，但依租约，在租赁期间，该项资产的实际控制权归承租方，所以按照实质重于形式的要求，也应将其作为企业的资产予以确认。

第二，资产是能为企业带来经济利益的资源，不能带来经济利益的资源不是企业的资产。如废弃的机器，不投入使用是不会产生经济利益的，因此不是企业的资产。

第三，资产是过去的交易或事项形成的，未来的交易可能形成的资产不能加以确认。例如，公司签订一份合同，于明年购入一台新的设备。由于合同的履行在未来，购入行为尚未发生，所以不能确认为一项资产。

资产有多种分类方法，如按货币性和非货币性分类，按有形和无形分类，按短期和长期分类。

2. 负债

负债是指企业过去的交易或事项形成的、预期会导致经济利益流出企业的现时义务。负债具有以下特征。

第一，负债是过去的交易或事项形成的。

第二，负债是一种现时义务。现时义务是指企业在现行条件下已承担的义务。未来发生的交易或者事项形成的义务不属于现时义务，不应确认为负债。

第三，履行义务会导致经济利益流出企业。

负债有多种分类方法，如按货币性和非货币性分类，按短期和长期分类等。

3. 所有者权益

所有者权益是指企业资产扣除负债后由所有者享有的剩余权益。所有者权益表明企业的最终归属关系，即企业是归谁所有，是谁投资的。所有者权益与负债有本质的区别。负债是企业对内和对外所承担的经济义务，需要加以偿还，而所有者权益在一般情况下无须归还给所有者。在企业清算时，应将其资产首先用于偿还债务，然后才能将偿还之余的资产在所有者之间进行分配。因此，所有者权益是对企业资产的、次于债权人权益的剩余权益；所有者可以参与企业当期实现利润的分配，而债权人一般不能参与利润分配，只能按照预先约定的条件取得利息收入。对股份有限公司而言，所有者权益就是股东权益。

资产、负债和所有者权益构成了反映企业财务状况的会计要素。它们之间的关系可以用会计的基本等式予以表述，即

$$资产＝负债＋所有者权益$$

资产负债表主要有两种格式：账户式和报告式，目前我国采用账户式资产负债表。

四、 资产负债表分析

点击系统左侧导航栏中的"资产负债表"，可以查看本公司的资产负债表报告。选择

右上角比赛和年份，可以查看不同比赛、不同年份的资产负债表报告，如图 10-1 所示。

资产	本年余额(万元)	负债和所有者权益(或股东权益)	本年余额(万元)
流动资产：		**流动负债：**	
货币资金	448549.83	短期借款	0.00
交易性金融资产	0.00	交易性金融负债	0.00
衍生性金融资产	0.00	衍生性金融负债	0.00
应收票据及应收账款	0.00	应付票据及应付账款	0.00
预付款项	0.00	预收款项	0.00
其他应收款	0.00	合同负债	0.00
存货	0.00	应付职工薪酬	0.00
合同资产	0.00	应交税费	0.00
持有待售资产	0.00	其他应付款	0.00
一年内到期的非流动资产	0.00	持有待售负债	0.00
其他流动资产	0.00	一年内到期的非流动负债	0.00
流动资产合计	448549.83	其他流动负债	0.00
非流动资产：		流动负债合计	0.00
债券投资	0.00	**非流动负债：**	
其他债券投资	0.00	长期借款	0.00
长期应收款	0.00	应付债券	0.00
长期股权投资	0.00	其中：优先股	0.00
其他权益工具投资	0.00	永续债	0.00
其他非流动金融资产	0.00	长期应付款	0.00
投资性房地产	0.00	预计负债	0.00
固定资产	13360.00	递延收益	0.00
在建工程	0.00	递延所得税负债	0.00
生产性生物资产	0.00	其他非流动负债	0.00
油气资产	0.00	非流动负债合计	0.00
无形资产	0.00	负债合计	0.00
开发支出	0.00	**所有者权益（或股东权益）：**	
商誉	0.00	实收资本（或股本）	10000.00
长期待摊费用	0.00	其他权益工具	0.00
递延所得税资产	0.00	其中：优先股	0.00
其他非流动资产	0.00	永续债	0.00
非流动资产合计	13360.00	资本公积	11000.00
		减：库存股	0.00
		其他综合收益	0.00
		盈余公积	0.00
		未分配利润	440909.83
		所有者权益（或股东权益）合计	461909.83
资产总计	461909.83	**负债和所有者权益（或股东权益）总计**	461909.83

请选择比赛：703-24KJZS第一轮模拟　请选择年份：第 6 年　下载财务报表数据

图 10-1　资产负债表

本系统中资产负债表部分项目说明如下。

① 货币资金：指公司账户上的现金。

② 交易性金融资产：本系统中指的是公司购买的其他公司股票。

③ 应收票据及应收账款：本系统中当年销售收入的 20％于下一年进账，本年度记入应收票据及应收账款项目，应收账款会因汇率波动产生汇率损益。

④ 存货：本系统中的存货指的是自主产品和订单产品未销售出去的产品存货以及工厂存货的价值，存货部分按照产品的生产成本记录价值。

⑤ 固定资产：本系统中指的是厂房和生产线的价值。

⑥ 债券投资：本系统中指的是购买其他公司的债券。

⑦ 短期借款：本系统中指的是短贷分红决策中的短期贷款金额以及系统主动贷款金额。

⑧ 交易性金融负债：本系统中指的是本公司发行的股票金额。

⑨ 应付票据及应付账款：本系统中当年购买原材料价款的 20％于下一年度支付，当年计入应付票据和应付账款项目。原材料通过本地购买，不会因汇率波动产生汇率损益。

⑩ 应交税费：本系统中指的是销售产品时缴纳的增值税税额。

⑪ 应付债券：本系统中指的是本公司发行的债券融资金额。

⑫ 资本公积：本系统中指的是本公司发行股票的溢价部分，减去发行股票和债券时的手续费以及回购股票时所需的资金。如果发行股票或发行债券时手续费以及回购股票时所需资金小于资本公积金额，则优先从资本公积中扣除，超过部分从未分配利润中扣除。

⑬ 未分配利润：本系统中指的是利润表中的净利润减去分红、回购股票所带来的增值部分以及发行股票和债券所需手续费后的剩余金额。回购股票增值部分是指回购股票的市场价格与股票面值之差，再乘以回购的股票数量。发股票和债券所需手续费优先从资本公积中扣除，资本公积不足时则从未分配利润中扣除。

⑭ 资产总计：本系统中指的是流动资产加非流动资产。

⑮ 负债和所有者权益（或股东权益）总计：本系统中指的是流动负债加非流动负债，再加所有者权益合计。

第二节　利润表

一、利润表的概念

利润表（也叫损益表）是财务报表中的核心之一，主要用于反映公司在一定时期内的经营成果。它详细列出公司在一段时间内的收入、成本、费用及其最终的净利润，帮助各方了解公司在该时期内的盈利能力，是动态报表。

利润表是根据“收入－费用＝利润”的会计平衡公式以及收入与费用配比编制的。

二、利润表的作用

利润表作为财务报表的重要组成部分，通过提供收入、成本、费用和净利润等信息，帮助各方了解公司的盈利情况、经营效率和财务健康状况。它不仅是管理层制定决策的工具，也是投资者、银行、税务机关等外部利益相关者评估公司财务状况和未来发展潜力的重要依据。

三、利润表的内容

利润表主要反映以下几个方面的内容。

1. 营业利润

营业利润是企业日常经营活动形成的利润，反映当期的日常盈利水平。营业利润等于营业收入减去营业成本、税金及附加、销售费用、管理费用、财务费用等。

2. 营业外收支

营业外收支是企业非日常活动形成的计入当前损益的利得和损失。

3. 利润总额

在营业利润的基础上调整营业外收入和营业外支出即形成利润总额。

4. 净利润

利润总额减去所得税费用，即为净利润。

现行企业会计准则所规定的利润表格式分步列示了营业利润、利润总额和净利润等项目，这种格式的利润表称作多步式利润表。

四、利润表分析

点击系统左侧导航栏中的"利润表"，可以查看本公司的利润表报告。选择右上角比赛和年份，可以查看不同比赛、不同年份的利润表报告，如图10-2所示。

本系统中利润表部分科目说明如下。

① 营业收入：本系统中包括公司在批发市场、电商市场、订单市场上销售产品的收入部分。

② 营业成本：本系统中包括生产环节的原材料成本、工人工资、合格产品奖金、研发投入和ISO质量管理体系认证投入，生产线和厂房折旧等费用之和减去库存产品的价值，其中库存商品价值按照最近一年的生产成本乘以库存商品数量计算。

③ 税金及附加：本系统中特指关税。

④ 销售费用：本系统中的销售费用包括批发市场和电子商务市场中为了扩大产品销售支付的各种费用，如服务支持投入、广告投入、公共关系费用支出、展会投入、物流成本、仓储费用等。

⑤ 管理费用：本系统中指生产部管理费用、批发市场管理费用、批发市场代理商支持费用、电商市场管理费用之和。

⑥ 利息费用：本系统中包括公司短期贷款、发行债券每年支付的利息费用。

⑦ 利息收入：本系统中包括公司购买其他公司债券所获得的利息收入。

⑧ 汇兑损益：本系统中指的是由于汇率变化对应收账款造成的收益或损失，收益用正数表示，损失用负数表示。

⑨ 投资收益：本系统中是指购买的股票公司分红收益或公司期末卖出所持有其他公

请选择比赛：703-24KJZS第一轮模拟 请选择年份：第 6 年 下载财务报表数据

科目名称	本年余额(万元)
一、营业收入	0.00
减：营业成本	3280.00
税金及附加	0.00
销售费用	0.00
管理费用	8300.00
研发费用	0.00
财务费用	0.00
其中：利息费用	0.00
利息收入	0.00
汇兑损益	0.00
资产减值损失	0.00
信用减值损失	0.00
加：其他收益	0.00
投资收益（损失以“-”号填列）	-174036.16
净敞口套期收益（损失以“-”号填列）	0.00
公允价值变动收益（损失以“-”号填列）	0.00
资产处置收益（损失以“-”号填列）	0.00
二、营业利润（亏损以“-”号填列）	-11580.00
加：营业外收入	0.00
减：营业外支出	0.00
三、利润总额（亏损总额以“-”号填列）	-11580.00
减：所得税费用	0.00
四、净利润（净亏损以“-”号填列）	-11580.00

图 10-2　利润表

司股票时所获得的收益或亏损。

⑩ 公允价值变动收益（损失以“—”号填列）：本系统中指持有其他公司股票期间，每年因股票价格波动产生的收益或损失。

⑪ 资产处置收益：本系统中包括出售厂房和生产线后收回的残值。

⑫ 营业外收入：本系统中是指教师后台设置的奖励金额。

⑬ 营业外支出：本系统中包括订单市场未按时交付订单所支付的赔偿和教师后台设置的处罚金额。

⑭ 所得税费用：本系统中包括利润总额大于 0 时所需要支付的所得税税额。

⑮ 净利润：本系统中包括利润总额减所得税费用。

第三节　现金流量表

一、现金流量表的概念

现金流量表是反映企业一定时期现金和现金等价物流入、流出信息的会计报表，是企业会计报表三大主表之一。

二、现金流量表的作用

通过现金流量表列示企业获取现金和现金等价物的能力，可以评价企业经营活动及其成果的质量；通过现金及现金等价物流入及流出结构的变化，可以评价和预测企业的财务状况。

三、现金流量表的内容

现金流量表的内容是围绕着现金流量和现金净流量展开的，反映的是企业在经营、投资、筹资三种活动中的现金实际收支情况。

1. 现金流量

在现金流量表中，将现金流量分为三大类：经营活动现金流量、投资活动现金流量和筹资活动现金流量。经营活动是指直接进行产品生产、商品销售或劳务提供的活动，它们是企业取得净收益的主要交易和事项。投资活动是指长期资产的购建和不包括现金等价物范围内的投资及其处置活动。筹资活动是指导致企业资本及债务规模和构成发生变化的活动。

2. 现金净流量

现金净流量是指现金流入与现金流出的差额。现金净流量可能是正数，也可能是负数。如果是正数，则为净流入；如果是负数，则为净流出。现金净流量反映了企业各类活动形成的现金流量的最终结果，即企业在一定时期内，现金流入大于现金流出，还是现金流出大于现金流入。现金净流量是现金流量表要反映的一个重要指标。

四、现金流量表分析

点击系统左侧导航栏中的"现金流量表"，可以查看本公司的现金流量表报告，选择右上角比赛和年份，可以查看不同比赛、不同年份的现金流量表报告，如图 10-3 所示。

本系统中现金流量表中部分科目说明如下。

1. 销售商品、提供劳务收到的现金

在本系统中是指当年批发市场和订单市场销售收入的 80%、电商市场销售收入的 100%、当年清仓产品的全部收入以及上一年批发市场和订单市场销售收入的 20%。

2. 收到其他与经营活动有关的现金

本系统中是指教师后台设置的奖励金额。

3. 购买商品、接受劳务支付的现金

本系统中是指支付给名人的签约金额、竞标手续费，订单市场竞标手续费以及当年购

科目名称	本年余额(万元)
一、经营活动产生的现金流量:	
销售商品、提供劳务收到的现金	0.00
收到的税费返还	0.00
收到其他与经营活动有关的现金	0.00
经营活动现金流入小计	0.00
购买商品、接受劳务支付的现金	0.00
支付给职工以及为职工支付的现金	0.00
支付的各项税费	0.00
支付其他与经营活动有关的现金	8900.00
经营活动现金流出小计	8900.00
经营活动产生的现金流量净额	-8900.00
二、投资活动产生的现金流量:	
收回投资收到的现金	0.00
取得投资收益收到的现金	0.00
处置固定资产、无形资产和其他长期资产收回的现金净额	0.00
处置子公司及其他营业单位收到的现金净额	0.00
收到其他与投资活动有关的现金	0.00
投资活动现金流入小计	0.00
购建固定资产、无形资产和其他长期资产支付的现金	0.00
投资支付的现金	0.00
取得子公司及其他营业单位支付的现金净额	0.00
支付其他与投资活动有关的现金	0.00
投资活动现金流出小计	0.00
投资活动产生的现金流量净额	0.00
三、筹资活动产生的现金流量:	
吸收投资收到的现金	0.00
取得借款收到的现金	0.00
收到其他与筹资活动有关的现金	0.00
筹资活动现金流入小计	0.00
偿还债务支付的现金	0.00
分配股利、利润或偿付利息支付的现金	0.00
支付其他与筹资活动有关的现金	0.00
筹资活动现金流出小计	0.00
筹资活动产生的现金流量净额	0.00
四、汇率变动对现金及现金等价物的影响	0.00
五、现金及现金等价物净增加额	0.00
加：期初现金及现金等价物余额	457449.83
六、期末现金及现金等价物余额	448549.83

图 10-3　现金流量表

买原材料价款的 80％加上一年采购价款的 20％。

4. 支付给职工以及为职工支付的现金

本系统中是指支付给工人的工资和奖金。

5. 支付的各项税费

本系统中是指缴纳的所得税税额。

6. 支付其他与经营活动有关的现金

本系统中是指研发费用、质量控制投入、管理费用、物流成本、仓储费用、关税成本、教师后台设置的处罚金额等。

7. 取得投资收益收到的现金

本系统中是指投资股票后赚取的收益。

8. 处置固定资产、无形资产和其他长期资产收回的现金净额

本系统中是指出售厂房和生产线后收回的残值。

9. 购建固定资产、无形资产和其他长期资产支付的现金

本系统中是指自建厂房、新建和升级生产线支出。

10. 投资支付的现金

购买其他公司的股票、债券，以及赎回自己公司股票时支付的现金。

11. 吸收投资收到的现金

本系统中是指发行股票和债券收到的现金。

12. 取得借款收到的现金

本系统中是指短期贷款（包含系统自动贷款）所获得的现金。

13. 支付其他与筹资活动有关的现金

本系统中是指股票和债券的发行费用。

14. 汇率变动对现金及现金等价物的影响

本系统是指汇率变动对应收账款部分的影响。

15. 期初现金及现金等价物余额

本系统中是指上一年期末现金及现金等价物余额。

第四节　财务报表分析

财务报表分析是通过对企业财务报表（包括资产负债表、利润表和现金流量表）中的数据进行分析，以评估企业的财务健康状况、经营效率、盈利能力、偿债能力及未来发展潜力等。财务报表分析有助于企业管理层、投资者、债权人等利益相关者做出更明智的决策。财务报表分析的常用方法包括比率分析、趋势分析、比较分析和现金流分析等。

一、偿债能力分析

偿债能力是指企业偿还各种到期债务的能力。企业偿债能力弱，不仅说明企业资金紧张，难以支付日常经营支出，也说明企业资金周转不灵，难以偿还债务，甚至面临破产的

危机。通过偿债能力分析可以了解企业的财务状况和企业所承担的财务风险程度。

（一）短期偿债能力

短期偿债能力是指公司偿还流动负债的能力。流动负债是指在未来 1 年内或一个营业周期内需要偿还的债务。这部分债务如果不能及时偿还，会使公司面临破产的危险。反映短期偿债能力的指标主要是营运资金、流动比率、速动比率和现金比率。

1. 营运资金

营运资金，也叫营运资本。广义的营运资金又称总营运资本，是指一个企业投放在流动资产上的资金，具体包括现金、有价证券、应收账款、存货等占用的资金。狭义的营运资金是指某时点内企业的流动资产与流动负债的差额。其计算公式为

$$营运资金 = 流动资产 - 流动负债$$

营运资金一般采用狭义的概念。营运资金越多，说明不能偿还的风险越小。因此，营运资金的多少可以反映偿还短期债务的能力。但是，营运资金是流动资产与流动负债之差，是个绝对数。如果公司之间规模相差很大，则绝对数相比的意义很有限。而流动比率是流动资产和流动负债的比值，是一个相对数，排除了公司规模不同的影响，更适合公司间以及本公司不同历史时期的比较。

2. 流动比率

流动比率是企业流动资产与流动负债的比率。流动比率是衡量企业短期偿债能力的一项重要指标。这个比率越高，说明企业偿还流动负债的能力越强。其计算公式为

$$流动比率 = \frac{流动资产}{流动负债}$$

流动比率越高，说明企业短期偿债能力越强。但流动比率过高，也说明企业在流动资产上占用资金过多，资金利用效率降低，企业盈利能力将下降。一般认为，生产企业合理的流动比率为 2 左右。这是因为，流动资产中变现能力较强的资产约占一半，即可以马上用于还款的流动资产若大体相当于流动负债，短期偿债能力就有了保证。在分析企业流动比率时，应结合企业的具体情况加以考虑，因为不同行业、同一行业不同企业的流动比率指标会存在差别，不能一概而论。

3. 速动比率

速动比率是企业速动资产与流动负债的比率。速动资产是指企业的流动资产扣除存货以后的资产。流动资产中各项资产的变现能力是不同的，现金、短期投资、应收票据和应收账款等资产的变现能力较强，而存货需要经过销售后才可能变为现金，其变现受到能否及时销售、能否按企业账面价格销售等多种因素的限制，变现能力较差。速动比率是衡量企业短期偿债能力的另一项重要指标，比值越高，说明偿还流动负债的能力越强，它更直观地反映了企业的短期偿债能力。其计算公式为

$$速动比率 = \frac{速动资产}{流动负债}$$

一般认为，速动比率为 1 比较合适。如果速动比率大于 1，说明企业有足够能力偿还短期债务；反之，则说明企业将依赖出售存货或借新债来偿还到期债务。分析企业速动比率时要结合行业性质的不同做具体分析，不能一概而论。

4. 现金比率

现金比率是企业立即可以动用的现金及短期有价证券与流动负债的比率。现金比率是衡量企业短期偿债能力的另一项重要指标。这个比率越高，说明企业偿还流动负债的能力越强。企业可以立即动用的现金包括现金等价物，即短期有价证券。其计算公式为

$$现金比率 = \frac{现金 + 现金等价物}{流动负债}$$

该比率反映企业在最坏情况下偿付流动负债的能力。到底多少为宜，还应该结合企业的具体情况确定。

（二）长期偿债能力

长期偿债能力是指企业偿还长期负债的能力。

1. 资产负债率

资产负债率是负债总额除以资产总额的比例（%），也就是负债总额与资产总额的比例关系。资产负债率反映在总资产中有多大比例是通过借债来筹资的，也可以衡量企业在清算时保护债权人利益的程度。资产负债率这个指标反映债权人所提供的资本占全部资本的比例，也被称为举债经营比率。其计算公式为

$$资产负债率 = \frac{负债总额}{资产总额} \times 100\%$$

如果资产负债比率达到 100% 或超过 100%，说明公司已经没有净资产或资不抵债。在企业管理中，资产负债率的高低也不是一成不变的，要看从什么角度分析，债权人、投资者（或股东）、经营者各不相同。从债权人的角度看，资产负债率越低越好；对投资者（或股东）来说，负债比率较高可能带来一定的好处，比如财务杠杆、利息税前扣除、以较少的资本投入获得企业的控制权；从经营者的角度看，他们最关心的是在充分利用借入资金给企业带来好处的同时，尽可能降低财务风险。另外，还要看经济大环境、管理层的风格等，所以多年来也没有统一的标准。但是对企业来说，一般认为资产负债率的适宜水平是 40%～60%。

2. 产权比率

产权比率反映债权人与股东提供的资本的相对比例，反映企业的资本结构是否合理、稳定，同时表明债权人投入资本受到股东权益的保障程度。其计算公式为

$$产权比率 = \frac{负债总额}{股东权益} \times 100\%$$

一般来说，产权比率高是高风险、高报酬的财务结构，产权比率低，是低风险、低报酬的财务结构。从股东的角度来说，在通货膨胀时期，企业举债可以将损失和风险转移给债权人；在经济繁荣时期，举债经营可以获得额外的利润；在经济萎缩时期，少借债可以减少利息负担和财务风险。

一般来说，所有者提供的资本大于借入资本为好，但也不能一概而论。该指标同时表明债权人投入的资本受到所有者权益保障的程度，或者说是企业清算时对债权人利益的保障程度。一般认为这个比率为 1，即 100% 以下时，应该是有偿债能力的，但还应该结合企业的具体情况加以分析。当企业的资产收益率大于负债成本率时，负债经营有利于提高

资金收益率，获得额外的利润，这时的产权比率可适当高些。

3. 利息保障倍数

利息保障倍数又称已获利息倍数，是企业生产经营所获得的息税前利润与利息费用之比。其计算公式为

$$利息保障倍数 = \frac{息税前营业利润（EBIT）}{利息费用}$$

$$息税前营业利润 = 营业利润 + 利息费用$$

公式中的利息费用既包括财务费用中的利息支出，也包括资本化的利息支出。利息保障倍数不仅反映了企业获利能力的大小，而且反映了获利能力对偿还到期债务的保证程度，是衡量企业长期偿债能力的重要标志。要维持正常偿债能力，利息保障倍数至少应大于1，且比值越高说明企业支付利息费用的能力越强，企业长期偿债能力越强。如果利息保障倍数过低，企业将面临亏损、偿债的安全性与稳定性下降的风险。

4. 股东权益比率和权益乘数

股东权益比率是股东权益与资产总额的比率。该比率反映企业资产中有多少是所有者投入的。其计算公式为

$$股东权益比率 = \frac{股东权益}{资产总额} \times 100\%$$

资产总额等于负债总额加上股东权益总额，因此，股东权益比率越高，资产负债率就越低，企业的财务风险就越小，偿还长期债务的能力也就越强。

股东权益比率的倒数称为权益乘数，即资产总额是股东权益的倍数。根据资产负债率的标准数值，权益乘数应小于2.0为宜。

二、营运能力分析

营运能力是指企业经营运转资产的能力，它反映了企业资金周转状况。企业的资金周转情况与企业的供应、生产、销售各个经营环节密切相关，只有各个环节正常运转，才能保证资金的正常运转。故企业营运能力的好坏决定着企业资产的运转效率和利用效果。企业管理者进行营运能力分析的主要目的是了解自身的工作成绩及管理中存在的问题；投资者进行营运能力分析的主要目的是了解企业经营情况的好坏和获取利润的多少与前景；债权人进行营运能力分析的主要目的是预测企业财务状况的发展趋势。营运能力分析包括资产周转情况分析、资产利用效率情况分析等。企业营运能力的财务分析比率有：应收账款周转率、存货周转率、流动资产周转率、营业周期、固定资产营运能力分析和总资产营运能力分析等。

1. 应收账款周转率

应收账款周转率表示一定期间内公司应收账款转为现金的平均次数。用时间表示的应收账款周转速度为应收账款周转天数，也称平均应收账款回收期或平均收现期。其计算公式为

$$应收账款周转率（次数） = \frac{计算期赊销收入净额}{应收账款平均余额}$$

$$应收账款平均余额 = \frac{期初应收账款 + 期末应收账款}{2}$$

$$应收账款周转天数 = \frac{计算期天数}{应收账款周转率}$$

公司的应收账款在流动资产中具有举足轻重的地位。公司的应收账款如能及时收回，资金使用效率便能大幅提高。一般情况下，应收账款周转率越高越好，周转率高，表明收账速度快，短期偿债能力强，可以减少坏账等损失。

2. 存货周转率

存货周转率是企业在一定时期内销货成本与平均存货余额的比率。用于反映存货的周转速度。其计算公式为

$$存货周转次数 = \frac{计算期营业成本}{存货平均余额}$$

$$存货周转天数 = \frac{计算期天数}{存货周转次数}$$

一般来讲，存货周转速度越快，存货的占用水平越低，流动性越强，存货转换为现金或应收账款的速度越快。因此，提高存货周转率可以提高企业的变现能力，但是存货周转天数也不是越低越好。比如，减少存货量可以缩短周转天数，但也可能会给正常的经营活动带来不利影响。分析该指标应注意以下问题：若是企业的生产经营活动具有很强的季节性，则年度内各季度的销售成本与存货都会有较大幅度的波动，这时平均存货应该按月或季来计算；分析该指标应该关注企业的竞争战略，若企业采用薄利多销，毛利低，一般商品周转率就高；企业处于不同发展阶段时，存货周转率也不同，处于发展初期时业务尚未全面展开，存货周转率可能偏低。如果存货周转率恶化，可能是低效率的存货控制与管理导致存货购买过度；也可能是低效率的生产导致存货缓慢周转；或是存货滞销，导致库存积压。

3. 流动资产周转率

流动资产周转率反映了企业流动资产的周转速度，是从企业全部资产中流动性最强的流动资产角度对企业资产的利用效率进行分析，其计算公式为

$$流动资产周转率 = \frac{主营业务收入净额}{流动资产平均余额}$$

$$平均流动资产总额 = \frac{流动资产年初数 + 流动资产年末数}{2}$$

$$流动资产周转天数 = \frac{计算期天数}{流动资产周转率}$$

一般情况下，该指标越高，表明企业流动资产周转速度越快，利用越好。在较快的周转速度下，流动资产会相对节约，相当于流动资产投入的增加在一定程度上增强了企业的盈利能力；而周转速度慢，则需要补充流动资金参加周转，从而形成资金浪费，降低企业盈利能力。流动资产周转率用周转天数表示时，周转一次所需要的天数越少，表明流动资产在经历生产和销售各阶段时占用的时间越短，周转越快。在生产经营中任何一个环节上的工作得到改善，都会反映到周转天数的缩短上来。按天数表示的流动资产周转率能更直接地反映生产经营状况的改善，便于比较不同时期的流动资产周转率，应用较为普遍。

4. 营业周期

营业周期是指从取得存货开始到销售存货并收回现金为止的这一段时间。其计算公

式为

$$营业周期＝存货周转天数＋应收账款周转天数$$

一般情况下，营业周期短，说明资金周转速度快；营业周期长，说明资金周转速度慢。

5. 固定资产营运能力分析

反映固定资产营运能力的指标为固定资产周转率和固定资产周转天数。其计算公式为

$$固定资产周转率＝\frac{主营业务收入净额}{平均固定资产净值}$$

$$固定资产周转天数＝\frac{计算期天数}{固定资产周转率}$$

固定资产周转率表示在一个会计期间内，固定资产周转的次数，或表示每元固定资产支持的销售收入。固定资产周转天数表示在一个会计年度内，固定资产转换成现金平均需要的时间，即平均天数。固定资产的周转次数越多，则周转天数越短；周转次数越少，则周转天数越长。

固定资产周转率主要用于分析对厂房、设备等固定资产的利用效率，比率越高，说明利用率越高，管理水平越好。如果固定资产周转率与同行业平均水平相比偏低，则说明企业对固定资产的利用率较低，可能会影响企业的获利能力。它反映了企业资产的利用程度。

6. 总资产营运能力分析

总资产周转率是综合评价企业全部资产的经营质量和利用效率的重要指标。其计算公式为

$$总资产周转率＝\frac{主营业务收入净额}{总资产平均余额}$$

$$总资产周转天数＝\frac{计算期天数}{总资产周转率}$$

周转率越大，说明总资产周转越快，反映出销售能力越强。企业可以通过薄利多销的办法加速资产的周转，带来利润绝对额的增加。总资产周转率越低，周转天数越多，说明公司利用其资产进行经营的效率越差，这不仅会影响公司的获利能力，而且直接影响上市公司的股利分配。总资产周转率与流动资产周转率都是衡量公司资产运营效率的指标。一般来说，流动资产周转率越高，总资产周转率也越高，这两个指标从不同的角度对公司资产的运营进行了评价。

三、盈利能力分析

盈利能力又称获利能力，是指企业获取利润的能力，它是企业持续经营和发展的保证。

（一）销售毛利率

销售毛利率又称毛利率，是企业销售毛利与销售收入的比率。其计算公式为

$$销售毛利率＝\frac{销售毛利}{销售收入}×100\%$$

其中，销售毛利是销售收入与销售成本的差额。

销售毛利率越大，说明销售收入中销售成本所占的比重越小。销售毛利率一般是按产品和经营项目分别计算的，反映了不同产品或经营项目的获利水平。

（二）销售净利率

销售净利率是企业一定时期的净利润与销售收入的比率。其计算公式为

$$销售净利率 = \frac{净利润}{销售收入} \times 100\%$$

销售净利率反映了企业净利润占销售收入的比例。该比例越高，说明企业通过扩大销售获取收益的能力越强。分析企业销售净利率时，还应结合不同行业的具体情况，因为不同行业的销售净利率差别很大。

（三）资产报酬率

资产报酬率又称资产收益率，是企业一定时期的净利润与资产总额的比率。其计算公式为

$$资产报酬率 = \frac{净利润}{资产总额} \times 100\%$$

如果企业期初与期末的资产总额变化很大，那么资产报酬率计算公式中的资产总额就应采用资产平均余额计算。

这个比率越高，说明企业获利能力越强。在分析时应注意，这个指标只适用于从股东的角度来考察全部资产的利用效果。如果从企业资产运营效率的角度来看，它并不能反映资产的真实回报，且在不同企业之间不具备可比性。因为净利润已经扣除了债务利息，而利息是债权人投入资金的回报。为了反映企业资产的运营效率，资产报酬率也可以用下式计算。

$$资产报酬率 = \frac{息税前利润}{资产总额} \times 100\%$$

（四）股东权益报酬率

股东权益报酬率又称净资产收益率，是一定时期企业的净利润与股东权益的比率。其计算公式为

$$股东权益报酬率 = \frac{净利润}{股东权益} \times 100\%$$

股东权益报酬率反映了企业股东获取投资报酬的多少。股东权益报酬率也可用以下公式计算。

$$股东权益报酬率 = 资产报酬率 \times 权益乘数$$

由此可见，股东权益报酬率取决于企业的资产报酬率和权益乘数两个因素。因此，提高股东权益报酬率有两条途径：一是通过增收节支，提高资产利用效率来提高资产报酬率；二是在资产报酬率大于负债利息率的情况下，通过增大权益乘数，即提高资产负债率来提高股东权益报酬率。

（五）上市公司的盈利能力分析

在进行盈利能力分析时，应该考虑上市公司的特殊情况。上市公司作为一类经过批

准，可以在证券交易所向社会公开发行股票筹资的股份有限公司，其权益资本被分成等额的股份，股份公开上市交易有市价。在进行上市公司的盈利能力分析时，除了传统的盈利指标外，还可以分析每股收益、市盈率、股利支付率等财务指标。

1. 每股收益

每股收益是衡量上市公司盈利能力最重要的财务指标。它反映了普通股的获利水平。其计算公式为

$$每股收益 = \frac{归属于普通股股东的当期净利润}{当期发行在外的普通股数}$$

该比率反映了每股创造的税后利润。比率越高，表明所创造的利润越多。若公司只有普通股，净收益是税后净利，则股份数是指流通在外的普通股股数。如果公司还有优先股，应从税后净利中扣除分派给优先股东的股利。

在分析时，可以进行公司间的比较，以评价该公司相对的盈利能力；可以进行不同时期的比较，了解该公司盈利能力的变化趋势；也可以进行经营实绩和盈利预测的比较，掌握该公司的管理能力。

使用每股收益分析盈利性要注意以下问题。

① 每股收益不反映股票所含有的风险。例如，假设某公司原来经营日用品的产销，最近转向房地产投资，公司的经营风险增大了许多，但每股收益可能不变或提高，并没有反映风险增加的不利变化。

② 股票是一个"份额"概念，不同股票的每一股在经济上不等量，它们所含有的净资产和市价不同即换取每股收益的投入量不相同，限制了每股收益的公司间比较。

③ 每股收益多，不一定意味着分红多，还要看公司股利分配政策。

④ 每股收益是反映上市公司盈利能力大小的一个非常重要的财务指标，其高低经常对股票价格产生较大的影响。股本计算年度每股股利。

2. 市盈率

$$市盈率（静态市盈率）= \frac{每股市价}{每股收益}$$

上式中的分子是当前的每股市价，分母可用最近一年盈利，也可用未来一年或几年的预测盈利。

市盈率是上市公司股价与每股收益（年）的比值，即：市盈率＝股价/每股收益（年）。明显地，这是一个衡量上市公司股票的价格与价值比例的指标。可以简单地认为，市盈率高的股票，其价格与价值的背离程度就越高。也就是说市盈率越低，其股票越具有投资价值。

如果某股票有较高市盈率，就代表市场预测未来的盈利增长速度快；或出现泡沫，该股被追捧；该企业有特殊的优势，保证能在低风险情况下持久获得盈利；市场上可选择的股票有限，在供求定律下，股价将上升。

3. 股利支付率

$$股利支付率 = \frac{每股股利}{每股净收益} \times 100\%$$

$$股利支付率＋留存收益率＝1$$

它反映公司的股利分配政策和股利支付能力。该指标反映企业一定时期净利润额中股利发放程度。在股票持有者中，一部分投资者，特别是短期投资者和散户投资企业的主要目的，有时并不是为了企业的长远发展，更不是为了操纵企业，而是为了获取股利。在企业净收益中有多少用于发放股利，是他们最关心的问题之一。对于长期投资者来说，虽然他们也希望企业发放股利，但他们并不希望这个比例越高越好，因为发放股利，特别是发放现金股利，常常影响企业的支付能力、偿债能力、营运能力。他们希望这个比率最好维持在既能维持企业在资本市场的形象和信心，又不影响企业的各种能力。一般来说，企业发放股利越多，股利的支付率越高，因而对股东和潜在投资者的吸引力越大，也就越有利于建立良好的公司信誉。一方面，投资者对企业的信任会使企业股票供不应求，从而使企业股票市价上升。企业股票的市价越高，对公司吸引投资、再融资越有利。另一方面，过高的股利分配政策会使公司的留存收益减少，如果公司要维持高股利分配政策而对外大量举债，会增加资金成本，最终必定会影响企业的未来收益和股东权益。股利支付率是股利政策的核心。确定股利支付率，首先要清楚公司在满足未来发展所需要的资本支出需求和营运资金需求后，有多少现金可用于发放股利，然后考察公司所能获得的投资项目的效益如何。

四、杜邦分析法

杜邦分析法是一种用于评价公司盈利能力和股东权益回报水平，从财务角度评价企业绩效的一种经典方法（图10-4）。其基本思想是将企业净资产收益率逐级分解为多项财务比率乘积，这样有助于深入分析比较企业经营业绩。这种分析方法最早由美国杜邦公司使用，所以称为杜邦分析法。

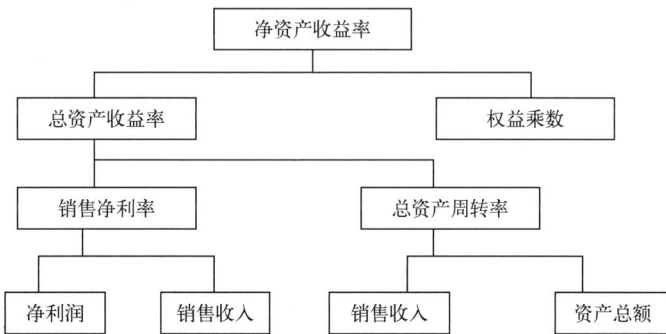

图 10-4 杜邦分析法图示

杜邦分析法的核心指标主要包括以下内容。

① 净资产收益率，也称股东权益报酬率，是一个综合性最强的财务分析指标，是杜邦分析系统的核心。

② 总资产收益率是影响净资产收益率的最重要的指标，具有很强的综合性，而总资产收益率又取决于销售净利率和总资产周转率的高低。

总资产周转率可以反映总资产的周转速度。对总资产周转率的分析，需要对影响资产周转的各因素进行分析，以判明影响公司资产周转的主要问题在哪里。销售净利率反映销售收入的收益水平。扩大销售收入，降低成本费用是提高企业销售利润率的根本途径，而扩大销售，同时也是提高资产周转率的必要条件和途径。

③ 权益乘数表示企业的负债程度，反映了公司利用财务杠杆进行经营活动的程度。

$$权益乘数 = \frac{1}{1-资产负债率}$$

资产负债率高，权益乘数就大，这说明公司负债程度高，公司会有较多的杠杆利益，但风险也高；反之，资产负债率低，权益乘数就小，这说明公司负债程度低，公司会有较少的杠杆利益，但相应所承担的风险也低。

系统提供了决策处理后的杜邦分析图，操作如下。

点击左侧导航栏中的"杜邦分析"，可以查看本公司的杜邦分析图。杜邦分析模型对考核核心指标中的净资产收益率（ROE）进行了详细的分析，选择右上角比赛和年份，可以查看不同比赛、不同年份的杜邦分析图，如图 10-5 所示。

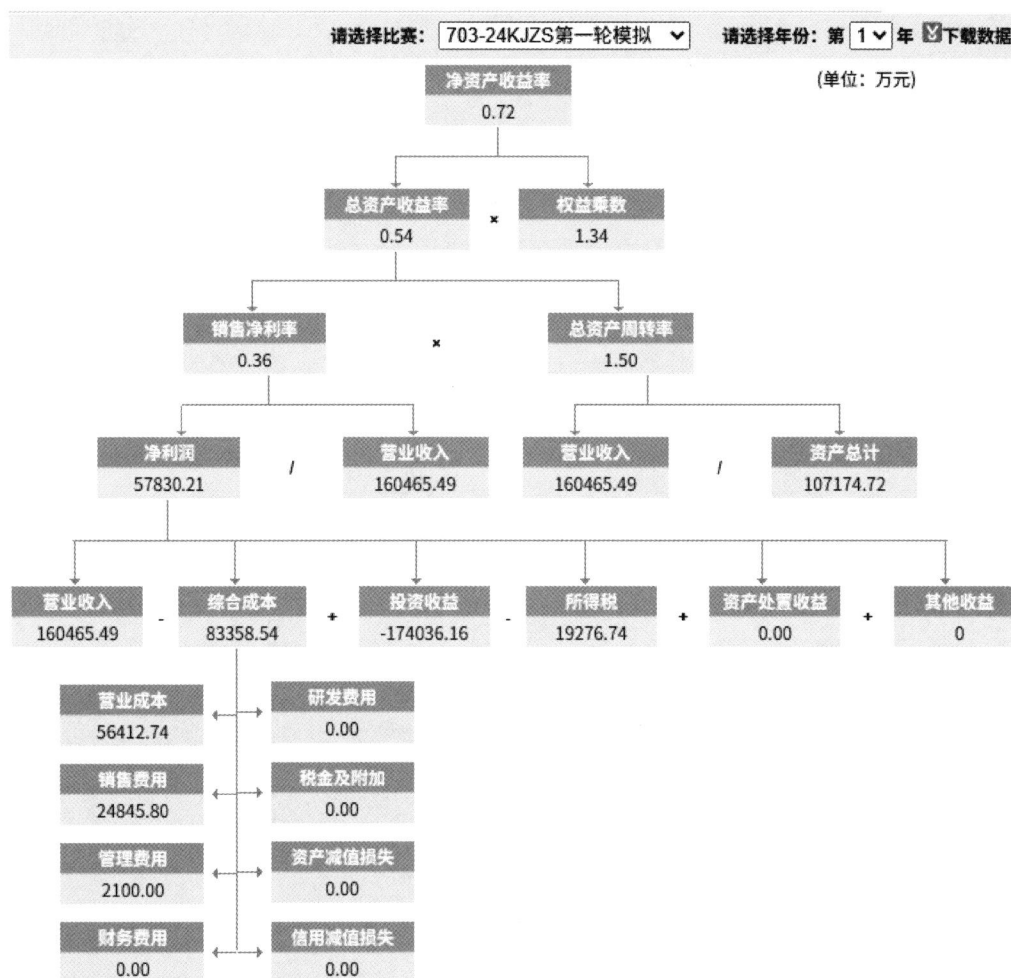

图 10-5　杜邦分析图

本系统杜邦分析中的部分计算公式如下。

① 净利润＝利润总额－所得税。

② 销售净利率＝净利润/营业收入（如果营业收入为0或负数则没有实际参考意义）。

③ 总资产周转率＝营业收入/平均资产总计（如果平均资产总额为0或负数则没有实际参考意义）。

④ 平均资产总计＝(年初资产总计＋年末资产总计)/2。

⑤ 总资产收益率＝(净利润/营业收入)/(营业收入/平均资产总计)＝净利润/平均资产总计。

⑥ 权益乘数＝1/(1－资产负债率)＝1/(1－负债合计/资产总计)。

⑦ 净资产收益率＝总资产收益率×权益乘数。

如果系统中显示的数值为"－10000"，表示这个数值没有意义或者没有关注这个数值的必要。例如：如果净利润和资产总计都为负数，说明企业的资产在流失，这时也就没有关注总资产收益率的必要了。

第五节　数据综合图分析

一、饼状图分析

点击系统左侧导航栏中的"饼状图分析"，可以查看本公司相关数据的饼状图，选择右上角比赛和年份，可以查看不同比赛、不同年份相关数据的饼状图，如图 10-6 所示。

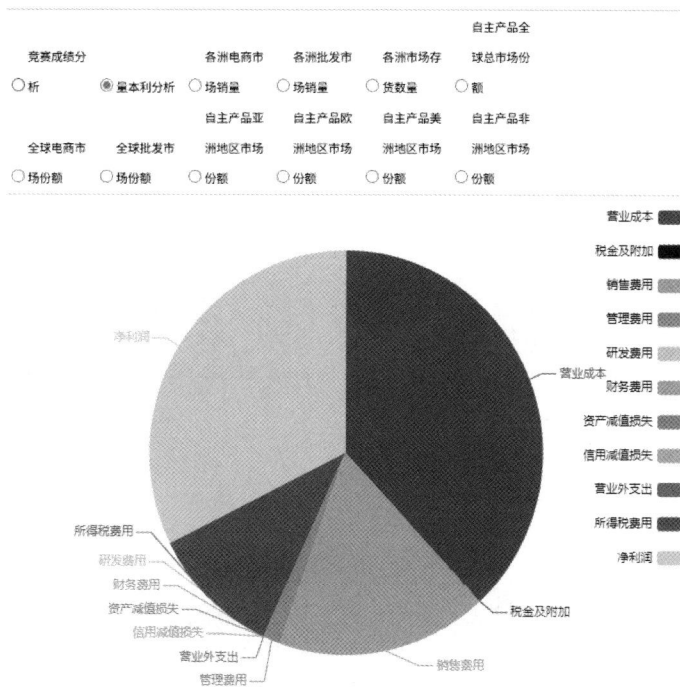

图 10-6　饼状图（见彩图）

在饼状图分析页面，可以对竞赛成绩、量本利数据、各洲电商市场销量、各洲批发市场销量等进行数据分析，选中要分析的项目即可看到对应的图表数据。

二、折线图分析

点击系统左侧导航栏中的"折线图分析"，可以查看本公司历年相关数据的折线图，选择右上角比赛可以查看不同比赛历年数据的折线图，如图 10-7 所示。

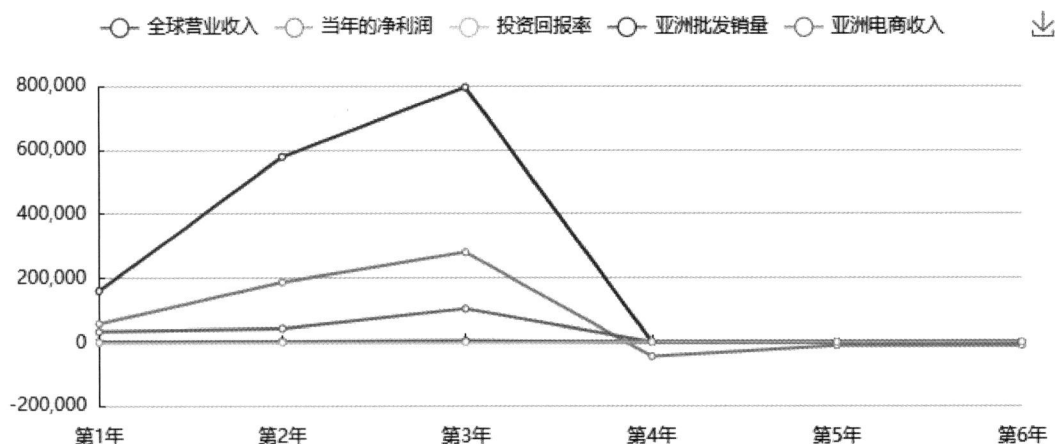

图 10-7　折线图（见彩图）

选择右上角比赛后，只需勾选要分析的项目名称即可看到对应的图表。对于折线图，最多一次性可以选择 5 个项目进行分析，分析时要注意选择的项目应具有可比较性。

三、柱状图分析

点击系统左侧导航栏中的"柱状图分析"，可以查看本公司历年相关数据的柱状图，选择右上角比赛可以查看不同比赛历年相关数据的柱状图，如图 10-8 所示。

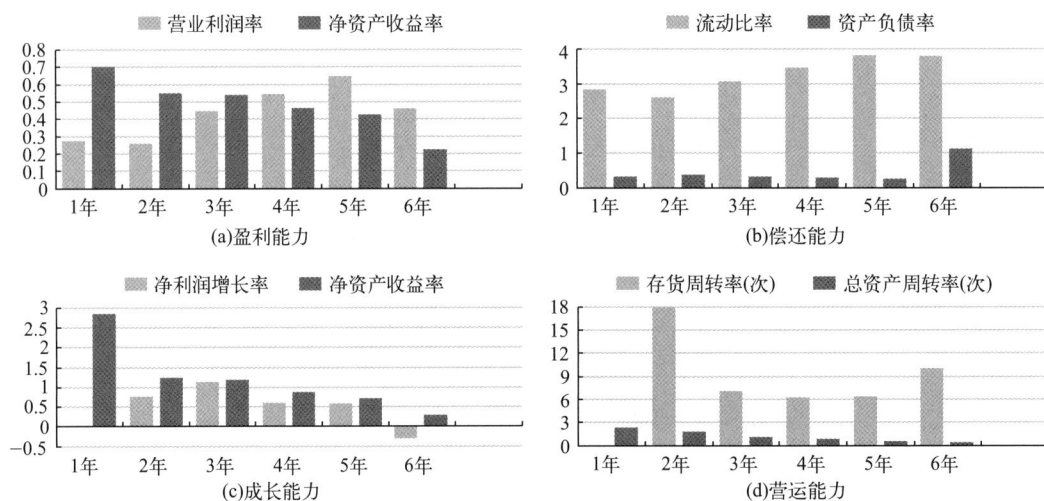

图 10-8　柱状图（见彩图）

柱状图主要从公司的盈利能力、偿债能力、成长能力、营运能力四个方面进行分析，显示的是公司从第一年开始到当前年份的数据变化。

四、仪表盘图分析

点击系统左侧导航栏中的"仪表盘图分析"，可以查看本公司破产模型数据的仪表盘图表。选择右上角比赛和年份，可以查看不同比赛、不同年份的破产模型数据仪表盘图表，如图 10-9 所示。

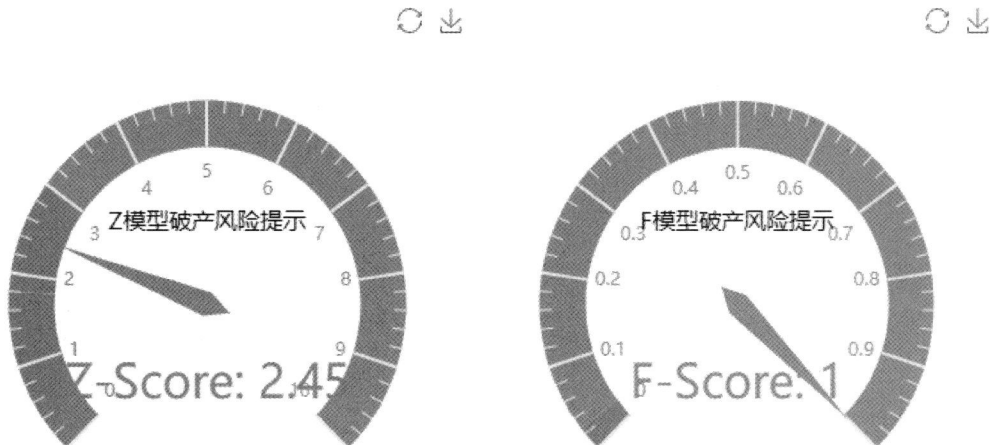

图 10-9　破产模型仪表盘图（见彩图）

1. Z-Score

图 10-9 中 Z-Score 数据是根据 Z 模型计算的 Z-Score 分值。如果指针指向红色区域，表示公司已经进入破产区；如果指针指向灰色区域，表示公司有一定的破产风险；如果指针指向绿色区域，表示公司暂无破产风险。

Z 模型计算公式为

$$Z = 1.2X_1 + 1.4X_2 + 3.3X_3 + 0.6X_4 + 0.999X_5$$

字母含义如下。

① X_1 ＝净营运资本／总资产＝（流动资产－流动负债）／总资产。

这个指标反映流动性和规模的特点。流动资本＝流动资产－流动负债，流动资本越多，说明不能偿债的风险越小，并可反映短期偿债能力。

② X_2 ＝留存收益／总资产。

这个指标衡量企业积累的利润，反映企业的经营年限。

③ X_3 ＝息税前收益／总资产＝（利润总额＋财务费用）／总资产。

这个指标衡量企业在不考虑税收和融资影响时，其资产的生产能力情况，是衡量企业利用债权人和所有者权益总额取得盈利的指标。该比率越高，表明企业的资产利用效果越好，经营管理水平越高。

④ $X_4 =$ 优先股和普通股市值／总负债 ＝（股票市值 × 股票总数）／总负债。

这个指标衡量企业的价值在资不抵债前可下降的程度，反映股东所提供的资本与债权人提供的资本的相对关系，以及企业基本财务结构是否稳定。若比率高，则是低风险、低报酬的财务结构，同时这个指标也反映债权人投入的资本受股东资本的保障程度。

⑤ $X_5 =$ 销售额／总资产。

这个指标衡量企业产生销售额的能力，表明企业资产利用的效果。指标越高，表明资产的利用率越高，说明企业在增加收入方面有良好的效果。

2. F-Score

图 10-9 中 F-Score 数据是根据 F 模型计算的 F-Score 分值，F 模型临界点为 0.0274；若 F 模型分数低于 0.0274，则将被预测为"破产区"，有破产的风险；反之，若 F 模型分数高于 0.0274，则公司将被预测为"安全区"，无破产风险。

F 模型计算公式为

$$F = -0.1774 + 1.1091X_1 + 0.1074X_2 + 1.9271X_3 + 0.0302X_4 + 0.4961X_5$$

字母含义如下。

① $X_1 =$（期末流动资产 － 期末流动负债）／期末总资产。

② $X_2 =$ 期末留存收益／期末总资产。

③ $X_3 =$（税后纯收益 ＋ 折旧）／平均总负债。

④ $X_4 =$ 期末股东权益的市场价值／期末总负债。

⑤ $X_5 =$（税后纯收益 ＋ 利息 ＋ 折旧）／平均总资产。

五、气泡图分析

点击系统左侧导航栏中的"气泡图分析"，进入气泡图分析界面，可以查看各公司不同年份相关数据的气泡图。选择右上角比赛和年份可以查看不同比赛、不同年份相关数据的气泡图，如图 10-10 所示。

气泡图分析首先选择横轴（X 轴）和竖轴（Y 轴）要分析的选项，再选择要分析的公司，直接勾选对应公司名称前的选项框即可，也可以点击"全选"按钮选中全部公司进行分析。气泡图能够帮助分析各公司的市场细分和战略定位，气泡集中的地区表示战略红海，分散的地区表示战略蓝海。各公司的气泡图面积大小表示由 X 轴和 Y 轴选择的分析指标对销量的影响程度。

分析选项	X轴： 批发市场价格(亚洲)		Y轴：批发市场质量(亚洲)
(全选)选择公司：	☑INC17621 ☑INC17622 ☐INC17623 ☑INC17624 ☐INC17625 ☐INC17626 ☑INC17627 ☐INC17628 ☐INC17629 ☐INC17630 ☑INC17631 ☑INC17677		

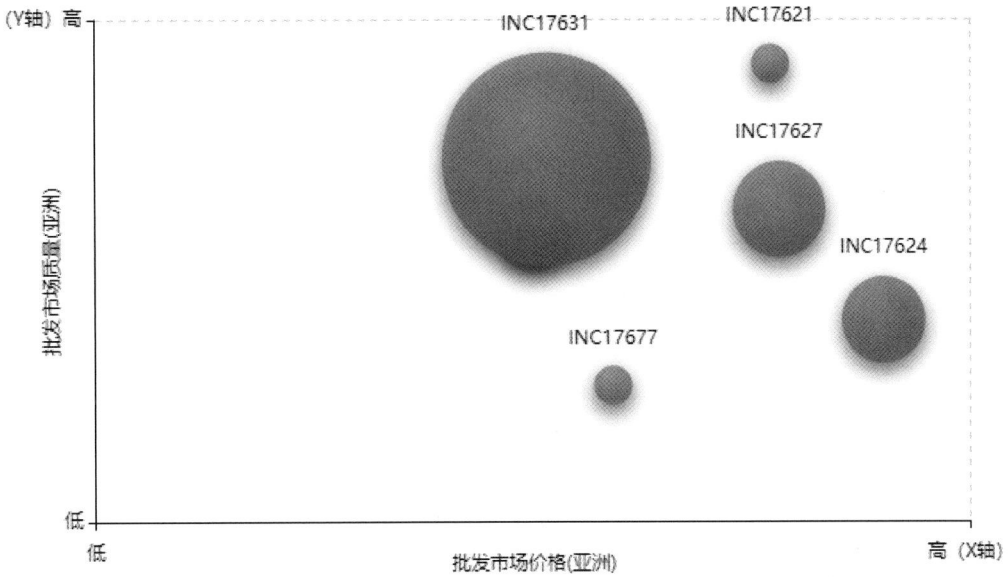

图 10-10　气泡图

✏️ **仿真练习** ....

1. 根据管理决策仿真模拟结果进行资产负债表、利润表、现金流量表分析，并据此做出下一年度的决策。

2. 根据年度报表数据对仿真模拟经营企业的偿债能力、营运能力、盈利能力进行分析，并据此做出下一年度的决策。

3. 运用杜邦分析法对仿真模拟经营企业进行绩效评价，并据此做出下一年度的决策。

课后练习参考答案

第一章

一、选择题
1. E　　2. C　　3. C　　4. ABCD　　5. ABCD

二、简答题
选择企业名称的原则：独特性、合法性、简洁性、可扩展性、品牌性。

三、案例分析题
1. 宜昌纺机进行战略变革是为了应对竞争对手的威胁，通过研发节能设备降低生产成本，提升市场竞争力，从而保持竞争优势。

2. 这种变革属于业务单位战略层面。该层面的战略类型包括成本领先战略、差异化战略和集中化战略。

四、思考题
依法治国是我国治国理政的基本方略。企业在公司治理中贯彻这些方针，不仅是落实国家政策的要求，也是企业自身健康发展的保障。企业作为社会经济的重要组成部分，应将廉洁自律、依法经营纳入公司治理的核心内容，通过完善内部监督机制、防范腐败风险，体现企业的社会责任。具体措施有：加强监事会职能，完善内部控制体系，加强企业文化建设，强化责任追究机制等。

第二章

一、选择题
1. D　　2. A　　3. B　　4. D　　5. B

二、案例分析题
• 存在问题分析

① 生产计划方面：市场需求预测不准确，没有根据市场变化及时调整生产计划，导致生产与市场需求脱节，出现原材料积压和成品库存过高的问题。

② 设备管理方面：缺乏有效的设备维护保养制度，没有对设备进行定期检查和预防性维护，导致设备故障频繁发生，影响生产进度。

③ 生产布局与物流方面：生产线布局没有充分考虑物流的合理性，各工序之间的衔接不顺畅，导致物流配送混乱，增加了生产过程中的等待时间和搬运成本，降低了生产效率。

• 解决措施

① 生产计划优化：建立市场需求预测机制，加强市场调研，收集市场信息，运用科学的预测方法提高市场需求预测的准确性；根据预测结果和订单情况，制定合理的生产计划，并根据市场变化及时进行调整；采用滚动式生产计划，使生产计划具有更好的灵活性和适应性。

② 设备管理改进：建立完善的设备维护保养制度，制定设备维护计划，定期对设备进行检查、保养和维修；加强设备操作人员的培训，提高其操作技能和设备维护意识，确保设备的正常运行；建立设备故障预警机制，通过设备运行数据的监测和分析，提前发现设备潜在故障，及时进行处理，减少设备故障对生产的影响。

③ 生产布局与物流优化：对生产线布局进行重新规划，按照工艺流程和物流走向，合理安排各工序的位置，使物料在生产过程中的流动更加顺畅，减少不必要的搬运和等待时间；引入先进的物流管理系统，对物料的采购、存储、配送等环节进行信息化管理，提高物流配送的准确性和及时性；优化生产流程，消除生产过程中的浪费，提高生产效率。

三、思考题

1. 人工智能在质量控制中的应用场景如下。

① 缺陷检测：计算机视觉识别产品瑕疵（如富士康的 AI 质检）。

② 预测分析：通过历史数据预测质量风险（如半导体晶圆良率优化）。

③ 工艺优化：机器学习调整参数提升成品率（如化工生产配方迭代）。

2.3D 打印技术对生产模式的影响如下。

① 去模具化：直接制造复杂结构件（如 GE 航空发动机燃料喷嘴）。

② 分布式生产：本地按需打印减少库存（如医疗植入物定制）。

③ 材料创新：轻量化设计（如汽车零部件减重 30%）。

第三章

一、选择题
1. B　　2. B　　3. C　　4. C　　5. D　　6. A　　7. D　　8. C　　9. C　　10. B

二、简答题

1. 在"双碳"目标背景下，企业需要深入分析政治法律环境，调整市场营销策略。政治法律环境包括国家政策、法律法规以及社会价值观等方面。例如，"双碳"目标推动了绿色低碳政策的实施，企业需要积极响应政策要求，调整产品结构和营销策略。

企业在产品定位与宣传中应体现社会责任与可持续发展理念。具体措施如下。

① 产品定位：企业应将产品设计与"双碳"目标相结合，开发低碳、环保的产品。例如，新能源汽车企业通过优化产品设计、采用环保材料等方式降低碳排放。

② 宣传策略：在宣传中突出产品的绿色低碳特性，强调企业对环境保护的承诺。通过广告、社交媒体等渠道传递企业的社会责任感，吸引更多关注环保的消费者。

③ 社会责任实践：企业应积极参与公益活动，如支持环保项目、推动绿色出行等，提升品牌形象和社会认可度。

2. 某知名运动品牌虚假宣传事件分析如下。

① 虚假宣传对品牌价值的负面影响主要体现在以下几个方面。

信任危机：消费者对品牌的信任度大幅下降，导致品牌忠诚度降低。

品牌形象受损：品牌声誉受到严重损害，消费者可能将该品牌与不诚信行为联系在一起。

市场竞争劣势：竞争对手可能利用这一事件抢占市场份额，进一步削弱品牌的市场地位。

法律风险：虚假宣传可能引发法律诉讼，增加企业的法律成本。

② 企业应在营销活动中践行社会责任，树立良好品牌形象的措施如下。

诚信经营：遵守法律法规，杜绝虚假宣传，确保广告内容真实可靠。

社会责任意识：通过公益活动等方式展示企业对社会的积极贡献，提升品牌形象。

消费者教育：通过宣传引导消费者树立正确的消费观念，推动绿色、可持续消费。

内部管理：加强内部培训，提高员工对社会责任的认知，确保营销活动符合道德和法律标准。

③ 品牌修复和重建信任的措施包括以下内容。

公开道歉：及时向消费者道歉，承认错误，表达诚意。

加强内部管理：完善内部审核机制，确保宣传内容真实可靠。

积极参与公益活动：通过支持环保、教育等公益项目，展示企业的社会责任感。

透明沟通：定期向消费者披露改进措施和进展，增强透明度。

提升产品质量和服务：通过优质的产品和服务重新赢得消费者的信任。

第四章

一、选择题

1. C　　2. C　　3. D　　4. C　　5. D　　6. A　　7. D　　8. B　　9. ABCD　　10. ABC

11. ACD

二、简答题

1. 普通股筹资的优缺点如下。

优点：无需偿还本金；没有固定利息负担；筹资风险小；筹资限制较少；可增加公司的信誉。

缺点：资金成本较高；稀释股东权益，可能影响企业控制权；可能会导致股价下跌。

2. 发行债券筹资的优缺点如下。

优点：成本较低；维持股东对公司的控制权；发挥财务杠杆作用；有利于调整资本结构。

缺点：筹资风险高；限制条件多；筹资额有限。

3. 存货的成本有：取得成本、储存成本和缺货成本

三、思考题

股东利益是企业发展的基础，合理的股利分配能够增强股东的获得感和满意度，促进企业资本的积累和再投资。企业作为社会经济的重要组成部分，承担着促进经济发展、保障就业、推动社会进步等社会责任。股利分配政策不仅是财务决策，也是企业履行社会责任的重要体现。企业应根据自身的盈利水平和财务状况，制定科学合理的股利分配政策。在保障股东合理回报的同时，保留足够的留存收益用于企业的再投资和技术创新，以增强企业的核心竞争力和可持续发展能力；应充分考虑中小股东的利益，通过建立健全的公司治理机制，确保中小股东的知情权和参与权，避免大股东过度控制股利分配决策，损害中小股东的利益，促进社会公平。另外，企业通过合理分配利润，在追求经济效益的同时，还应考虑绿色发展和公益事业等社会责任，促进社会的公平与正义，推动经济的可持续发展。

第五章

一、选择题

1. C　　2. B　　3. C　　4. A　　5. A　　6. A　　7. C　　8. B　　9. B　　10. C

二、简答题

1. 需求定律及影响需求的因素如下。

需求定律：是指在其他条件不变的情况下，商品的需求量与其价格呈反方向变动的关系。即商品价格越高，消费者对该商品的需求量越小；商品价格越低，消费者对该商品的需求量越大。

影响需求的因素有：商品自身的价格、消费者的偏好、消费者的收入水平、其他相关商品的价格、消费者对商品未来的预期等。

2. 边际效用递减规律是指，消费者在消费某种商品或服务时，随着消费数量的增加，每增加一单位商品所带来的效用增加量逐渐减少的现象。

3. 垄断竞争市场是指市场中存在许多厂商，但它们生产和销售的产品存在一定的差别。其主要特征包括：众多厂商、产品差别、有限的价格控制。

三、思考题

1. 企业利润最大化的条件：边际收益等于边际成本，即 MR＝MC。当 MR＞MC 时，意味着增加产量所带来的收益增加量大于成本增加量，企业增加产量能使利润增加；当 MR＜MC 时，增加产量会使成本增加量大于收益增加量，利润会减少。只有当 MR＝MC 时，企业达到了利润最大化的产量水平，此时企业不会再调整产量，因为无论增加还是减少产量，利润都会下降。

平衡经济效益与社会责任的方法如下。

① 制定可持续发展战略：将社会责任纳入企业长期发展战略中，使经济效益和社会责任相互促进。如企业在制定生产计划时，考虑资源的可持续利用和环境保护，采用先进的节能技术和环保工艺，降低能源消耗和污染物排放，既减少成本，又提升社会形象。

② 加强企业内部管理：建立完善的社会责任管理体系，明确各部门和员工在社会责任方面的职责和义务。同时，将社会责任表现纳入绩效考核体系，激励员工积极参与社会责任活动。

③ 注重产品质量与安全：提供高质量、安全可靠的产品和服务，满足消费者的需求和期望，这是企业实现经济效益的基础，也是对消费者的重要社会责任。

④ 积极参与社会公益事业：企业可根据自身的资源和能力，选择合适的公益领域，如教育、医疗、扶贫等，通过捐赠资金、物资或提供志愿服务等方式，为社会弱势群体和公共事业发展贡献力量。

对构建和谐社会的重要意义如下。

① 促进经济可持续发展：企业平衡经济效益与社会责任，能更合理地利用资源，推动技术创新和产业升级，减少对环境的破坏，实现经济的可持续增长，为和谐社会提供坚实的物质基础。

② 保障社会公平与稳定：企业积极履行社会责任，如保障员工权益、参与公益事业等，有助于缩小贫富差距，缓解社会矛盾，维护社会公平与稳定。

③ 推动社会文明进步：企业在追求利润的同时注重社会责任，能够带动社会形成良好的道德风尚和价值观念，促进社会的文明进步。

④ 增强社会凝聚力：当企业积极履行社会责任、关注社会利益时，会与社会各方面建立起良好的合作关系，增强社会成员之间的信任和合作，进而增强整个社会的凝聚力。

2. "一带一路"倡议为中国通过国际贸易推动构建人类命运共同体提供了重要契机和实践平台。中国通过国际贸易推动构建人类命运共同体的方式有以下方面。

① 加强基础设施互联互通。

② 促进贸易投资便利化。

③ 推动多元文化交流与合作。

④ 推动国际产能合作。

蕴含的丰富的思政意义如下。

① 培养全球视野和国际意识。

② 弘扬开放包容、合作共赢的价值观。

③ 增强民族自豪感和文化自信。

④ 强化责任担当和使命意识。

✎ **笔记**

参考文献

[1] 杨锡怀. 企业战略管理理论与案例［M］. 北京：高等教育出版社，2004.

[2] 李丹. 企业战略管理［M］. 北京：清华大学出版社，2021.

[3] 朱海雄. 商业计划书编写指南［M］. 北京：电子工业出版社，2021.

[4] 刘向东. 投资人喜欢这样的商业计划书［M］. 北京：中国铁道出版社有限公司，2019.

[5] 郭伟欣. 市场营销学［M］. 长春：东北师范大学出版社，2016.

[6] 胡翾. 营销理论与实务［M］. 北京：北京理工大学出版社，2010.

[7] 郭国庆. 市场营销学通论［M］. 4版. 北京：中国人民大学出版社，2022.

[8] 吴健安. 市场营销学［M］. 7版. 北京：高等教育出版社，2024.

[9] 刘学华. 新编市场营销学［M］. 上海：立信会计出版社，2004.

[10] 池丽华，朱文敏. 市场营销学［M］. 2版. 上海：立信会计出版社，2016.

[11] 汪长江. 市场营销战略研究、分析、规划、实施与控制［M］. 上海：上海交通大学出版社，
    2015.

[12] 张德鹏. 市场营销学［M］. 广州：广东高等教育出版社，2010.

[13] 张会新. 市场营销：创造和获取价值［M］. 西安：西安电子科技大学出版社，2016.

[14] 王圣元，王小波，沈毅等. 市场营销学［M］. 南京：东南大学出版社，2014.

[15] 李旸. 工商管理学科应试精要［M］. 3版. 北京：机械工业出版社，2004.

[16] 彭代武，李亚林，靳洪等. 市场营销［M］. 2版. 北京：高等教育出版社，2016.

[17] 吴金法. 现代企业管理学［M］. 北京：电子工业出版社，2003.

[18] 付蕾，芮志彬，王娜，等. 市场营销基础项目教程［M］. 北京：清华大学出版社，2015.

[19] 张彦宁，陈光复. 中国企业管理培训30年［M］. 北京：企业管理出版社，2008.

[20] 吴国庆，王杰芳，李玲，等. 市场营销学理论实务与应用［M］. 上海：上海交通大学出版社，
    2013.

[21] 黄顺春，廖作鸿，等. 现代企业管理教程［M］. 2版. 上海：上海财经大学出版社，2007.

[22] 王晓东. 国际市场营销［M］. 北京：中国人民大学出版社，2019.

[23] 王枝茂，等. 市场营销基础［M］. 北京：中国人民大学出版社，2021.

[24] 乔娟，乔颖丽，李小北等. 市场营销学［M］. 2版. 北京：中国农业大学出版社，2013.

[25] 谢守忠，等. 市场营销实训教程［M］. 武汉：武汉大学出版社，2008.

[26] 许以洪，李双玫. 市场营销学［M］. 北京：机械工业出版社，2007.

[27] 朱媛玲. 市场营销学［M］. 上海：上海财经大学出版社，2015.

[28] 马清梅. 市场营销理论与实务［M］. 北京：北京交通大学出版社，2013.

[29] 胡文静，郑彤彤，等. 新编市场营销学［M］. 武汉：华中科技大学出版社，2018.

[30] 罗昌宏，陈宏桥. 财务管理教程［M］. 武汉：武汉大学出版社，2008.

[31] 肖开宁. 企业财税管理实务［M］. 大连：东北财经大学出版社，2012.

[32] 李忠宝. 财务管理概论［M］. 大连：东北财经大学出版社，2013.

［33］王梅，曾浪鸥财务管理［M］.重庆：重庆大学出版社，2015.

［34］刘学华.新编财务管理［M］.上海：立信会计出版社，2001.

［35］韩新宽.财务管理学［M］.哈尔滨：哈尔滨工业大学出版社，2007.

［36］陈玉菁，宋良荣.财务管理［M］.北京：清华大学出版社，2005.

［37］陈庆杰，张新铭.财务管理［M］.武汉：华中科技大学出版社，2013.

［38］耿菲.财务管理概论［M］.北京：中国财政经济出版社，2017.

［39］李道明，向德伟.财务管理新编［M］.北京：中国财政经济出版社，1993.

［40］全国会计专业技术资格考试参考用书编写组编.2014 会计职称全国会计专业技术资格考试参考
用书　财务管理学习指南［M］.北京：中国财政经济出版社，2014.

［41］唐定芬，吴安平，岳红梅.财务管理［M］.长春：东北师范大学出版社，2014.

［42］孔令一.财务管理学［M］.沈阳：东北财经大学出版社，2018.

［43］韩东平.财务管理学［M］.北京：科学出版社，2017.

［44］汤谷良等.企业财务学［M］.北京：中国财政经济出版社，2000.

［45］金圣才.财务管理学（含公司财务）考研真题与典型题详解［M］.北京：中国石化出版
社，2007.

［46］保罗·克鲁格曼 R，茅瑞斯·奥伯斯法尔德.国际贸易［M］.11 版.丁凯等，译.北京：中
国人民大学出版社：2021.

［47］余庆瑜.国际贸易实务：原理与案例［M］.3 版.北京：中国人民大学出版社：2021.

［48］张丽霞.国际贸易基础［M］.2 版.北京：北京交通大学出版社，2018.

［49］朱小平，秦玉熙，袁蓉丽.基础会计［M］.北京：中国人民大学出版社，2021.

［50］王化成，刘俊彦，荆新.财务管理学［M］.北京：中国人民大学出版社，2021.

［51］Mankiw N G. Principles of Economics［M］. 9th ed. Farmington Hills：Cengage Learning，
2020.

［52］Krugman P，Obstfeld M，Melitz M J. International Economics：Theory and Policy［M］. 10th
ed. New York：Pearson，2018.

本书彩图

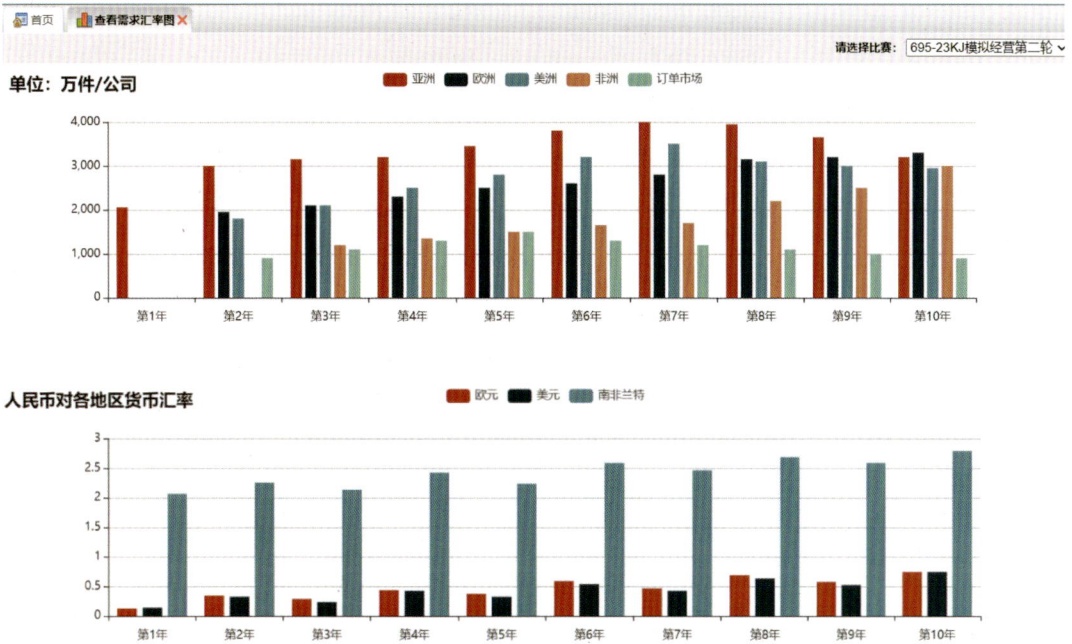

图 7-7　需求汇率

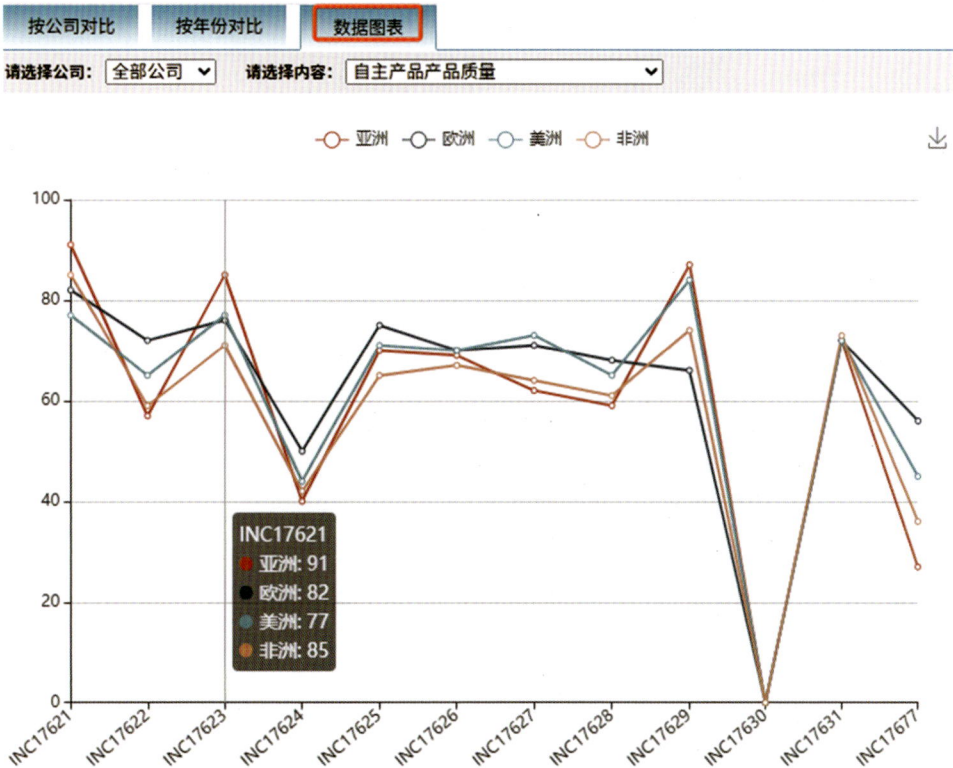

图 9-22　数据图表分析

竞赛成绩分	量本利分析		各洲电商市	各洲批发市	各洲市场存	自主产品全 球总市场份
○ 析	◉		○ 场销量	○ 场销量	○ 货数量	○ 额

全球电商市	全球批发市	自主产品亚 洲地区市场	自主产品欧 洲地区市场	自主产品美 洲地区市场	自主产品非 洲地区市场
○ 场份额	○ 场份额	○ 份额	○ 份额	○ 份额	○ 份额

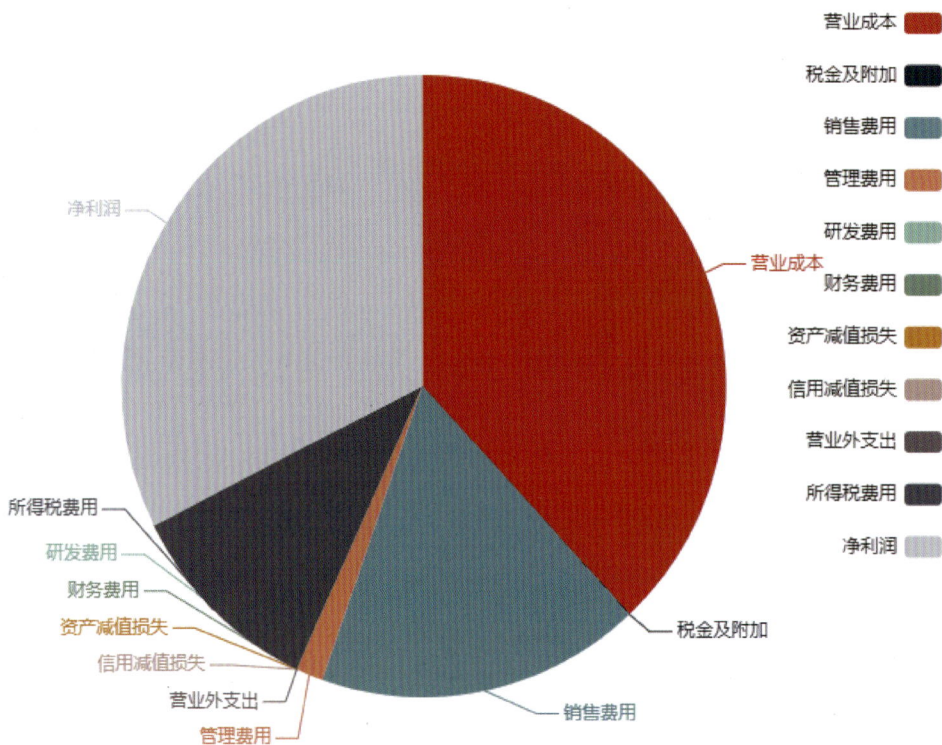

图 10-6　饼状图

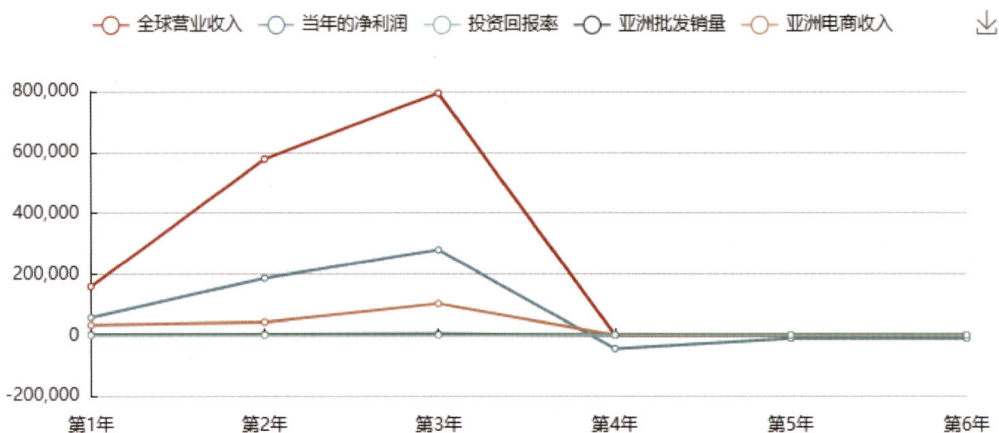

图 10-7　折线图

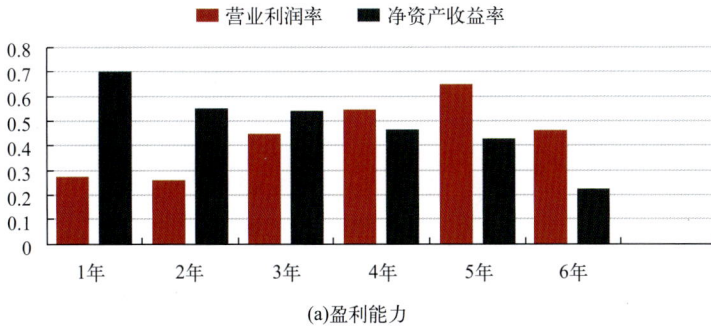

(a)盈利能力

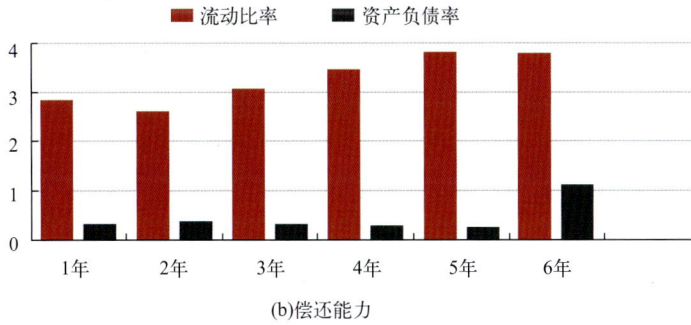

(b)偿还能力

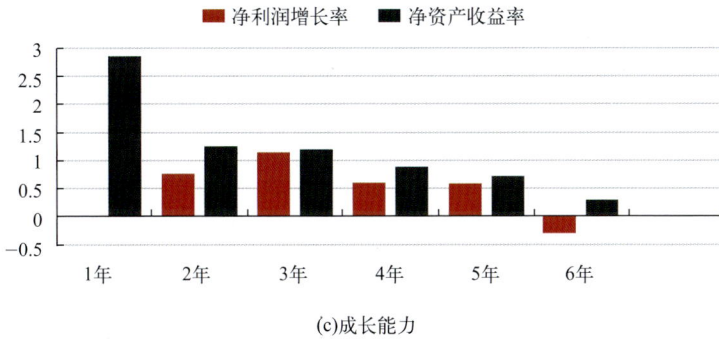

(c)成长能力

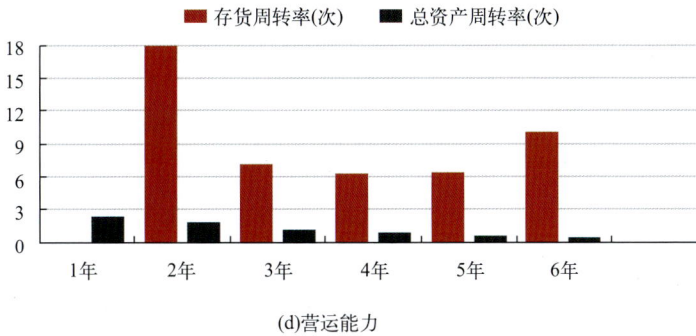

(d)营运能力

图 10-8　柱状图

图 10-9　破产模型仪表盘图